Rechtsstaatlichkeit, Freiheit und soziale Rechte in der Europäischen Union

Wissenschaftliche Abhandlungen und Reden
zur Philosophie, Politik und Geistesgeschichte

Band 80

Rechtsstaatlichkeit, Freiheit und soziale Rechte in der Europäischen Union

Deidesheimer Kolloquium 2012
zu Ehren von Detlef Merten
anlässlich seines 75. Geburtstages

Herausgegeben von

Christian Calliess
Wolfgang Kahl
Kirsten Schmalenbach

Duncker & Humblot · Berlin

Bibliografische Information der Deutschen Nationalbibliothek

Die Deutsche Nationalbibliothek verzeichnet diese Publikation in der Deutschen Nationalbibliografie; detaillierte bibliografische Daten sind im Internet über http://dnb.d-nb.de abrufbar.

Fremddatenübernahme: Fotosatz Voigt, Berlin
Druck: Meta Systems Publishing & Printservices GmbH, Wustermark
Printed in Germany

ISSN 0935-5200
ISBN 978-3-428-14354-2 (Print)
ISBN 978-3-428-54354-0 (E-Book)
ISBN 978-3-428-84354-1 (Print & E-Book)

Gedruckt auf alterungsbeständigem (säurefreiem) Papier entsprechend ISO 9706 ♾

Internet: http://www.duncker-humblot.de

Vorwort

Am 29. November 2012 feierte Detlef Merten seinen 75. Geburtstag. Am 30. November und 1. Dezember 2012 fand aus diesem Anlass eine „Jubiläumsausgabe“ der „Deidesheimer Gespräche“ statt, die unter dem Thema „Rechtsstaatlichkeit, Freiheit und soziale Rechte in der Europäischen Union“ stand. Sie wird mit dem vorliegenden Tagungsband dokumentiert.

Die von Detlef Merten regelmäßig am 2. Adventswochenende organisierten „Deidesheimer Gespräche“, über deren Geschichte und Inhalt die im Anhang abgedruckte Chronik samt Programme eingehend informiert, fanden von 1989 bis 2003 – abgesehen vom Jahre 2002 – in jährlichem Rhythmus statt. Tagungsort war anfangs das Hotel zum Reichsrat in Deidesheim, bis ab 1996 Hatterer's Hotel übernahm. Gefördert wurde die gesamte Gesprächsreihe von der Hanns Martin Schleyer-Stiftung im Rahmen ihres Programms „Dialog von Wissenschaft und Praxis“, wofür der Stiftung ausdrücklich gedankt sei.

In den uns zur Verfügung gestellten Teilnehmerlisten der „Deidesheimer Gespräche“ sind 212 Namen (Referenten und Diskutanten) verzeichnet. Mit 73 weiblichen Teilnehmern erwies sich Detlef Merten gleichsam als Pionier in Sachen Nachwuchsförderung von Frauen in der Wissenschaft. Insgesamt wurden von den Teilnehmern der „Deidesheimer Gespräche“, soweit bekannt, 14 promoviert. 15 haben sich habilitiert.

Die Themen der „Deidesheimer Gespräche“ waren stets weit gespannt und auf das Grundsätzliche gerichtet. In ihrem Zentrum standen die jeweils drängenden Herausforderungen der europäischen Integration. Das Hauptaugenmerk wurde zum einen auf das Zusammenwirken von nationalem Recht und Europarecht gelegt, wobei auch das Europaverfassungsrecht nicht zu kurz kam. Zum anderen lässt sich ein Schwerpunkt im Bereich des Föderalismus ausmachen. Hierfür stehen etwa die beiden besonders bekannten, später bei Duncker & Humblot veröffentlichten Gespräche von 1989 („Föderalismus und Regionalismus in der EG") sowie von 1992 („Probleme des Subsidiaritätsprinzips"). Ab dem Jahr 1998 wandten sich die Themen verstärkt Fragen der Rechtsstaatlichkeit und insbesondere Grundrechtsfragen zu. Hierin spiegelte sich nicht zuletzt auch die Entwicklung der persönlichen Forschungsinteressen von Detlef Merten wider, die im zusammen mit Hans-Jürgen Papier herausgegebenen „Handbuch der Grundrechte in Deutschland und Europa" mündeten, das mit seiner umfassenden und zugleich vertieften Darstellung des Grundrechtsschutzes aus der Literatur heraussticht.

Mit dem Deidesheimer Geburtstagskolloquium vom 1. Advent 2012 wollen die drei Herausgeber, die als Teilnehmer und Referenten mehrfach Gäste der „Deidesheimer Gespräche" waren, Detlef Merten für diese spezifische Form der Förderung des wissenschaftlichen Nachwuchses danken. Mit den „Deidesheimer Gesprächen" ist es Detlef Merten gelungen, ein in dieser Form seltenes Forum zu etablieren, im Rahmen dessen in ihrem Fach etablierte Referenten aus Wissenschaft und Praxis mit jungen Wissenschaftlern zusammentrafen. Ein Gesprächsrahmen in überschaubarer Runde von rund 20 bis 30 Teilnehmern und der Ausklang eines intensiven Tages mit Abendessen und Weinprobe förderten eine offene Diskussionskultur, in der inhaltliche Kontroversen erwünscht und – wenn es zu harmonisch zuging – von Detlef Merten befeuert wurden, um sodann wissenschaftlich reflektiert ausgetragen zu werden.

Die Herausgeber danken der Schleyer-Stiftung sowie Herrn Dr. Florian R. Simon, LL.M. vom Verlag Duncker & Humblot (in Fortführung der Unterstützung von Herrn Prof. Dr. h.c. Norbert Simon) für die Förderung dieser „Jubiläumsveranstaltung" der Deidesheimer-Gespräche und deren Dokumentation in einem Tagungsband, mit dem zugleich das geschilderte Engagement von Detlef Merten gewürdigt werden soll.

Der vorliegende Tagungsband, der die Beiträge des Kolloquiums (bis auf eine Ausnahme) zusammenfasst, versucht die vielfältigen thematischen Fäden der bisherigen 14 „Deidesheimer Gespräche“ aufzunehmen und unter dem veränderten Fokus der heute drängenden, stark im Zeichen der Krise stehenden Herausforderungen an die Europäische Union gleichsam neu miteinander zu verknüpfen.

Christian Calliess Wolfgang Kahl Kirsten Schmalenbach

Inhaltsübersicht

Verfassungsfragen der europäischen Integration

Von *Hans-Jürgen Papier*

I. Integrationsschranken und ihre Justiziabilität

1. Demokratie und staatliche Souveränität

Es gibt einige verfassungsrechtliche Integrationsschranken, die auch das Bundesverfassungsgericht immer wieder hervorgehoben hat: Die demokratische Ordnung Deutschlands darf nicht in den Grundsätzen berührt werden, weder durch eine Änderung des Grundgesetzes selbst noch durch eine Erweiterung unionsrechtlicher Kompetenzen, die dieses demokratische Prinzip aushöhlte (Art. 79 Abs. 3, Art. 23 Abs. 1 S. 3 GG).[1] Dazu gehört die Wahrung staatlicher Souveränität, allerdings einer vom Grundgesetz selbst angeordneten integrationsoffenen Souveränität. Das bedeutet nicht, dass eine von vorneherein bestimmbare Summe oder bestimmte Arten von Hoheitsrechten in der Hand des Mitgliedstaates bleiben müssten. Die vom Grundgesetz gestattete Entwicklung der Europäischen Union umfasst neben der Bildung einer Wirtschafts- und Währungsunion auch eine darüber hinausgehende politische Union.[2] Es muss allerdings bei einer Vertragsunion grundsätzlich souveräner Staaten bleiben, die politische Union darf nicht so weit ausgebaut werden, dass in den Mitgliedstaaten kein Raum zur politischen Gestaltung der wirtschaftlichen, kulturellen und sozialen Lebensverhältnisse mehr bleibt.[3]

---

1 Siehe BVerfGE 89, 155 (182 ff.) – Maastricht; BVerfGE 123, 267 (356 ff.) – Lissabon.

2 BVerfGE 123, 267 (357) – Lissabon.

3 BVerfGE 123, 267 (357 f.) – Lissabon.

Aus dem Demokratieprinzip folgt auch eine Haushaltsautonomie des nationalen Parlaments.[4] Die parlamentarische Demokratie in Deutschland darf nicht beseitigt oder ausgehöhlt werden, auch nicht dadurch, dass sich Deutschland immer größeren Haftungsrisiken aussetzt und damit die haushaltspolitische Gesamtverantwortung des vom deutschen Volk gewählten Parlaments leerläuft. Es darf nicht zu unüberschaubaren und unbegrenzten haushaltswirksamen Belastungen ohne vorherige Zustimmung des Parlaments kommen. Diese Rechtsprechung ist mit der Entscheidung des Bundesverfassungsgerichts vom 12. September 2012 bestätigt worden. Die Regelungen des ESM-Vertrages sind mit der Maßgabe für verfassungsgemäß erklärt worden, dass für Deutschland ohne Zustimmung des deutschen Vertreters keine über die 190 Milliarden Euro hinausgehenden Zahlungsverpflichtungen begründet werden können.[5]

2. Grenzen einer verfassungsgerichtlichen Prüfung

Wichtig sind in diesem Zusammenhang aber auch die Aussagen des Bundesverfassungsgerichts zu den Grenzen einer verfassungsgerichtlichen Prüfung. Hinsichtlich der Frage, ob der Umfang von Zahlungsverpflichtungen und Haftungszusagen zu einer Entäußerung der Haushaltsautonomie des deutschen Bundestages und damit zur Beeinträchtigung der demokratischen Ordnung Deutschlands führt, verfügt der Gesetzgeber über einen weiten Einschätzungsspielraum, den das Verfassungsgericht zu respektieren hat. Insoweit geht es um politische Beurteilungen, Risikobewertungen und Risikoabwägungen, die von den unmittelbar demokratisch legitimierten Organen, also letztlich vom Parlament und von der von ihr politisch abhängigen Exekutive vorgenommen werden müssen. Das gilt auch für die Abschätzung der künftigen Belastbarkeit des Bundeshaushalts und des wirtschaftlichen Leistungsvermögens Deutschlands einschließlich der Berücksichtigung, Beurteilung und Bewertung der Folgen alternativer Handlungsoptionen. Hier geht es zu-

---

4 Siehe BVerfGE 129, 124 (177 ff.) – EFSM.

5 BVerfGE 132, 195.

nächst einmal um ökonomische und fiskalpolitische Einschätzungen und Bewertungen auf der Basis von ganz erheblichen Ungewissheiten und Prognoseunsicherheiten. Wie hoch ist etwa die Wahrscheinlichkeit, dass bei einer Übernahme von Gewährleistungen, Garantien und Bürgschaften die Haftung tatsächlich eintritt? Was kann den Haushalten unseres Staates und damit letztlich dem Gemeinwesen zugemutet werden? Und schließlich und vor allem: Welche Lösung ist in dieser Krise die beste Lösung, um die ökonomischen und sozialen Lebensgrundlagen des deutschen Volkes zu sichern und damit gerade auch die Souveränität des parlamentarisch-demokratischen Staates zu bewahren? Oder plakativer ausgedrückt: Wird vom deutschen Volk mehr oder weniger Schaden abgewendet, wenn man anderen Euro-Staaten finanziell unter die Arme greift oder wenn man dies unterlässt?

Diese Abwägungen und Risikoabschätzungen vorzunehmen, ist nicht Aufgabe von Verfassungsgerichten. Es geht um ureigenste Aufgaben der demokratisch gewählten Volksvertretung und der von ihr getragenen Regierung, die dafür auch die Verantwortung tragen. Solche politischen Schicksalsfragen der Nation sind nicht unbedingt Verfassungsrechtsfragen.

3. Vertrauen in die parlamentarische Demokratie und Schutz des Bundesverfassungsgerichts vor Überforderung

Es war nicht zu erwarten, dass das Bundesverfassungsgericht hier das Letztentscheidungsrecht reklamiert und damit seine selbstverständlichen Grenzen überschreitet. Es würde mit einer solchen Grenzüberschreitung den demokratischen Ast abschneiden, auf dem wir alle sitzen. Deutschland ist eine parlamentarische Demokratie, in der die wesentlichen politischen Entscheidungen für das Gemeinwesen, also die Schicksalsfragen der Nation, vom Parlament und von der von ihm politisch getragenen Regierung getroffen werden und nicht von einem anderen Gremium, sei es von einem Rat sogenannter Weiser, von Sachverständigen oder von einem Verfassungsgericht.

Man musste mit gewisser Sorge beobachten, wie in der Öffentlichkeit, auch und vor allem in den Medien, diese geradezu selbstverständlichen Grenzen einer verfassungsgerichtlichen Prüfung von Gesetzen verkannt und die Möglichkeiten und Befugnisse des Gerichts weit überschätzt wurden. Das Bundesverfassungsgericht ist vor einer Überforderung zu schützen, um langfristig Enttäuschungen der Öffentlichkeit und damit Reputationsverluste zu vermeiden. Wenn sich das Bundesverfassungsgericht einer hohen Wertschätzung der deutschen Öffentlichkeit erfreut, kann man das nur begrüßen. Es erfüllt gerade einen ehemaligen Präsidenten des Gerichts mit großer Freude und Genugtuung. Es muss aber umgekehrt auch Sorge bereiten, wenn dies einhergeht mit einem abgrundtiefen Misstrauen gegenüber dem vom Volk selbst und unmittelbar gewählten Parlament; wenn man also den gewählten Repräsentanten des Volkes überhaupt nicht mehr vertraut und ihnen in keinster Weise zutraut, die Schicksalsfragen der Nation einigermaßen und angemessen zu lösen, und stattdessen auf andere – im Kern unpolitische – Institutionen setzt. Ohne ein solches Grundvertrauen in die Handlungsfähigkeit und in die Kompetenz zur Problembewältigung der vom Volk gewählten Repräsentanten ist die parlamentarische Demokratie auf Dauer nicht lebensfähig.

II. Vertiefung der Integration?

1. Möglichkeit zur Fortentwicklung der Währungsunion

Auf der anderen Seite ist auch Folgendes zu betonen: Zu meinen, alle bisherigen Schritte der Integration, einschließlich der Schaffung einer Währungsunion, seien mit dem Grundgesetz noch vereinbar gewesen, aber jeder weitere zusätzliche Schritt, auch wenn er sich zum Schutze der Währung als unerlässlich erwiese, sei auf der Grundlage unserer geltenden Verfassung von vorneherein ausgeschlossen, ist keine rational begründbare Verfassungsauslegung. Man wird sich die weiteren Integrationsschritte in dieser Hinsicht genau ansehen müssen und an den eben kurz angedeuteten und vom Bundesverfassungsgericht präzisierten Kriterien der Art. 23 Abs. 1 Satz 3 in Verbindung mit

Art. 79 Abs. 3 GG zu messen haben. Weder mit dem Fiskalpakt noch mit der Errichtung des ESM-Rettungsfonds sind die roten Linien der Verfassung überschritten.

Auch das Bundesverfassungsgericht sagt sehr klar, dass eine kontinuierliche Fortentwicklung der Währungsunion zur Erfüllung des Stabilitätsauftrages erforderlich werden kann. Wenn sich die Währungsunion in der ursprünglichen Struktur nicht verwirklichen lasse, bedürfe es erneuter politischer Entscheidungen, wie weiter vorgegangen werden soll. Es sei Sache des Gesetzgebers, darüber zu befinden, wie etwaigen Schwächen der Währungsunion durch eine Änderung des Unionsrechts entgegengewirkt werden soll.[6]

2. *Die vom Demokratieprinzip gezogenen Grenzen*

Die Grenzen der europäischen Integration liegen – wie gesagt – in der Wahrung der demokratischen Ordnung des Grundgesetzes. Wenn die gewählte Vertretung des deutschen Volkes nichts mehr zu entscheiden hat, weil alle wesentlichen Kompetenzen auf die europäische Ebene verlagert sind, dann haben wir die demokratische Ordnung entleert. Die Forderung nach mehr Europa hört sich ja gut an, aber wenn man die vom Demokratieprinzip gezogenen Grenzen überschreitet, opfert man Grundwerte der Verfassung.

Eine weitere Stärkung des europäischen Parlaments wird immer wieder als Kompensationslösung vorgeschlagen. Wir haben in der Union allerdings nicht den Grad an Demokratie, den wir in Deutschland und in den anderen Mitgliedsstaaten haben. Eine staatsanaloge demokratische Ordnung auf Unionsebene kann es auch gar nicht geben, solange die Union als Staatenverbund organisiert ist.[7] Aber selbst wenn man das änderte und die Union zu einem Bundesstaat ausbaute: Demokratie nach staatlichem Vorbild kann auf europäischer Ebene erst wirklich funktionie-

---

[6] Urteil v. 12.9.2012, BVerfGE 132, 195 ff.; vgl. auch schon BVerfGE 89, 155 (207); 97, 350 (368).

[7] Siehe BVerfGE 123, 267 (368 f.) – Lissabon.

ren, wenn bestimmte – tatsächliche – Voraussetzungen gegeben sind. Beispielhaft seien hier nur die Existenz eines europäischen Staatsvolks und eines identitätsstiftenden gesamteuropäischen Nationalbewusstseins, ein Mindestmaß an Homogenität in Sprache, Tradition, Wertebewusstsein und Kultur, eine gesamteuropäische Medienöffentlichkeit und eine gesamteuropäische Parteienlandschaft genannt.[8] Derzeit fehlen alle diese Grundbedingungen für eine wirksame Demokratie staatlichen Zuschnitts. All das muss man bedenken, wenn man weitere Souveränitätsrechte auf die europäische Union überträgt und diese zu einem souveränen Staat ausbauen will.

3. *Schritte zur Fiskalunion*

Das Bundesverfassungsgericht sieht zu Recht mit dem Fiskalpakt und der Errichtung des ESM-Rettungsfonds diese rote Linie noch nicht als überschritten an.[9] Ich würde auch nicht meinen, dass im Hinblick auf die europäische Integration das Fass schon voll ist und jeder weitere Integrationsschritt es zum überlaufen bringen, also zur Verfassungswidrigkeit führen müsste. Man muss es für durchaus akzeptabel halten, wenn weitere Integrationsschritte ergriffen werden, die etwa zur Sicherung der Währungsunion unerlässlich sind. Andererseits ist es an der Zeit darüber nachzudenken, unerlässliche Kompetenzerweiterungen, etwa im fiskalpolitischen Bereich, durch einen angemessenen Kompetenzabbau auf anderen Politikfeldern auszugleichen.

Es erscheint unumgänglich, nach der Einführung der Währungsunion auch Schritte zu einer fiskalpolitischen Union zu unternehmen. Das ist anfangs bei der Schaffung der Währungsunion leider sträflich versäumt worden. Wir brauchen mit anderen Worten ein gewisses Maß an Vergemeinschaftung der Wirtschafts- und Fiskalpolitik. Sinn des Fiskalpakts ist es vor allem, die Haushaltsdisziplin in allen Euro-Staaten zu fördern. Wenn wir die staatlichen Ausgaben nicht reduzieren, gefährden wir die Funktionsfähigkeit des demokratischen und sozialen Rechts-

---

8 Siehe auch BVerfGE 123, 267 (358 f.) – Lissabon.

9 Urteil v. 12.9.2012, BVerfGE 132, 195 ff.

staats. Wir sind in Deutschland und – mehr noch – in anderen europäischen Staaten kurz vor dieser Schwelle, teilweise ist diese Schwelle bereits überschritten. Es droht mit anderen Worten eine völlige Erosion der Steuerungsfähigkeit der Staaten. Der Fiskalpakt geht also in die richtige Richtung, es bleibt auch unerfindlich, weshalb er gegen das Grundgesetz verstoßen sollte.

III. Volksentscheide zur Überwindung der Integrationsschranken?

1. Volksentscheid „kein Wundermittel"

In der aktuellen politischen Diskussion mehren sich die Forderungen nach der Durchführung von Volksabstimmungen über grundlegende Fragen der europäischen Integration, da sich offensichtlich die Einschätzung verbreitet hat, das Grundgesetz lasse eine weitergehende Übertragung von Hoheitsrechten nicht mehr zu, andererseits stünden wir vor der Alternative: entweder Ausbau zum europäischen Bundesstaat oder Zerfall Europas. Diese pauschalen Forderungen und Annahmen sind sehr irreführend, da sie den Blick für die maßgeblichen Fragestellungen trüben:

Es gibt – wie bereits erwähnt – rechtliche Integrationsschranken, die auf der Basis der bestehenden Verfassung der Bundesrepublik Deutschland nicht überwunden werden dürfen. An diesen unverbrüchlichen rechtlichen Vorgaben des Grundgesetzes vermag auch ein herkömmlicher Volksentscheid nichts zu ändern, dessen Einführung im Übrigen nach allgemeiner Auffassung einer Grundgesetzänderung bedürfte. Über einen solchen herkömmlichen Volksentscheid könnten nicht mehr Souveränitätsrechte auf die Europäische Union oder andere supranationale Einrichtungen übertragen werden als über einen parlamentarischen Gesetzgebungsakt. Dieser Umstand geht in der aktuellen Debatte völlig unter. Auch ein Volksentscheid würde an den äußersten Integrationsgrenzen des Grundgesetzes enden. Er ist insofern nicht das „Wundermittel" zur Überwindung der grundgesetzlichen Integrationsschranken, als welches er momentan gemeinhin gehandelt wird.

2. Neuschöpfung einer Verfassung im Wege einer Volksabstimmung

Von diesem Volksentscheid im herkömmlichen Sinne ist die Möglichkeit der Neuschöpfung einer Verfassung streng zu unterscheiden, die ebenfalls im Wege einer Volksabstimmung erfolgen könnte. Das deutsche Volk kann sich eine völlig neue Verfassung geben, wie dies im Art. 146 des Grundgesetzes auch ausdrücklich angesprochen ist.[10] Danach verliert das Grundgesetz seine Gültigkeit an dem Tage, an dem eine Verfassung in Kraft tritt, die vom deutschen Volk in freier Entscheidung beschlossen worden ist. Das deutsche Volk wäre dabei nicht an die bestehenden unverbrüchlichen Vorgaben des Grundgesetzes gebunden, auf diese Weise könnten die grundgesetzlichen Integrationsschranken also überwunden werden. Der Art. 146 des Grundgesetztes sagt aber nichts darüber aus und kann es von Rechts wegen auch nicht, in welcher Form diese Neuschöpfung der Verfassung – als quasi-revolutionärer Akt – erfolgen soll, ob etwa durch Wahl einer verfassungsgebenden Versammlung und durch einen Beschluss dieser Versammlung oder durch einen Volksentscheid oder durch beides. Auch der Inhalt einer solchen neuen Verfassung wäre völlig offen. Man kann die Befürchtung haben, dass in diesem Fall alles auf den Prüfstand gestellt werden könnte, von der Bundesstaatlichkeit über den Inhalt des Grundrechtekataloges bis hin zu den Funktionen und Zuständigkeiten des Bundesverfassungsgerichts. All diese Ungewissheiten werden in der politischen Diskussion verschwiegen. Man sieht schon einen bunten Strauß gut gemeinter Verheißungen auf uns zukommen, von allen möglichen „Staatszielen" bis zu allerlei programmatischen Grundrechtsverbürgungen, deren Umsetzung weder bezahlbar noch einklagbar ist. Es käme wohl die Stunde der „Verfassungslyriker", die schon lange darauf warten, das gerade wegen seiner Stringenz, knappen Nüchternheit und Justiziabilität bewährte Grundgesetz abzulösen und durch ein „Bilderbuch" der Wünsche und Verheißungen zu ersetzen. Man muss ausdrücklich

---

10 Siehe dazu auch BVerfGE 123, 267 (332) – Lissabon.

davor warnen, die verfassungspolitische und verfassungsrechtliche Stabilität Deutschlands durch Forderungen nach einer neuen Verfassung zu gefährden.

3. Unzulässigkeit einer als Verfassungsneuschöpfung kaschierten Verfassungsänderung

Diese Gefährdungen lassen sich im Übrigen auch nicht – wie dies offensichtlich ernsthaft erwogen wird – dadurch entschärfen, dass man dem Volk einen „neuen" Verfassungstext zur Abstimmung vorlegt, der sich vom geltenden Grundgesetz lediglich dadurch unterscheidet, dass die Unverbrüchtigkeit demokratischer Grundsätze nicht für Maßnahmen der europäischen Integration gelten soll. Eine solche Abstimmung wäre keine Verfassungsneugebung im Sinne des Art. 146 des Grundgesetzes, sondern eine im Gewande einer Verfassungsneuschöpfung kaschierte Änderung des Grundgesetzes. In dieser Änderung läge ein Verstoß gegen die grundgesetzliche Ewigkeitsgarantie des Art. 79 Abs. 3, der auch nicht dadurch geheilt werden könnte, dass man das Ganze dem Volk zur Abstimmung vorlegt.

4. Rufe nach einem europäischen Bundesstaat nicht zeitgemäß

Ein anderes würde freilich gelten, wenn sich das deutsche Volk in einen europäischen Bundesstaat – mit einer europäischen, parlamentarisch gewählten und verantwortlichen Bundesregierung und einem europäischen Finanzminister, einem europäischen Bundesparlament einschließlich eines europäischen Bundesrates oder Senats als zweiter Kammer sowie einer eigenen Budgethoheit und einem originären Steuererfindungsrecht der Union – eingliedern möchte. In diesem Fall müsste sich das deutsche Volk ohne Zweifel eine neue Verfassung geben.[11]

Dann aber müssten auch die anderen Völker Europas bereit und willens sein, einen europäischen Bundesstaat zu gründen.

---

[11] Siehe auch BVerfGE 123, 267 (332) – Lissabon.

Dafür kann man weder in Deutschland noch in Europa eine Bereitschaft erkennen. Dabei braucht man nicht einmal auf die Stimmungslage in Großbritannien zu verweisen. Auch fehlen derzeit und auf absehbare Zeit wichtige Vorbedingungen für eine wirksame demokratische Ordnung staatlichen Zuschnitts auf der europäischen Ebene – es ist bereits oben auf das derzeitige Fehlen der notwendigen empirischen Bedingungen hingewiesen worden. Ruft man sich außerdem in Erinnerung, dass der Vertrag von Lissabon erst vor wenigen Jahren den Subsidiaritätsgrundsatz in der Europäischen Union als *das* Heilmittel der Zukunft, nicht zuletzt auf Betreiben Deutschlands und seiner Bundesländer, gestärkt hat oder zu mindestens hat stärken wollen, erscheint es vielmehr an der Zeit, darüber nachzudenken, unerlässliche Kompetenzzuwächse etwa im fiskalpolitischen Bereich durch einen angemessenen Kompetenz*abbau* auf anderen Politikfeldern auszugleichen, anstatt nunmehr die permanente Vertiefung der Integration, die weitere Unitarisierung und Zentralisierung zum Ziel Europas zu erklären. Mittelfristig sollte es also nicht um einen permanenten *Ausbau* Europas, sondern um seinen sinnvollen *Umbau* gehen. Rufe nach einem europäischen Bundesstaat sind jedenfalls derzeit in jeder Hinsicht unangebracht.

Dasselbe gilt für die irrige Behauptung, es gebe nur noch die Alternative, entweder Ausbau zum europäischen Bundesstaat oder Zerfall Europas. Man muss mehr denn je darauf achten, dass Europa nicht an einer Überdimensionierung seiner Staatlichkeit scheitert oder gar zerfällt oder zu einem von oben oktroyierten Super-Staat ohne Volk und damit ohne wirkliche Volksherrschaft wird. Mit jedem Zentralisierungsschub einhergehende europafeindliche Ressentiments der Bevölkerung werden von Populisten ausgeschlachtet und angestachelt, damit werden die in der Geschichte dieses Kontinents einmalig positiven politischen, ökonomischen, sozialen und rechtlichen Lebensgrundlagen des deutschen Volkes ebenso wie die der anderen europäischen Völker, die uns die europäische Integration bislang gebracht hat, leichtfertig aufs Spiel gesetzt.

IV. Schlussbemerkung

Im April diesen Jahres veröffentlichte die FAZ einen Beitrag von drei Politologen mit dem Titel: „Trilemma der europäischen Integration“[12]. Es ging um die Ziele im Spannungsdreieck Erweiterung, Vertiefung, Demokratie, die sich nicht gleichzeitig erreichen ließen. Wer Vertiefung anstrebe, müsse Abstriche bei der Demokratie machen und umgekehrt. Dieses Wort vom „Trilemma“ macht die Spannungslage auch aus verfassungsrechtlicher Sicht schlagwortartig deutlich. Diese Spannungslage als solche ist allerdings auch vielen Verfassungsrechtlern schon vorher nicht ganz verborgen geblieben. In der deutschen Politik wird sie leider vielfach ignoriert.

---

12 *M. Höpner/A. Schäfer/H. Zimmermann,* Trilemma der europäischen Integration, FAZ v. 23.4.2012, S. 12.

Das Souveränitätsverständnis des Bundesverfassungsgerichts im Spiegel von dessen neuerer Rechtsprechung

Von *Wolfgang Kahl*

I. Einleitung

„Souveränität" ist einer der schillerndsten[1] Begriffe von Staatstheorie, Politik und Völkerrecht,[2] ein „Grenzbegriff" *(C. Schmitt),* in dem sich Recht und Wirklichkeit auf eigentümliche Weise begegnen.[3] Vielfalt und Unschärfe,[4] die – auch und gerade in historischer Perspektive[5] – die Kategorie der Souveränität kennzeichnen, erschweren den juristischen Zugang.[6] Gleichwohl oder

---

1 Vgl. *C. Hillgruber,* Der Nationalstaat in der überstaatlichen Verflechtung, in: J. Isensee/P. Kirchhof (Hrsg.), Handbuch des Staatsrechts, Bd. II, 3. Aufl. 2004, § 32 Rn. 46 ff.; *ders.,* Souveränität – Verteidigung eines Rechtsbegriffs, JZ 2002, S. 1072 (1073 ff.); vgl. auch speziell für das Völkerrecht *M. Breuer,* Souveränität in der Staatengemeinschaft, in: Festschr. f. Eckart Klein, 2013, S. 747 (747: „einer der umstrittensten Begriffe") mit Verweis auf *H. Steinberger,* Sovereignty, in: R. Bernhardt (Hrsg.), Encyclopedia of Public International Law, Bd. IV, 2. Aufl. 2000, S. 500.

2 Der Klassikertext bis heute: *J. Bodin,* Les six livres de la République, Lyon, 1593, S. 122 ff., 211 ff.

3 So *H. Krüger,* Souveränität und Staatengemeinschaft, in: Berichte der Deutschen Gesellschaft für Völkerrecht, 1957, H. 1, S. 1, im Anschluss an *C. Schmitt,* Politische Theologie, 2. Aufl. 1934, S. 11.

4 Hierzu *A. Randelzhofer,* Staatsgewalt und Souveränität, in: J. Isensee/P. Kirchhof (Hrsg.), Handbuch des Staatsrechts, Bd. II, 3. Aufl. 2004, § 17 Rn. 1 ff. m. w. Nachw.

5 Grundlegend zur historischen Prägung des Begriffs nach wie vor *H. Quaritsch,* Staat und Souveränität, 1970. Für einen Überblick vgl. *D. Grimm,* Souveränität, 2009, S. 16 ff.; *Randelzhofer* (Fn. 4), § 17 Rn. 13 ff.; *L. Wildhaber,* Entstehung und Aktualität der Souveränität, in: Festschr. f. Kurt Eichenberger, 1982, S. 131 ff.

vielleicht auch gerade deswegen ist die rechtswissenschaftliche Beschäftigung mit dem Thema der Souveränität im Grunde zu keiner Zeit abgeebbt. Auch aus neuerer Zeit liegt eine Reihe von auch grundlegenden Untersuchungen vor,[7] auf die hier nicht im Einzelnen eingegangen werden kann.

Aktuelle Anlässe, das Thema der Souveränität speziell im Kontext der *europäischen Integration* erneut aufzugreifen, gibt es zahlreiche: So hat etwa *J. Habermas* in seinem Vortrag vor dem Deutschen Juristentag 2012 dem Bundesverfassungsgericht eine „abschirmend-souveränitätsversessene Argumentationslinie" vorgeworfen und die Frage in den Raum gestellt, „ob das Gericht den Nationalstaat um der Demokratie willen oder nicht doch eher die Demokratie um des Nationalstaats willen verteidige".[8] Der deutsche Richter am EuGH, *T. v. Danwitz,* hat in

---

[6] Ähnlich *C. Möllers,* Souveränität, in: W. Heun u. a. (Hrsg.), Evangelisches Staatslexikon, 2006, Sp. 2174 (2174).

[7] Vgl. neben den in den voraufgehenden Fußnoten nachgewiesenen Beiträgen noch *D. Merten,* Rechtsstaat und Gewaltmonopol, 1975, insbes. S. 29 ff.; *H. G. Kroppensteiner,* Die Europäische Integration und das Souveränitätsproblem, 1963; *W. v. Simson,* Die Souveränität im rechtlichen Verständnis der Gegenwart, 1965. Aus der jüngeren Debatte vgl. nur *M. Barandiy,* Souveränität als Gewährleistung der Interessen der Staaten, 2013; *Breuer* (Fn. 1), S. 747 ff.; *Grimm* (Fn. 5); *U. Haltern,* Was bedeutet Souveränität?, 2007; *P. W. Kahn,* The Question of Sovereignty, Stanford Journal of International Law 40 (2004), S. 259 ff.; *M. Kotzur,* Souveränitätsperspektiven – entwicklungsgeschichtlich, verfassungsstaatlich, staatenübergreifend, JöR 52 (2004), S. 198 ff.; *H.-C. Kraus/H. A. Wolff* (Hrsg.), Souveränitätsprobleme der Neuzeit, 2010; *J. P. Müller,* Wandel des Souveränitätsbegriffs im Lichte der Grundrechte, in: R. Rhinow u. a. (Hrsg.), Fragen des internationalen und nationalen Menschenrechtsschutzes, 1997, S. 45 ff.; *R. Rawlings/P. Leyland/A. L. Young* (Hrsg.), Sovereignty and the Law, Oxford 2014; *S. Salzborn/R. Voigt* (Hrsg.), Souveränität, 2010; *L. Tichy/T. Dumbrovsky* (Hrsg.), Sovereignty and Integration, 2010; *N. Walker* (Hrsg.), Sovereignty in Transition, 2006.

[8] *J. Habermas,* Heraus aus dem Teufelskreis, SZ Nr. 220 v. 22./23.9. 2012, S. 15; zu dessen Gegenmodell einer „transnationalen Demokratie"' mit „ursprünglich geteilter Volkssouveränität" vgl. *J. Habermas,* Zur Verfassung Europas, 2011, S. 39 f., 48 ff. (66 ff.); mit Recht kritisch *D. Grimm,* Die Zukunft der Verfassung II, 2012, S. 285 ff. In eine ähnliche Richtung wie *Habermas* geht auch die Kritik zahlreicher Europarechtler, die rügt, dem BVerfG gehe es im Kern nicht um die Demokratie

einem Gastbeitrag für die FAZ dazu aufgefordert, die „Leitvorstellung der Souveränität" kritisch auf den Prüfstand zu stellen. Das „Souveränitätsversprechen" erweise sich „heute als eine leere Verheißung, die keine Probleme löst, aber die Gefahren eines deutschen Sonderwegs in Kauf nimmt". Wörtlich schreibt er weiter, „eine souveränitätszentrierte Diskussion" bewirke „eine thematische Verengung der Perspektive, die wenig realitätsgerecht erscheint. Die gedankliche Fixierung auf das Weiß der Souveränitätsaffirmation oder das Schwarz einer Souveränitätsnegation vermag wenig beizutragen, wenn es darum geht, das Miteinander von europäischen und mitgliedstaatlichen Entscheidungsbefugnissen zu begreifen. Für sich genommen bleibt eine bloße Souveränitätsbetrachtung [...] auf eine letztlich metajuristische Wertungsfrage verkürzt."[9] Diese beiden Stimmen stehen nur pars pro to toto für eine verbreitete Kritik an der Figur der Souveränität, die nicht selten in die These von deren vollständiger oder weitgehender Obsoleszenz bzw. Unzeitgemäßheit mündet.[10]

(insoweit sei das *Lissabon*-Urteil – im Gegenteil – eher kontraproduktiv), sondern um die Bewahrung eines überholten Konzepts souveräner Staatlichkeit, vgl. stellvertretend für diese Kritik an dieser Stelle zunächst nur *U. Everling,* Europas Zukunft unter der Kontrolle der nationalen Verfassungsgerichte, EuR 2010, S. 91 (107); *A. Hatje,* Demokratische Kosten souveräner Staatlichkeit im europäischen Verfassungsverbund, EuR, Beiheft 1/2009, S. 123 (125, 128 ff., 134); vgl. auch *M. Ruffert,* An den Grenzen des Integrationsverfassungsrechts: Das Urteil des Bundesverfassungsgerichts zum Vertrag von Lissabon, DVBl. 2009, S. 1197 (1198); weitere Nachweise unten in Fn. 99.

9 *T. von Danwitz,* Unabhängig – und dann?, FAZ Nr. 70 v. 22.3.2012, S. 8.

10 Für eine Aufgabe des ihrer Ansicht nach nicht mehr zeitgemäßen Souveränitätsbegriffs *M. Stolleis,* Geschichte des öffentlichen Rechts, Bd. 4, 2012, S. 626; *R. Wahl,* Erklären staatstheoretische Leitbegriffe die EU?, in Festschr. f. H. Hofmann, 2005, S. 113 (129 f.); *A. K. Mangold,* Gemeinschaftsrecht und deutsches Recht, 2011, S. 446; zumindest in der Tendenz auch *P. Häberle,* Das retrospektive Lissabon-Urteil als versteinernde Maastricht II-Entscheidung, JöR 58 (2010), S. 317 (326, 328); für einen allgemeinen Verzicht auf staatstheoretische Kategorien, wie etwa Souveränität, *O. Lepsius,* Rechtswissenschaft in der Demokratie, Der Staat 52 (2013), 157 (167); zur (auch eigenen) Gegenansicht s. unten IV.

Vor diesem Hintergrund soll im Folgenden das Souveränitätsverständnis des *Bundesverfassungsgerichts* näher analysiert werden. Unsere Untersuchung beschränkt sich dabei auf die neuere[11] *unions*rechtliche Judikatur, ohne auf die *völker*rechtliche Rechtsprechung näher einzugehen, obgleich auch letztere unter dem Aspekt der Souveränität durchaus Ertrag versprechen würde.[12] Das Gesamtthema dieses Kolloquiums, vor allem aber das langjährige, wohlwollend-kritische Interesse des Jubilars speziell für das grundsätzliche Verhältnis von EU und Mitgliedstaaten[13] scheinen uns eine solche Ausrichtung des Themas zu rechtfertigen.

II. Die Wiederentdeckung der „Souveränität" im Lissabon-Urteil

In keinem früheren Urteil des Bundesverfassungsgerichts stand die Figur der Souveränität je so im Zentrum wie im *Lissabon*-Urteil vom 30. September 2009[14]. Allein das Wort „Souveränität" kommt im *Lissabon*-Urteil 49 mal vor (davon 40 mal in der Begründetheit). Aber auch substantiell sind, wie im Folgen-

---

11 Als Zäsur wird vorliegend das *Lissabon*-Urteil (BVerfGE 123, 267) gewählt. Aus der früheren Rechtsprechung des BVerfG vgl. für unser Thema etwa BVerfGE 4, 157 (169 f.); 14, 1 (7 f.); 15, 337 (348 f.); 89, 155 (189); 111, 307 (319).

12 Dies gilt insbesondere für die Karlsruher Urteile zum Verhältnis BVerfG-EGMR; vgl. nur BVerfGE 111, 307 (317 ff.) und insbesondere BVerfGE 128, 326 (365, 369), dazu *U. Volkmann,* Fremdbestimmung – Selbstbehauptung – Befreiung, JZ 2011, S. 835 (836 f.).

13 Grundlegend etwa *D. Merten,* Föderalismus und Europäische Gemeinschaften, 1993; *D. Merten/R. Pitschas,* Der Europäische Sozialstaat und seine Institutionen, 1993; *D. Merten* (Hrsg.), Die Subsidiarität Europas, 1994; *M. Kloepfer/D. Merten/H.-J. Papier,* Die Bedeutung der Europäischen Gemeinschaften für das deutsche Recht und die deutsche Gerichtsbarkeit, 1989; *D. Merten* (Hrsg.), Die Zukunft des Föderalismus in Deutschland und Europa, 2007. Daher ist es auch kein Zufall, dass der Band des *D. Merten* anlässlich seiner Emeritierung gewidmeten, von *S. Magiera* und *K.-P. Sommermann* herausgegebenen Forschungssymposiums den Titel „Freiheit, Rechtsstaat und Sozialstaat in Europa" (2007) trägt.

14 BVerfGE 123, 267.

den zu zeigen sein wird, die Darlegungen des Gerichts zentral um den Topos der Souveränität herum aufgebaut.

1. Souveränität als Leitmotiv

Im Gegensatz zum *Maastricht*-Urteil, in dem die Souveränität nur zweimal beiläufig als mitgliedstaatliche Eigenschaft erwähnt wurde[15], für die Behandlung der verfahrensgegenständlichen Fragen durch das Gericht aber letztlich keine maßgebliche Bedeutung hatte, verstehen die Karlsruher Richter im *Lissabon*-Urteil Souveränität als „Leitmotiv"[16] bzw. „Schlüsselbegriff"[17] ihrer gesamten Ausführungen. Diese erschließen sich zwar nicht ohne weiteres auf Anhieb, bei näherem Zusehen lassen sich aber drei souveränitätsbezogene *Grundannahmen* des Gerichts herauspräparieren:

- *Annahme 1:* „Das Grundgesetz setzt [...] die souveräne Staatlichkeit Deutschlands nicht nur voraus, sondern garantiert sie auch."[18]
- *Annahme 2:* „Das Grundgesetz löst sich von einer selbstgenügsamen und selbstherrlichen Vorstellung souveräner Staatlichkeit und kehrt zu einer Sicht auf die Einzelstaatsgewalt zurück, die Souveränität als ‚völkerrechtlich geordnete und gebundene Freiheit' auffasst."[19]
- *Annahme 3:* „Das Grundgesetz ermächtigt den Gesetzgeber zwar zu einer weitreichenden Übertragung von Hoheitsrechten auf die Europäische Union. Die Ermächtigung steht aber

---

15 Vgl. BVerfGE 89, 155 (189).

16 *D. Thym,* In the Name of Sovereign Statehood: A critical Introduction to the Lisbon judgment of the German Constitutional Court, CMLR 46 (2009), S. 1795 (1797).

17 So auch – mit kritischer Tendenz – *R. Grawert,* Homogenität, Identität, Souveränität, Der Staat 51 (2012), S. 189 (198), vgl. auch *ders.,* a.a.O., S. 203: „Angelpunkt". Ähnlich *D. Grimm,* Das Grundgesetz als Riegel vor einer Verstaatlichung der Europäischen Union, Der Staat 48 (2009), S. 475 (486); *Hatje* (Fn. 8), S. 125.

18 BVerfGE 123, 267 (343).

19 BVerfGE 123, 267 (346).

unter der Bedingung, dass dabei die souveräne Verfassungsstaatlichkeit auf der Grundlage eines Integrationsprogramms nach dem Prinzip der begrenzten Einzelermächtigung und unter Achtung der verfassungsrechtlichen Identität als Mitgliedstaaten gewahrt bleibt […].“[20]

2. *Souveränitätsbegriff*

Es geht dem Gericht dabei um die äußere Souveränität, welche von ihm als die „völkerrechtliche“ bzw. als die „völker- und staatsrechtliche Souveränität“ bezeichnet wird.[21] Zur Erläuterung seines Souveränitätskonzepts bedienen sich die Karlsruher Richter zunächst eines Rückgriffs auf die Präambel des Grundgesetzes,[22] die in ihrem ersten Satz das Deutsche Volk als „gleichberechtigtes Glied in einem vereinten Europa“ ansieht, und betonen unter anderem die überragende politische Bedeutung der „Überwindung des zerstörerischen europäischen Staatenantagonismus“[23]. Als literarische Quelle wird in diesem Zusammenhang zunächst *F. v. Martitz*[24] zitiert mit dessen Wendung von der Souveränität als „völkerrechtlich geordnete(r) und gebundene(r) Freiheit“. Für die These, das Grundgesetz enthalte eine Absage an einen „rigiden“ Souveränitätsbegriff,[25] erfolgen sodann Bezugnahmen auf *C. Starck*[26] und *A. Randelzhofer*[27].[28]

---

20 BVerfGE 123, 267 (347). Dazu dass die Übertragung von Hoheitsrechten i.S.v. Art. 23 Abs. 1 S. 2, 24 Abs. 1 GG nur eine Öffnung des Kompetenzbereichs der deutschen Staatlichkeit und einen Verzicht auf die Ausübung staatlicher Hoheitsgewalt, aber keine Entäußerung von Hoheitsrechten bedeutet, s. *A. Randelzhofer,* in: T. Maunz/G. Dürig, GG, Kommentar (Stand: Mai 2013), Art. 24 Abs. 1 (Stand: Dezember 1992) Rn. 58 f.

21 BVerfGE 123, 267 (348).

22 BVerfGE 123, 267 (346).

23 BVerfGE 123, 267 (346).

24 *F. von Martitz,* Internationale Rechtshilfe in Strafsachen, 1. Abteilung, 1888, S. 416.

25 Näher dazu unten II. 5.

26 *C. Starck,* Der demokratische Verfassungsstaat, 1995, S. 356 f.

27 *A. Randelzhofer,* Use of Force, in: R. Bernhardt (Hrsg.), Encyclopedia of Public International Law, Bd. IV, 2000, S. 1246 ff.

An späterer Stelle wird noch so etwas wie eine Definition von Souveränität nachgereicht, wenn unter Hinweis auf einen Redebeitrag von *Carlo Schmid* in den Beratungen des Parlamentarischen Rates[29] festgestellt wird, Souveränität beanspruche „gerade für ihre konstitutionellen Grundlagen die Unabhängigkeit von fremdem Willen".

3. *Souveränität, Demokratie und Staatlichkeit*

Das Bundesverfassungsgericht verwendet die Souveränität dabei in erster Linie als das, was sie zunächst einmal ist, nämlich eine *staatstheoretische* (heuristische) Kategorie mit arrondierender und hinterlegender argumentativer Funktion, aber ohne tragende juristische (dogmatische) Bedeutung. Es bleibt hierbei aber ersichtlich nicht stehen. Die staatstheoretische Figur der Souveränität wird sodann in weiteren gedanklichen Schritten in Grundgesetz-Normen hineingelesen und auf diese Weise selbst zu einem verfassungsrechtlichen Prinzip, so dass die Souveränität im Ergebnis dann doch auch juristisch-dogmatische Bedeutung erlangt.

Ausgangspunkt und normativer Anker für diese „Übersetzung" der Souveränität in das Normative ist das das *Lissabon*-Urteil wie ein „roter Faden" durchziehende[30] *Demokratieprinzip*. Wörtlich spricht das Bundesverfassungsgericht von der „vom Demokratieprinzip im geltenden Verfassungssystem geforderte(n) Wahrung der Souveränität"[31]. Konkret geht es dem Gericht dabei um den Anspruch auf demokratische Selbstbestimmung des Volkes, auf freie und gleiche Teilhabe an der in Deutschland ausgeübten Staatsgewalt sowie auf Einhaltung des

---

28 BVerfGE 123, 267 (346).

29 Generalbericht in der Zweiten Sitzung des Plenums des Parlamentarischen Rates am 8. September 1948, in: Deutscher Bundestag/Bundesarchiv, Der Parlamentarische Rat 1948–1949, Akten und Protokolle, Bd. 9, 1996, S. 20 ff. Ähnlich *Quaritsch* (Fn. 5), S. 252 und im Anschluss an diesen *Merten* (Fn. 7), S. 32.

30 Vgl. *B. Grzeszick,* Die Europäisierung des Rechts und die Demokratisierung Europas, Die Verwaltung, Beiheft 10/2010, S. 95 ff.

31 BVerfGE 123, 267 (357).

Demokratieprinzips einschließlich der Achtung der verfassunggebenden Gewalt des Volkes.[32] Wörtlich heißt es: „Die Ausgestaltung der Europäischen Union muss sowohl in Art und Umfang der Übertragung von Hoheitsrechten als auch in der organisatorischen und verfahrensrechtlichen Ausgestaltung der autonom handelnden Unionsgewalt demokratischen Grundsätzen entsprechen [...]. Weder darf die europäische Integration zu einer Aushöhlung des demokratischen Herrschaftssystems in Deutschland führen [...] noch darf die supranationale öffentliche Gewalt für sich genommen grundlegende demokratische Anforderungen verfehlen [...]."[33]

Daneben geht es im *Lissabon*-Urteil auch um das *„Prinzip der souveränen Staatlichkeit"*[34], und zwar nicht mehr nur als Unteraspekt des Demokratieprinzips,[35] sondern als gleichrangiger zweiter Argumentationsstrang[36]. Die souveräne Staatlichkeit (nicht: die Souveränität), die sich insbesondere mit systematischer und grammatischer Argumentation unter anderem[37] aus

---

32 BVerfGE 123, 267 (340 ff.).

33 BVerfGE 123, 267 (356); vgl. näher zu den verfassungsrechtlichen Anforderungen des Demokratieprinzips an Organisationsstruktur und Entscheidungsverfahren der EU a. a. O., S. 363 ff.

34 BVerfGE 123, 267 (343, 346 f.: „souveräne Staatlichkeit"), ähnlich auch a. a. O., S. 381: „souveräner Staat"; „souveräne Staatsgewalt".

35 Dazu dass das (nationalstaatlich konzipierte) Demokratieprinzip in der Rechtsprechung des BVerfG bis „Lissabon" als funktionales Äquivalent des Prinzips souveräner Staatlichkeit diente: *P. M. Huber,* Offene Staatlichkeit: Vergleich, in: A. v. Bogdandy/P. M. Huber/P. Cruz Villalón (Hrsg.), Handbuch Ius Publicum Europaeum, Bd. II, 2008, § 26 Rn. 42.

36 Dogmatisch präzise zwischen Demokratieprinzip und Prinzip souveräner Staatlichkeit trennend *D. Murswiek,* Das Grundrecht auf Achtung des unabänderlichen Verfassungskerns, in: Festschr. f. Wilfried Fiedler, 2011, S. 251 (265 f., 267 ff. [demokratische Legitimation] einerseits und S. 266, 271 f. [souveräne Staatlichkeit]) andererseits); vgl. auch *A. Guckelberger,* Grundgesetz und Europa, ZEuS 2012, S. 1 (30 f., 31 ff.); *D. Thym,* Rückzug oder Offensive? Die Identitätskontrolle von EU-Recht durch das BVerfG, in: M. Ibler (Hrsg.), Verwaltung – Verfassung – Kirche, 2012, S. 67 (74 f.).

37 Vgl. zur (weiteren) normativen Herleitung ergänzend noch *F. Schorkopf,* in: W. Kahl/C. Waldhoff/C. Walter (Hrsg.), Bonner Kommentar

der Präambel i.V.m. Art. 20 Abs. 1 GG ableiten lässt,[38] wird selbständig an der Ewigkeitsgarantie des Art. 79 Abs. 3 GG dogmatisch festgemacht und damit zum eigenständigen Verfassungsprinzip erklärt. Damit schließt Deutschland insoweit im Übrigen zum *Ius Publicum Europaeum* auf, welches die Souveränität als ubiquitäres Anliegen kennt.[39] Demgegenüber war die Souveränität als selbständige Argumentationsfigur in der bisherigen deutschen Verfassungsgerichtsjudikatur eher „unterbelichtet geblieben"[40]. Indem die souveräne Staatlichkeit zugleich zum Teil des „Identitätskerns der Verfassung (Art. 20 I und II, Art. 79 III GG)"[41] erklärt wird, wird ihr Schutz aus Sicht des Demokratieprinzips kompetenziell in die Hand des pouvoir constituant gelegt[42]. Souveräne Staatlichkeit steht dann konse-

---

zum GG (Stand: Januar 2014), Art. 23 GG (Stand: August 2011) Rn. 88; *M. Schröder,* Das Karlsruher Konzept der europäischen Integration, in: Festschr. f. Wilfried Fiedler, 2011, S. 675 (683).

38 Ausführlich und überzeugend hierzu *D. Murswiek,* Der Grundsatz der souveränen Staatlichkeit als unabänderliches Verfassungsprinzip, in: H.-C. Kraus/H. A. Wolff (Hrsg.), Souveränitätsprobleme der Neuzeit, 2010, S. 95 (98 ff., 134 ff.); *ders.,* Das Lissabon-Urteil des Bundesverfassungsgerichts aus Sicht eines Prozessvertreters, in: Festschr. f. Rainer Wahl, 2011, S. 779 (782 ff.); frühzeitig bereits *ders.,* Maastricht und der Pouvoir Constituant, Der Staat 32 (1993), S. 161 (162 ff.). S. auch *Hillgruber* (Fn. 1), HStR II, § 32 Rn. 1 ff.; *Huber* (Fn. 35), § 26 Rn. 85; offenlassend noch BVerfGE 89, 155 (188).

39 Vgl. *Huber* (Fn. 35), § 26 Rn. 85. Eine besonders wichtige Rolle spielen Souveränität und Staatlichkeit etwa in Großbritannien, Polen, Ungarn, Spanien und in den skandinavischen Staaten, vgl. *Huber,* a. a. O. Rn. 40 m. w. Nachw. Vgl. auch die ähnliche Einschätzung und die Nachweise bei *D. Thym,* Europäische Integration im Schatten souveräner Staatlichkeit, Der Staat 48 (2009), S. 559 (565 [m. Fn. 26]): „bei einer vergleichenden Betrachtung keine grundlegende Innovation".

40 Vgl. *Huber* (Fn. 35), § 26 Rn. 85.

41 BVerfGE 129, 124 (179).

42 Vgl. BVerfGE 123, 267 (344): „Die Verletzung der in Art. 79 Abs. 3 GG festgelegten Verfassungsidentität ist aus der Sicht des Demokratieprinzips zugleich ein Übergriff in die verfassungsgebende Gewalt des Volkes." Insoweit besteht eine enge, über das Teilhaberecht auf Achtung des unabänderlichen Verfassungskerns (Art. 38 Abs. 1, Art. 79 Abs. 3 GG) vermittelte thematische Verknüpfung zwischen dem Prinzip der souverä-

quent „für einen befriedeten Raum und die darin gewährleistete Ordnung auf der Grundlage individueller Freiheit und kollektiver Selbstbestimmung"[43]. Als prozessualer Hebel fungiert dabei Art. 38 Abs. 1 S. 1 GG, der – als Folge des über die Menschenwürde vermittelten Korrelationsverhältnisses individueller und kollektiver Selbstbestimmung[44] – als Teilhaberecht auf Achtung des unabänderlichen Verfassungskerns verstanden und in dieser Funktion sehr weit, nämlich als „Grundrecht auf Demokratie" bzw. als „Grundrecht auf souveräne Staatlichkeit" ausgelegt wird. Art. 38 Abs. 1 S. 1 GG wird damit zugleich zur prüfungstechnischen Einstiegs- bzw. Brückennorm zu dem eigentlichen Prüfungsmaßstab, nämlich Art. 20 Abs. 1 und Abs. 2 i. V. m. Art. 79 Abs. 3 GG (i. V. m. Art. 23 Abs. 1 S. 3 GG).[45]

---

nen Staatlichkeit und dem Demokratieprinzip, genauer dem Schutz der verfassunggebenden Gewalt des Volkes, vgl. *Murswiek* (Fn. 36), S. 271 f., 273; a. A. *T. Herbst,* Souveränität und Verfassung, Ad Legendum 2013, S. 98 (104).

43 BVerfGE 123, 267 (346).

44 Vgl. zur Verknüpfung von Demokratie und Menschenwürde bzw. personaler Freiheit (Autonomie) BVerfGE 126, 286 (302 f.); *H. Dreier,* in: ders. (Hrsg.), GG, Bd. II, 2. Aufl. 2006, Art. 20 Rn. 67, 71; *K. F. Gärditz/C. Hillgruber,* Volkssouveränität und Demokratie ernst genommen – Zum Lissabon-Urteil des BVerfG, JZ 2009, S. 872 (873); *J. Habermas,* Faktizität und Geltung, 5. Aufl. 1997, S. 135, 151 ff., 161; *P. Häberle,* Die Menschenwürde als Grundlage der staatlichen Gemeinschaft, in: J. Isensee/P. Kirchhof (Hrsg.), Handbuch des Staatsrechts, Bd. II, 3. Aufl. 2004, § 22 Rn. 61 ff.; *H. Kelsen,* Vom Wesen und Wert der Demokratie, 2. Aufl. 1929, S. 4 ff., 28 f.; *Schorkopf* (Fn. 37), Art. 23 Rn. 85.

45 Vgl. BVerfGE 89, 155 (172); 123, 267 (330, 340); 129, 124 (Ls. 1 und S. 167 ff., 177); BVerfG, 2 BvR 1390/12 v. 12.9.2012, DVBl. 2012, S. 1370, Rn. 195 f., 208, 229, 231. Zur verbreiteten Kritik an diesem Ansatz (Stichwort: „systemfremde Popularbeschwerde") vgl. nur stellv. *C. Calliess,* Die neue Europäische Union nach dem Vertrag von Lissabon, 2010, S. 238 ff.; *C. Tomuschat,* Anmerkung, DVBl. 2012, S. 1431; *M. Sachs,* Grundrechtsschutz der Staatlichkeit und der Staatsstrukturprinzipien, in: Festschr. f. Klaus Stern, 2012, S. 597 (598 f., 600 ff., 606 ff. m. w. Nachw.); diese überzeugend zurückweisend BVerfGE 129, 124 (169 f.); *Grimm* (Fn. 17), S. 480 f.; *Murswiek* (Fn. 36), S. 264 ff., 270 ff., 276 ff.

4. Folgerungen

Aus der Zusammenschau beider verfassungsrechtlicher Prinzipien – Demokratie und souveräne Staatlichkeit – leitet das Gericht sodann eine Reihe relativ konkreter verfassungsrechtlicher Folgerungen ab, wobei es mal mehr auf den einen, mal mehr auf den anderen Aspekt abhebt und beide Aspekte mitunter auch ineinander fließen:

- *Rechtliche Qualifikation der EU als Staatenverbund*: Das BVerfG qualifiziert die EU im Anschluss an die berühmte Begriffsprägung *Paul Kirchhofs*[46] und des *Maastricht*-Urteils[47] weiterhin als „Staatenverbund" und synonym als „Verbund souveräner Staaten"[48], „Vertragsunion souveräner Staaten"[49] oder „europäischer Integrationsverbund"[50]. „Der Begriff des Verbundes erfasst eine enge, auf Dauer angelegte Verbindung *souverän bleibender* Staaten, die auf vertraglicher Grundlage öffentliche Gewalt ausübt, deren Grundordnung jedoch allein der Verfügung der Mitgliedstaaten unterliegt und in der die Völker […] der Mitgliedstaaten die Subjekte demokratischer Legitimation bleiben."[51]

---

46 *P. Kirchhof*, Der deutsche Staat im Prozeß der europäischen Integration, in: J. Isensee/P. Kirchhof (Hrsg.), Handbuch des Staatsrechts, Bd. VII, 1. Aufl. 1992, § 183 Rn. 38, 54; vgl. auch aus jüngerer Zeit *ders.*, in: A. v. Bogdandy/J. Bast (Hrsg.), Europäisches Verfassungsrecht, 2. Aufl. 2009, S. 1009 (1017 ff., 1030 ff.).

47 BVerfGE 89, 155 (181).

48 BVerfGE 123, 267 (364); ganz ähnlich nun auch GA *J. Kokott*, Stellungnahme v. 26.10.2012, Rs. C-370/12, BeckRS 2013, 80002 Rn. 137: „Gründung weiterhin souveräner Staaten". Als rechtliches Argument hierfür stellt *Kokott* (a. a. O.) auf Art. 5 Abs. 1 S. 1 EUV (Grundsatz der begrenzten Einzelermächtigung) ab.

49 BVerfGE 123, 267 (357). Zum unmittelbaren Konnex zwischen „Verbundprinzip" und „Fortbestand der Souveränität der Mitgliedstaaten" a. a. O., S. 395.

50 BVerfGE 123, 267 (406).

51 BVerfGE 123, 267 (Ls. 1 und S. 348); Hervorhebung durch den Verf. Vgl. auch die Betonung des Konnexes zwischen „Verbundprinzip" und „Fortbestand der Souveränität der Mitgliedstaaten" a. a. O., S. 395.

– *Ausschluss eines Eintritts in einen europäischen Bundesstaat (außerhalb von Art. 146 GG):* „Das Grundgesetz ermächtigt die für Deutschland handelnden Organe nicht, durch einen Eintritt in einen Bundesstaat das Selbstbestimmungsrecht des Deutschen Volkes in Gestalt der völkerrechtlichen Souveränität Deutschlands aufzugeben. Dieser Schritt ist wegen der mit ihm verbundenen unwiderruflichen Souveränitätsübertragung auf ein neues Legitimationssubjekt allein dem unmittelbar erklärten Willen des Deutschen Volkes vorbehalten.“[52] Mit anderen Worten: Souveräne Staatlichkeit Deutschlands und Gliedstaatlichkeit Deutschland innerhalb eines europäischen Bundesstaates bzw. „Vereinigter Staaten von Europa“[53] schließen sich *de constitutione lata* zwingend aus.[54] Die Kompetenz, über einen „Identitätswechsel der Bundesrepublik Deutschland, wie er durch Umbildung zu einem Gliedstaat eines europäischen Bundesstaates bewirkt werden würde“, zu entscheiden, steht nur dem Volk als *pouvoir constituant* zu.[55] Art. 146 GG begründet insoweit ein – über Art. 38 Abs. 1 S. 1 GG – verfassungsprozessual rügefähiges „Teilhaberecht des wahlberechtigten Bürgers“[56]. Mit diesen Feststellungen schuf

---

52 BVerfGE 123, 267 (347 f., vgl. auch a. a. O., S. 364 f.); in diesem Sinne bereits BVerfGE 89, 155 (189); für einen Schutz vor „Entstaatlichung“ auch BVerfGE 113, 273 (298), jeweils ohne unmittelbaren Souveränitätsrekurs. Vgl. auch *Murswiek* (Fn. 38), Festschr. f. Rainer Wahl, S. 793 f., der mit Recht darauf hinweist, dass der Aspekt der Unzulässigkeit eines Wechsels des Legitimationssubjekts genau genommen nicht die souveräne Staatlichkeit, sondern die demokratische Legitimation der EU betrifft.

53 BVerfGE 89, 155 (189).

54 *P. M. Huber,* in: M. Sachs (Hrsg.), GG, 6. Aufl. 2011, Art. 146 Rn. 18; *Schorkopf* (Fn. 37), Art. 23 Rn. 88; *R. Streinz,* Das Grundgesetz: Europafreundlichkeit und Europafestigkeit, ZfP 2009, S. 467 (478); in der Analyse des Urteils ebenso (aber mit kritischer Tendenz) *D. Thym,* Anmerkung zu BVerfG, Urt. v. 7.9.2011 – 2 BvR 987/10, 1485/10, 1099/10, JZ 2011, S. 1011 (1013).

55 BVerfGE 123, 267 (331); vgl. zu den aus Art. 79 Abs. 3 GG folgenden Kompetenzgrenzen jedes Verfassungsorgans (pouvoir constitué) a. a. O., S. 344.

der Zweite Senat in einer zwar derzeit nicht konkret aktuellen, aber abstrakt wesentlichen Frage[57] begrüßenswerte, in der Sache zutreffende Klarheit.[58] Diese Klarheit ist umso wichtiger, als die Frage im Schrifttum sehr umstritten war, wobei nicht wenige Stimmen von der Zulässigkeit der Gründung eines europäischen Bundesstaates auf dem Boden des geltenden Grundgesetzes ausgingen.[59]

---

56 BVerfGE 123, 267 (332). Tragweite und Folgen des Art. 146 GG sind insoweit im Einzelnen, etwa was die Relation zu Art. 79 Abs. 3 GG oder die Frage, ob zwingend eine Volksabstimmung notwendig ist bzw. die Entscheidung einer verfassunggebenden Nationalversammlung genügt, sehr umstritten; vgl. zu diesen – hier nicht zu vertiefenden – Fragen *Schorkopf* (Fn. 37), Art. 23 Rn. 34, 69, 88 einerseits und *Gärditz/Hillgruber* (Fn. 44), S. 876; *T. Herbst*, Legale Abschaffung des Grundgesetzes nach Art. 146 GG?, ZRP 2012, S. 33 ff. andererseits; ausführlich *D. Murswiek*, in: W. Kahl/C. Waldhoff/C. Walter (Hrsg.), Bonner Kommentar zum GG (Stand: Januar 2014), Präambel (Stand: 2005), Rn. 131 f., 159 ff., 175 ff. m. w. Nachw.

57 Unberechtigt daher die Kritik von *L. J. Brinkhorst*, Staatliche Souveränität innerhalb der EU?, 2010, S. 12, 15 f., es hätte einer solchen Entscheidung mangels praktischer Relevanz gar nicht bedurft. In Anbetracht der in regelmäßigen Abständen auch von der Politik (vgl. aus jüngerer Zeit Abschlussbericht der Gruppe zur Zukunft Europas der Außenminister Belgiens, Dänemarks, Deutschlands, Frankreichs, Italiens, Luxemburgs, der Niederlande, Österreichs, Polens, Portugals und Spaniens v. 17.9.2012, abrufbar unter http://www.wien.diplo.de/contentblob/3664830/Daten/2689429/Zukunftsgruppe_DL.pdf; ferner *G. Oettinger*, abrufbar unter http://www.afp.com/de/node/275605 [30.4.2013]) immer wieder propagierten Idee eines europäischen Bundesstaates waren die hierauf bezogenen Ausführungen des BVerfG im Gegenteil im Sinne einer (vorbeugenden) Klarstellung der Verfassungsrechtslage orientierungsstiftend und begrüßenswert; a. A. *M. Ruffert*, Mehr Europa – eine rechtswissenschaftliche Perspektive, ZG 2013, S. 1 (18 f.); *J. Schwarze*, Die verordnete Demokratie, EuR 2010, S. 108 (113).

58 Zustimmend auch *Gärditz/Hillgruber* (Fn. 44), S. 874 ff.

59 Folglich stieß gerade diese Passage des *Lissabon*-Urteils auf besonders breite Ablehnung in der Literatur; vgl. *A. von Bogdandy*, Prinzipien der Rechtsfortbildung im europäischen Rechtsraum, NJW 2010, S. 1 (2); *B.-O. Bryde*, in: von Münch/Kunig (Hrsg.), GG, 6. Aufl. 2012, Art. 79 Rn. 53; *W. Cremer*, Lissabon-Vertrag und Grundgesetz, JURA 2010, S. 296 (299 ff.); *Grimm* (Fn. 17), S. 489 f.; *Hatje* (Fn. 8), S. 127 f., 134; *C.-O. Lenz*, Ausbrechender Rechtsakt, FAZ Nr. 182 v. 8.8.2009, S. 7;

- *Mitgliedstaaten als Herren der Verträge:* „Die Ermächtigung, supranationale Zuständigkeiten auszuüben, stammt […] von den Mitgliedstaaten […]. Sie bleiben deshalb dauerhaft die Herren der Verträge.“ [60]
- *Abgeleitete, sachlich begrenzte Autonomie der Unionsgewalt:* „Die ‚Verfassung Europas‘, das Völkervertrags- oder Primärrecht, bleibt eine abgeleitete Grundordnung. Sie begründet eine […] immer sachlich begrenzte überstaatliche Autonomie“.[61] Dies gilt auch für den europarechtlichen Anwendungsvorrang, den das BVerfG zwar prinzipiell anerkennt, aber nur als einen relativen. Er bleibe „auch bei Inkrafttreten des Vertrags von Lissabon ein völkervertraglich übertragenes, demnach abgeleitetes Institut, das erst mit dem Rechtsanwendungsbefehl durch das Zustimmungsgesetz in Deutschland Rechtswirkung entfaltet“ [62].
- *Verbot der Übertragung der Kompetenz-Kompetenz:* „Nach Maßgabe der Integrationsermächtigung des Art. 23 Abs. 1 GG in Verbindung mit der Präambel, Art. 20, Art. 79 Abs. 3 und Art. 146 GG kann es für die europäische Unionsgewalt kein eigenständiges Legitimationssubjekt geben, das sich unabgeleitet von fremdem Willen und damit aus eigenem Recht

---

F. C. Mayer, Europarechtsfreundlichkeit und Europarechtsskepsis in der Rechtsprechung des Bundesverfassungsgerichts, in: T. Giegerich (Hrsg.), Der „offene Verfassungsstaat“ des Grundgesetzes nach 60 Jahren, 2010, S. 237 (259); *C. Möllers,* An der Grenze, FAZ Nr. 244 v. 20.10.2011, S. 6; *M. Nettesheim,* Ein Individualrecht auf Staatlichkeit? Die Lissabon-Entscheidung des BVerfG, NJW 2009, S. 2867 (2868 f.); *T. Oppermann,* Den Musterknaben ins Bremserhäuschen! – Bundesverfassungsgericht und Lissabon-Vertrag, EuZW 2009, S. 473; *C. Schönberger,* Die Europäische Union zwischen „Demokratiedefizit“ und Bundesstaatsverbot, Der Staat 48 (2009), S. 535 (555 ff.).

60 BVerfGE 123, 267 (348 f.); gleichsinnig bereits BVerfGE 89, 155 (188 ff.).

61 BVerfGE 123, 267 (349).

62 BVerfGE 123, 267 (398 ff. [Zitat: 400]); vgl. auch nachfolgend BVerfGE 126, 286 (301 ff.).

gleichsam auf höherer Ebene verfassen könnte. Das Grundgesetz ermächtigt die deutschen Staatsorgane nicht, Hoheitsrechte derart zu übertragen, dass aus ihrer Ausübung heraus eigenständig weitere Zuständigkeiten für die Europäische Union begründet werden können. Es untersagt die Übertragung der Kompetenz-Kompetenz [...]. Integrationsschritte müssen von Verfassungs wegen durch den Übertragungsakt sachlich begrenzt und prinzipiell widerruflich sein."[63] Dies impliziert auch ein Recht Deutschlands zum Austritt aus dem europäischen Integrationsverband (vgl. insoweit jetzt auch – deklaratorisch – Art. 50 EUV). Das „Austrittsrecht unterstreicht die Souveränität der Mitgliedstaaten"[64].

– *Mitgliedstaaten als „politischer Primärraum":* Vor dem Hintergrund der von ihm sehr breit dargelegten formalen und materialen demokratischen Systemmängel auf EU-Ebene[65] fordert das Bundesverfassungsgericht, dass sich nach dem gegenwärtigen Stand der Integration eine staatsanaloge Ausgestaltung der EU aus demokratischen Grundsätzen verbiete[66] und dass die Mitgliedstaaten bis auf Weiteres die „politischen Pri-

---

63 BVerfGE 123, 267 (349 f.); vgl. bereits BVerfGE 89, 155 (187 f., 192, 199); ferner BVerfGE 58, 1 (37); 104, 151 (210); zuletzt gleichsinnig BVerfG, 2 BvR 1390/12 v. 12.9.2012, DVBl. 2012, S. 1370 Rn. 209. Vgl. auch *Murswiek* (Fn. 36), S. 271 f.; ähnlich *Grimm* (Fn. 17), S. 488 f., der zutreffend auf den qualitativen Unterschied zwischen einer Übertragung einzelner Hoheitsrechte i. S. v. Art. 23 Abs. 1 GG und der Übertragung der Souveränität in Form der Kompetenz-Kompetenz hinweist. Zum Ganzen auch *C. Calliess,* in: ders./M. Ruffert (Hrsg.), EUV/AEUV, 4. Aufl. 2011, Art. 5 EUV Rn. 6.

64 BVerfGE 123, 267 (395); vgl. bereits BVerfGE 89, 155 (204); ferner *Huber* (Fn. 35), § 26 Rn. 86; *P. Kirchhof,* Der europäische Staat im Prozeß der europäischen Integration, in: J. Isensee/P. Kirchhof (Hrsg.), Handbuch des Staatsrechts, Bd. X, 3. Aufl. 2012, § 214 Rn. 105; rechtsvergleichend *S. Biernat,* Polen, in: A. von Bogdandy/P. M. Huber/P. Cruz Villalón (Hrsg.), Handbuch Ius Publicum Europaeum, Bd. II, 2008, § 21 Rn. 40.

65 Vgl. BVerfGE 123, 267 (370 ff.).

66 BVerfGE 123, 267 (371).

märräume"[67] bleiben müssten, in denen – auch aus sprachlichen, kulturellen und historischen Gründen[68] – über die „wesentlichen" Bereiche der politischen Gestaltung der wirtschaftlichen, kulturellen und sozialen Lebensverhältnisse nach demokratischen Grundsätzen debattiert und entschieden werde.[69] Unter den vom Gericht – nicht abschließend – aufgezählten fünf „besonders sensiblen" Bereichen[70] sollte das Budgetrecht des Bundestages, verstanden als das Recht, die fiskalischen Grundentscheidungen über Einnahmen und Ausgaben der öffentlichen Hand (auch im Hinblick auf europäische und internationale Verbindlichkeiten) zu treffen,[71] in der Folge besondere Relevanz erlangen.[72]

– *Integrationsverantwortung:* Den deutschen Verfassungsorganen obliegt eine Integrationsverantwortung dahingehend, bei der Übertragung von Hoheitsrechten auf die EU wie auch bei der Ausgestaltung europäischer Entscheidungsverfahren dauerhaft sicherzustellen, dass das politische System Deutschlands und der EU den Anforderungen des Art. 23 Abs. 1 GG entspricht.[73] Adressaten dieser Integrationsverantwortung sind

67 BVerfGE 123, 267 (382). Kritisch hierzu *J. P. Terhechte,* Souveränität, Dynamik und Integration – making up the rules as we go along?, EuZW 2009, S. 724 (728); überspitzte Kritik bei *Oppermann* (Fn. 59), S. 473: „Die EU wird zum Ghetto, von der Mauer des Grundgesetzes umgeben."

68 Siehe dazu bereits *W. Kahl,* Sprache als Kultur- und Rechtsgut, VVDStRL 65 (2006), S. 386 (417 ff., 443 ff.).

69 BVerfGE 123, 267 (Ls. 3; S. 358 ff.); dazu *Schorkopf* (Fn. 37), Art. 23 Rn. 86, 89. Zur – im Ergebnis positiven – „Subsumtion" des BVerfG unter diese Anforderungen mit Blick auf die EU nach dem Stand von Lissabon BVerfGE 123, 267 (381 ff.).

70 Neben dem Budgetrecht noch das Strafrecht, das Gewaltmonopol nach innen und außen, das Sozialstaatsprinzip und die Kultur; vgl. BVerfGE 123, 267 (359 ff.).

71 BVerfGE 123, 267 (359; näher dazu a. a. O., S. 361 f.).

72 Siehe dazu näher unten III. 2.

73 Vgl. bereits BVerfGE 104, 151 (208), st. Rspr.; erläuternd *Schorkopf* (Fn. 37), Art. 23 Rn. 129 ff.

primär die gesetzgebenden Körperschaften[74] und die Bundesregierung; gegebenenfalls muss die Integrationsverantwortung in einem verfassungsgerichtlichen Verfahren eingefordert werden können.[75]

- *Letztentscheidungsrecht des BVerfG:* Verfassungsprozessual leitet das BVerfG aus der Integrationsverantwortung die eigene Befugnis ab, falls notwendig unter bestimmten Voraussetzungen im Sinne einer Reservekompetenz im Verhältnis zum Europäischen Gerichtshof das Recht zur Letztentscheidung von Konfliktfällen zu beanspruchen.[76] Konkret geht es dabei um die Kompetenz zur *Grundrechts-* (Art. 23 Abs. 1 S. 1 und S. 3 GG),[77] *Identitäts-* (Art. 23 Abs. 1 S. 3 i. V. m. Art. 79 Abs. 3 i. V. m. Art. 1, 20 GG)[78] und *Ultra-vires-Kontrolle* (Art. 23 Abs. 1 S. 2 GG)[79].[80] Gerade hierin drückt sich die

74 Insoweit kommt der Begleitgesetzgebung eine besondere Bedeutung zu; vgl. BVerfGE 123, 267 (433 ff.); BVerfG, 2 BvR 1390/12 v. 12.9.2012, DVBl. 2012, S. 1370 Rn. 282; *M. Herdegen,* Das belastbare Grundgesetz, FAZ Nr. 82 v. 5.4.2012, S. 7; vgl. insbesondere das Integrationsverantwortungsgesetz (IntVG). Ausführlich zum Ganzen *C. Calliess,* Nach dem Lissabon-Urteil des Bundesverfassungsgerichts: Parlamentarische Integrationsverantwortung auf europäischer und nationaler Ebene, ZG 2010, S. 1 ff.; *M. Pechstein* (Hrsg.), Integrationsverantwortung, 2012; eher kritisch *Hatje* (Fn. 8), S. 132 f. („strukturelle und prozedurale Überforderung"; „wenig realistisch").

75 BVerfGE 123, 267 (Ls. 2a und S. 351, 353, 356 ff.); 129, 124 (172, 181); BVerfG, 2 BvR 1390/12 v. 12.9.2012, DVBl. 2012, S. 1370 Rn. 214. Aus dem Schrifttum: *M. Nettesheim,* Die Integrationsverantwortung – Vorgaben des BVerfG und gesetzgeberische Umsetzung, NJW 2010, S. 177 (177 f.); *F. Schorkopf,* Die Europäische Union im Lot, EuZW 2009, S. 718 (723); *A. Voßkuhle,* Die Integrationsverantwortung des Bundesverfassungsgerichts, Die Verwaltung, Beiheft 10/2010, S. 229 (232 ff.).

76 BVerfGE 123, 267 (351, 353 f.); *Grawert* (Fn. 17), S. 211 f.; *Voßkuhle* (Fn. 75), S. 238 f.

77 BVerfGE 73, 339 (367, 387); 102, 137 (162 ff.); 123, 267 (399).

78 BVerfGE 123, 267 (353 f.); ferner schon in diesem Sinne BVerfGE 75, 223 (235, 242); 89, 155 (188); 113, 273 (296).

79 BVerfGE 123, 267 (353 f.); vgl. bereits BVerfGE 58, 1 (30 f.); 75, 223 (235, 242); 89, 155 (188) zum sog. „ausbrechenden Rechtsakt".

Souveränität des Nationalstaates aus. Der Nationalstaat darf, wie das Gericht betont, aus Souveränitätsgründen seiner Befähigung, das „letzte Wort", das in seiner Verfassung begründet liegt, zu sprechen, unter keinen Umständen verlustig gehen.[81] Er hat die „souveräne Letztverantwortung für die in seinem Gebiet ausgeübte Hoheitsgewalt"[82].

– *Europarechtlich* sieht das Bundesverfassungsgericht die genannten verfassungsrechtlichen Vorgaben in den Prinzipien der Subsidiarität (Art. 5 Abs. 1 S. 2 und Abs. 3 EUV), der begrenzten Einzelermächtigung (Art. 5 Abs. 1 S. 1, Abs. 2 EUV), der loyalen Zusammenarbeit (Art. 4 Abs. 3 EUV) sowie der Achtung der nationalen Identität (Art. 4 Abs. 2 S. 1 EUV) als Korrelatnormen gespiegelt.[83] Besondere Bedeutung misst es dabei Art. 4 Abs. 2 S. 1 EUV zu. Dieser anerkenne „die grundlegenden politischen und verfassungsmäßigen Strukturen souveräner Mitgliedstaaten"[84].

---

80 Guter Überblick zum Ganzen bei *C. Calliess,* Verfassungssouveränität versus europäische Integration?, in: R. T. Baus/M. Borchard/ G. Krings (Hrsg.), Europäische Integration und deutsche Verfassungsidentität, 2010, S. 111 (115 ff.).

81 Vgl. BVerfGE 111, 307 (319); 123, 267 (400); 128, 326 (369); ähnlich *Hillgruber* (Fn. 1), HStR II, § 32 Rn. 54; *Murswiek* (Fn. 38), Souveränitätsprobleme, S. 142 ff.; kritisch *C. Calliess,* Unter Karlsruher Totalaufsicht, FAZ Nr. 198 v. 27.8.2009, S. 8; *Lenz* (Fn. 59).

82 *P. Kirchhof* (Fn. 64), § 214 Rn. 109, mit dem Zusatz (Rn. 110): „Diese Letztverantwortung des Mitgliedstaates für sein Staatsvolk und dessen demokratischen Staat erlebt in der gegenwärtigen Finanz- und Verschuldenskrise eine Renaissance." Vgl. auch *ders.,* a. a. O., Rn. 114, sowie *J. Neyer,* Europa: Integration und Demokratie, in: FAZ Nr. 81 v. 8.4.2013, S. 7 Sp. 6.

83 BVerfGE 123, 267 (350, 353 f.); vgl. auch a. a. O., S. 383 sowie bereits BVerfGE 89, 155 (189). Eher zurückhaltend zur Leistungsfähigkeit der genannten europarechtlichen Prinzipien aber *H. H. Klein,* Europäische Integration und demokratische Legitimation, 2011, S. 16 f.

84 BVerfGE 123, 267 (354). Dazu dass zur nationalen Verfassungsidentität i. S. v. Art. 4 Abs. 2 S. 1 EUV u. a. die („integrierte") Souveränität der Mitgliedstaaten gehört siehe *A. Puttler,* in: C. Calliess/M. Ruffert (Hrsg.), EUV/AEUV, 4. Aufl. 2011, Art. 4 EUV Rn. 13, 16; tendenziell eher kritisch dagegen *Grawert* (Fn. 17), S. 195 ff., 204.

5. *„Europarechtsfreundliche" Souveränität*

Das Bundesverfassungsgericht nimmt den Souveränitätsanspruch des deutschen Staates zugleich aber auch wieder teilweise zurück, indem es klarmacht, dass das Souveränitätsverständnis des Grundgesetzes nicht mehr mit dem „rigiden" Souveränitätsverständnis gleichgesetzt werde könne, wie es noch bis zu Beginn des 20. Jahrhunderts gegolten habe. Vielmehr könne es für den deutschen Staat heute nur noch eine „integrierte" bzw. „offene" Souveränität gehen. Der aus der Präambel und Art. 23 Abs. 1 S. 1 GG folgende Verfassungsauftrag zur Mitwirkung an der europäischen Integration stehe nicht im Ermessen der deutschen Verfassungsorgane,[85] sondern binde (als Teil von „Recht und Gesetz" i. S. d. Art. 20 Abs. 3 GG) alle Staatsgewalt. Es gelte daher nicht nur der Grundsatz der Völkerrechtsfreundlichkeit,[86] sondern auch der Grundsatz der Europarechtsfreundlichkeit.[87] Diese Grundsätze verknüpft das Gericht inhaltlich mit seinem Verständnis von Staatlichkeit und Souveränität – das Ergebnis ist eine „moderne" Souveränität, die in der zweiten Hälfte des 20. Jahrhunderts die bis dahin geltende „alte", national übersteigerte Souveränität[88] abgelöst hat.[89]

---

85 Vgl. BVerfGE 123, 267 (346).

86 BVerfGE 123, 267 (344 ff.); vgl. bereits BVerfGE 31, 58 (75 f.); 111, 307 (317); 112, 1 (26); BVerfGK 9, 174 (186); den Grundsatz der Völkerrechtsfreundlichkeit erneut bekräftigend BVerfGE 128, 326 (366).

87 Vgl. BVerfGE 123, 267 (Ls. 4 und S. 346 f., 354, 401); vgl. auch (ohne Verwendung des Begriffs) a. a. O., S. 344; erläuternd *K. Kaiser/ I. Schübel-Pfister*, Der ungeschriebene Verfassungsgrundsatz der Europarechtsfreundlichkeit: Trick oder Treat?, in: S. Emmenegger/A. Wiedmann (Hrsg.), Linien der Rechtsprechung des Bundesverfassungsgerichts – erörtert von den wissenschaftlichen Mitarbeitern, Bd. 2, 2011, S. 545 ff.

88 Das BVerfG (BVerfGE 123, 267 [346]) spricht von der „selbstgenügsamen und selbstherrlichen Vorstellung souveräner Staatlichkeit"; siehe dazu bereits oben „Annahme 3"; vgl. zu übersteigerten Souveränitätsvorstellungen und der Kritik hieran berichtend *Randelzhofer* (Fn. 4), § 17 Rn. 5 f.; ferner die Nachweise unten in Fn. 156. In dezidierter Abkehr von der Vorstellung übersteigerter Souveränität formuliert das Bundesverfassungsgericht mit Blick auf die Rechtslage unter dem Grundgesetz nüchtern und realistisch (a. a. O.): „Der Staat ist weder Mythos noch

Der souveräne Staat im modernen Sinne, wie ihn die Karlsruher Richter verstehen, ist der Staat, dessen Ziel es ist, sich „in eine internationale und europäische Friedensordnung einzufügen“ [90]. Für ihn, so das Bundesverfassungsgericht im Urteil „*Sicherungsverwahrung*“, steht das Souveränitätsverständnis des Grundgesetzes „einer Einbindung in inter- und supranationale Zusammenhänge sowie deren Weiterentwicklung nicht nur nicht entgegen“, sondern setzt diese voraus und erwartet sie sogar.[91] Im Schrifttum ist insoweit bereits – allerdings zu weit gehend – von einem „neuen“ [92] Souveränitätsverständnis die Rede. Dies vernachlässigt, dass der Grundsatz der internationalen und europäischen Offenheit des Grundgesetzes ebenso einer langen Rechtsprechungslinie entspricht wie die Herleitung des Staatsziels europäischer Integration aus Art. 23 Abs. 1 GG (bzw. Art. 24 Abs. 1 GG a. F.) i. V. m. der Präambel des Grundgesetzes. Daher handelt es sich in der Sache nur um eine deutlichere Akzentuierung einer bis auf die Entscheidung „*Eurocontrol*“ und die dort in Bezug genommene grundlegende Schrift *Klaus Vogels* über „Die Verfassungsentscheidung für die internationale Zusammenarbeit“ [93] zurückreichenden Position des Gerichts.[94]

Selbstzweck, sondern die historisch gewachsene, global anerkannte Organisationsform einer handlungsfähigen politischen Gemeinschaft.“ Von einem „The state ‚über alles‘“, wie *J. Weiler* dem BVerfG nach dem *Maastricht*-Urteil meinte vorhalten zu können (vgl. *J. Weiler,* The State „über alles“, in Festschr. f. Ulrich Everling, Bd. II, 1995, S. 1651 [1655 ff.]), kann damit (auch mit Blick auf das *Lissabon*-Urteil) keine Rede sein; wie hier *Streinz* (Fn. 54), S. 476, 487, der zutreffend von einer „funktionale(n), nicht mythische(n) Bedeutung des Staates“ spricht (a. a. O., S. 487).

89 Wie hier *F. Schorkopf,* The European Union as an Association of Sovereign States: Karlsruhe's Ruling on the Treaty of Lisbon, GLJ 2009, S. 1219 (1224, 1239); *Streinz* (Fn. 54), S. 476, 487.

90 BVerfGE 123, 267 (344).

91 BVerfGE 128, 326 (369).

92 *Thym* (Fn. 54), S. 1014.

93 *K. Vogel,* Die Verfassungsentscheidung für die internationale Zusammenarbeit, 1964, S. 42.

94 Vgl. auch *Streinz* (Fn. 54), S. 475 f., 487 f. m. w. Nachw. auf die einschlägige, frühere Rechtsprechung des BVerfG.

Der Grundsatz der europarechtsfreundlichen Souveränität impliziert auch eine Pflicht zur engen Kooperation der deutschen und unionalen (funktional gleichermaßen „europäischen“) Verfassungsorgane (Art. 4 Abs. 3, 19 Abs. 1 UAbs. 2 EUV, Art. 23 Abs. 1 GG). Hierzu gehört insbesondere ein „Dialog der Gerichte“,[95] der sich in institutionalisierter Form über die – in der Theorie zwar von beiden Senaten des Bundesverfassungsgerichts anerkannte,[96] in der Praxis aber bis zum OMT-Beschluss noch nicht befolgte[97] – Vorlagepflicht des Bundesverfassungsgerichts an den Gerichtshof der EU (Art. 267 Abs. 3 AEUV) verwirklicht.[98]

6. *Bewertung*

Die Verwendung des Souveränitätsbegriffs durch den Zweiten Senat des Bundesverfassungsgerichts im *Lissabon*-Urteil ist im europarechtlichen Schrifttum überwiegend auf Kritik gestoßen.[99]

---

95 *A. Voßkuhle,* Menschenrechte im Europäischen Verfassungsgerichtsverbund, in: H. Bauer u. a. (Hrsg.), Öffentliches Wirtschaftsrecht im Zeitalter der Globalisierung, 2012, S. 81 (92 f.). Zum „Kooperationsverhältnis“ zwischen BVerfG und EuGH BVerfGE 73, 339 (387); 89, 155 (Ls. 7 und S. 175, 178); *F. Kirchhof,* Die Kooperation zwischen BVerfG und Europäischem Gerichtshof – Addierung oder Optimierung des Grundrechtsschutzes?, in: Festschr. f. Roman Herzog, 2009, S. 155 ff.; *P. Kirchhof,* Stabilität von Recht und Geldwert in der Europäischen Union, NJW 2013, S. 1 (5); *V. Skouris,* Nationale Grundrechte und europäisches Gemeinschaftsrecht, in: D. Merten/H.-J. Papier (Hrsg.), Handbuch der Grundrechte, Bd. VI/2, 2009, § 171 Rn. 44. Es ist m. E. zweifelhaft, ob in der bloßen Nichterwähnung des Wortes „Kooperationsverhältnis“ im *Lissabon*-Urteil eine inhaltliche Kursänderung des Gerichts gesehen werden kann; in diesem Sinne aber z. B. *Schröder* (Fn. 37), S. 682 m. w. Nachw. in Fn. 53.

96 BVerfGE 125, 260 (307 f.); 126, 286 (304).

97 Kritisch insoweit *F. C. Mayer,* Verfassungsgerichtsbarkeit, in: A. von Bogdandy/J. Bast (Hrsg.), Europäisches Verfassungsrecht, 2. Aufl. 2009, S. 559 (562 ff.); *Thym* (Fn. 54), S. 1014, dort auch zu (mutmaßlichen) Gründen für die diesbezügliche Zurückhaltung des BVerfG. Siehe nunmehr aber den OMT-Beschluss v. 14.1.2014, BVerfG, 2 BvR 2728/13, Absatz-Nr. 22 ff.; dazu *K. F. Gärditz,* Beyond Symbolism: Towards a Constitutional *actio popularis* in EU Affairs?, GLJ 2014 (im Erscheinen).

98 Wie hier *Huber* (Fn. 35), § 26 Rn. 80.

Zwar ist nicht abzustreiten, dass der Text des Grundgesetzes das Wort „Souveränität“, nicht zuletzt aus historischen Gründen, an keiner Stelle erwähnt, allerdings lässt sich hieraus kein überzeugender Einwand gegen die Argumentation mit der Souveränität[100] gewinnen.[101] Die Souveränitätsauffassung des Zweiten Senats stellt auch – anders als behauptet wurde – keine „Lizenz zum Rechtsbruch, zur Verletzung von Verpflichtungen aus internationalem Recht“[102] dar. Für diese These finden sich im Text der *Lissabon*-Entscheidung keine Anhaltspunkte. Schließlich vermittelt die *Lissabon*-Entscheidung auch keine ablehnende Haltung gegenüber der Idee eines Europäischen Bundesstaates. Sie vermittelt ihr gegenüber auch keine positive Haltung, sondern ist insoweit – richtigerweise – neutral. Das Bundesverfassungsgericht beantwortet lediglich die Frage des „quis iudicabit“ unmissverständlich, und zwar in Anbetracht des die Verfassungsidentität des geltenden Grundgesetzes wesentlich umge-

---

99 Kritisch etwa – in unterschiedlicher Intensität bzw. Differenziertheit – *R. Bieber,* Autistisch und selbstgerecht, SZ v. 20.7.2009, S. 2; *C. D. Classen,* Legitime Stärkung des Bundestages oder verfassungsrechtliches Prokrustesbett?, JZ 2009, S. 881 (889); *Grawert* (Fn. 17), S. 211 f.; *Häberle* (Fn. 10), S. 321 ff., 329 f.; *Herbst* (Fn. 42), S. 104; *Lenz* (Fn. 59); *Mayer* (Fn. 59), S. 237 ff.; *Terhechte* (Fn. 67), S. 724 ff.; *R. Wahl,* Die Schwebelage im Verhältnis von Europäischer Union und Mitgliedstaaten, Der Staat 48 (2009), S. 587 (612 ff.); insgesamt scharf kritisch *A. Grosser,* The Federal Constitutional Court's Lisbon Case: Germany's „Sonderweg“ – An Outsider's Perspective, GLJ 2009, S. 1263 ff.; *C. Schönberger,* Lisbon in Karlsruhe: Maastricht's Epigones at Sea, GLJ 2009, S. 1201 ff.; vgl. ferner auch *M. Niedobitek,* The Lisbon Case of 30 June 2009 – A comment from the European Law Perspective, GLJ 2009, 1267 ff. Differenziert-positiv dagegen *M. Herdegen,* Zeitgemäße Souveränität, FAZ Nr. 169 v. 24.7.2009, S. 9; *Schorkopf* (Fn. 75), S. 719 f.

100 So aber *Lenz* (Fn. 59); vgl. auch *Häberle* (Fn. 10), S. 330, *Herbst* (Fn. 42), S. 104; *Mayer* (Fn. 59), S. 260; *Terhechte* (Fn. 67), S. 728.

101 Wie hier *Grimm* (Fn. 17), S. 487, der es für „absonderlich“ hält, dass der Rekurs auf den Souveränitätsbegriff mit dem Argument kritisiert wird, dass er im Grundgesetz nicht erwähnt wird; *Schröder* (Fn. 37), S. 683.

102 *Mayer* (Fn. 59), S. 260 f.; ähnlich bereits in anderem Kontext (aber gleichfalls zu Unrecht) der Vorwurf an das Bundesverfassungsgericht von *I. Pernice,* BVerfG, EGMR und Rechtsgemeinschaft, EuZW 2004, S. 705.

staltenden Charakters eines solchen Schrittes aus Gründen des Demokratieprinzips zwingend zugunsten der verfassunggebenden Gewalt.

Das vom BVerfG entwickelte Konzept der Integrationsverantwortung dient vielmehr dazu, den europäischen Integrationsprozess konstruktiv zu begleiten und zu gestalten, indem hiermit ein Mechanismus geschaffen wird, der einen angemessenen Ausgleich zwischen einer Förderung der europäischen Integration einerseits und der Stärkung von Demokratie sowie der Bewahrung souveräner Staatlichkeit andererseits herstellen soll.[103] Das Konzept der Integrationsverantwortung basiert dabei jedoch nicht auf der Vorstellung eines einseitigen Zuwendungsverhältnisses[104] an eine immer mehr nationale Hoheitsrechte fordernde oder gar im Wege dynamisch-evolutiver Vertragsauslegung und Rechtsfortbildung an sich ziehende Europäische Union. Es beinhaltet vielmehr die Idee eines Loyalitätsverhältnisses, das von gegenseitiger, kooperativer Rücksichtnahme im Geiste von Europarechtsfreundlichkeit geprägt ist. Auf der Grundlage dieses Konzepts sieht der souveräne deutsche Verfassungsstaat, sich seiner eigenen unaufgebbaren Identität und Kompetenz-Kompetenz bewusst, aufgeschlossen[105] der weiteren Mitwirkung an der europäischen Integration entgegen und verpflichtet alle nationalen Staatsorgane zum konstruktiv-verantwortungsvollen Verhalten mit Blick auf das Integrationsziel.

---

103 *Voßkuhle* (Fn. 75), S. 233. Kritisch gerade insoweit aber wesentliche Teile der Literatur; vgl. nur *Thym* (Fn. 39), S. 576 ff., der dem BVerfG vorwirft, es manövriere die EU in eine „demokratische Sackgasse" bzw. ein „demokratisches Dilemma", sowie bereits die Nachweise oben in Fn. 8.

104 Vgl. *Voßkuhle* (Fn. 75), S. 234, der die Integrationsverantwortung nicht als „Einbahnstraße", sondern als „zweispuriges Konzept" begreift.

105 Die Aufgeschlossenheit des BVerfG gegenüber der europäischen Integration betonend *A. Voßkuhle,* Der europäische Verfassungsgerichtsverbund, NVwZ 2010, S. 1 (2).

III. Die weitere Konkretisierung des Souveränitätsbegriffs in der jüngeren BVerfG-Rechtsprechung

1. Souveränität auf Ebene verfassungsgerichtlicher Jurisdiktion

In seinem *Honeywell*-Beschluss[106] nahm das Bundesverfassungsgericht ausführlich Stellung zu der Frage, inwiefern europäische Rechtsakte einer verfassungsgerichtlichen Kontrolle unterliegen und als im nationalen Recht unanwendbar erklärt werden können.[107] Zwar erwähnten die Karlsruher Richter das Wort „Souveränität" dabei kein einziges Mal, in der Sache konkretisierten sie aber ihr Souveränitätskonzept durchaus weiter. Auffällig sind dabei die Änderungen in Ton und Duktus: War die Sprache im *Lissabon*-Urteil noch „härter" und „konfrontativer", so wird sie nun verbindlicher und konzilianter.[108] Hinsichtlich der Souveränität betont das Gericht noch stärker als bisher die „positive", unionszugewandte Seite. Dies äußert sich konkret in der Bindung der Ultra-vires-Kontrolle an eng verstandene Voraussetzungen, die in der Praxis zu einer restriktiven Handhabung dieser Kontrollform führen dürften.

Das Gericht bringt seine Absicht zum Ausdruck, potentielle „Spannungslagen" zwischen der Förderung der europäischen Integration einerseits und der Wahrung souveräner Staatlichkeit andererseits „kooperativ auszugleichen und durch wechselseitige Rücksichtnahme zu entschärfen", mithin die Ultra-vires-Kontrolle „europarechtsfreundlich" auszuüben.[109] Eine Ultra-vires-Kontrolle erfolgt danach nur, wenn (1) es sich um einen Fall ersichtlicher (hinreichend qualifizierter) Kompetenzüberschreitung der EU-Organe handelt, (2) dem EuGH zuvor im Rahmen des Vorabentscheidungsverfahrens (Art. 267 AEUV)

---

106 BVerfGE 126, 286.

107 Anschließend an die Ansätze in BVerfGE 89, 155 (188) und vor allem in BVerfGE 123, 267 (353 f.).

108 Vgl. auch – in der Bewertung ähnlich wie hier – *Thym* (Fn. 36), S. 71 ff.

109 BVerfGE 126, 286 (303); zustimmend *F. C. Mayer/M. Walter,* Die Europarechtsfreundlichkeit des BVerfG, JURA 2011, S. 532 (539).

Gelegenheit zur Auslegung des Unionsrechts gegeben wurde und (3) die Befugnis des EuGH auch zur methodisch gebundenen Rechtsfortbildung in angemessener Weise[110] berücksichtigt wurde.[111] Damit verdeutlicht das Bundesverfassungsgericht, dass es auf das in der Ultra-vires-Kontrolle „schlummernde" Letztentscheidungsrecht[112] als Souveränitätsakt zwar weiterhin nicht verzichten möchte, hiervon aber nur als Ultima ratio[113] Gebrauch machen wird.

2. *Souveränität auf parlamentarischer Ebene*

Mit der Zuspitzung der europäischen Schulden- und Währungskrise im Euro-Raum, insbesondere in Griechenland, rückten in der Folge die hiermit zusammenhängenden Aspekte nationaler Souveränität in den Fokus der bundesverfassungsgerichtlichen Aufmerksamkeit. In seinen Urteilen „*Griechenlandhilfen/Euro-Rettungsschirm*",[114] „*9er-Gremium*",[115] „*Unterrichtung des Bundestages*"[116] und zuletzt „*ESM*" (einstweiliger Rechtsschutz)[117] musste sich der Zweite Senat vor allem mit der Rolle des Bundestages im Prozess europäischer Integration befassen. Konkret ging es um eine präzisierende Auslegung des Begriffs des Budgetrechts des Bundestags sowie – worauf im Folgenden nicht weiter eingegangen wird – um eine Konkretisierung der Statusrechte der Bundestagsabgeordneten.

---

110 Zur vom BVerfG dem EuGH gegenüber konzedierten gewissen „Fehlertoleranz" bei der Auslegung von Unionsrecht: BVerfGE 126, 286 (307).

111 Vgl. BVerfGE 126, 286 (303 ff.).

112 Vgl. *E. R. Zivier*, Frontbegradigung oder geordneter Rückzug?, Recht und Politik 2011, S. 44 (46).

113 Vgl. *Voßkuhle* (Fn. 75), S. 239: „Notbremse-Verfahren". Für einen Anwendungsfall vgl. zuletzt den OMT-Beschluss des BVerfG v. 14.1. 2014 (Fn. 97).

114 BVerfGE 129, 124; das Urteil wird im Folgenden schlicht als „*Euro-Rettungsschirm*"-Urteil bezeichnet.

115 BVerfG, 2 BvE 8/11 v. 28.2.2012, NVwZ 2012, S. 495; vorausgehend im Verfahren des einstweiligen Rechtsschutzes: BVerfGE 129, 284.

116 BVerfG, 2 BvE 4/11 v. 19.6.2012, DVBl. 2012, S. 894.

117 BVerfG, 2 BvR 1390/12 v. 12.9.2012, DVBl. 2012, S. 1370.

Schon im *Lissabon*-Urteil hatte das BVerfG das Budgetrecht des Bundestages, wie erwähnt, zu einer von fünf unübertragbaren nationalen Reservekompetenzen erklärt[118] und festgestellt, „eine das Demokratieprinzip und das Wahlrecht zum Deutschen Bundestag in seinem substantiellen Bestimmungsgehalt verletzende Übertragung des Budgetrechts des Bundestages läge vor, wenn die Festlegung über Art und Höhe der den Bürger treffenden Abgaben in wesentlichem Umfang supranationalisiert würde. [...] Die Hoheit über den Haushalt ist der Ort konzeptioneller politischer Entscheidungen über den Zusammenhang von wirtschaftlichen Belastungen und staatlich gewährten Vergünstigungen", weshalb auch die parlamentarische Aussprache über den Haushalt als politische Generaldebatte geführt werde.[119] Hieran knüpft das Gericht in seiner Folge-Rechtsprechung an und bekräftigt die Bedeutung des Budgetrechts des Parlaments[120] als „zentrales Element der demokratischen Willensbildung"[121] bzw. als „grundlegender Teil der demokratischen Selbstgestaltungsfähigkeit", der als Instrument der Regierungskontrolle diene und in dem sich der Grundsatz der Gleichheit der Bürger aktualisiere.[122]

---

118 Auch dies stieß im Schrifttum auf – überzogene, zum Teil zudem im Sinne einer Staatsaufgabenlehre fehlinterpretierende – Kritik; vgl. *M. Jestaedt,* Ein Plädoyer für das Verfassungshandwerk, Der Staat 48 (2009), S. 497 (505 ff.); *D. Halberstam/C. Möllers,* The German Constitutional Court says „Ja zu Deutschland!", GLJ 2009, S. 1241 (1249 ff.); *Schönberger* (Fn. 99), S. 1209; nüchtern-differenziert dagegen *Ruffert* (Fn. 8), S. 1202; *Schröder* (Fn. 37), S. 684; ausdrücklich positiv sogar *Häberle* (Fn. 10), S. 321, 327.

119 BVerfGE 123, 267 (361).

120 BVerfGE 129, 124 (Ls. 2a und S. 170, 177 ff.); BVerfG, 2 BvE 8/11 v. 28.2.2012, NVwZ 2012, S. 495 Rn. 109; 2 BvE 4/11 v. 19.6.2012, DVBl. 2012, S. 894 Rn. 114; 2 BvR 1390/12 v. 12.9.2012, DVBl. 2012, S. 1370 Rn. 211.

121 BVerfGE 129, 124 (Ls. 2a und S. 177) unter Zitat von BVerfGE 70, 324 (355 f.); 79, 311 (329); vgl. auch BVerfGE 123, 267 (361); BVerfG, 2 BvE 8/11 v. 28.2.2012, NVwZ 2012, S. 495 Rn. 105; 2 BvR 1390/12 v. 12.9.2012, DVBl. 2012, S. 1370 Rn. 210.

122 BVerfGE 129, 124 (Ls. 2a und S. 177); BVerfG, 2 BvE 8/11 v. 28.2.2012, NVwZ 2012, S. 495 Rn. 105.

Aus Art. 38 Abs. 1 S. 1 i. V. m. Art. 20 Abs. 1 und 2 und 79 Abs. 3 GG folgt nach Ansicht des Bundesverfassungsgerichts die Pflicht der nationalen Verfassungsorgane zur Sicherung der Budgetverantwortung (Haushaltsverantwortung) des Deutschen Bundestags und mithin ein „Verbot(s) der Entäußerung“ der nationalen Haushaltsautonomie als einer wesentlichen Kompetenz der unmittelbar demokratisch legitimierten Parlamente der Mitgliedstaaten.[123] Die Budgetverantwortung, verstanden als haushaltspolitische Gesamtverantwortung im Rahmen des parlamentarischen Budgetrechts,[124] sieht das Gericht dabei offensichtlich eingebettet in sein allgemeineres Konzept der Integrationsverantwortung und versteht es als dessen Teilausprägung.[125]

Von einer verfassungswidrigen Beeinträchtigung der Gestaltungsfähigkeit des Haushaltsgesetzgebers könne solange nicht gesprochen werden, wie die „Gesamtverantwortung mit ausreichenden politischen Freiräumen für Einnahmen und Ausgaben noch im Deutschen Bundestag“ liegt.[126] Aufgrund des durch das Wahlrecht geschützten Prinzips der repräsentativen Volksherrschaft (Art. 38 Abs. 1 und 2 GG) müssten die Bundestagsabgeordneten stets die Kontrolle über grundlegende haushaltspolitische Entscheidungen behalten.[127] Der Deutsche Bundestag darf folglich „seine Budgetverantwortung nicht durch unbestimmte

---

123 BVerfGE 129, 124 (Ls. 3, 4 und S. 178 ff., 181 ff.); BVerfG, 2 BvE 8/11 v. 28.2.2012, NVwZ 2012, S. 495 Rn. 109; 2 BvR 1390/12 v. 12.9. 2012, DVBl. 2012, S. 1370 Rn. 210.

124 BVerfGE 129, 124 (178 f.).

125 Vgl. BVerfGE 129, 124 (180 f.); BVerfG, 2 BvR 1390/12 v. 12.9. 2012, DVBl. 2012, S. 1370 Rn. 214 (die Integrationsverantwortung „findet hierin [scil.: in der Haushaltsautonomie; der Verf.] ihre Entsprechung für haushaltswirksame Maßnahmen vergleichbaren Gewichts“); siehe auch *C. Calliess*, Der Kampf um den Euro: Eine „Angelegenheit der Europäischen Union“ zwischen Regierung, Parlament und Volk, NVwZ 2012, S. 1 (4), der von einer „Ergänzung“ der Integrationsverantwortung durch die Budgetverantwortung spricht.

126 BVerfGE 123, 267 (361 f.); vgl. auch a. a. O., S. 359. Ferner BVerfGE 129, 124 (Ls. 2–4 und S. 178 ff.); BVerfG, 2 BvR 1390/12 v. 12.9. 2012, DVBl. 2012, S. 1370 Rn. 241 ff.

127 BVerfGE 129, 124 (Ls. 2 b und S. 178).

haushaltspolitische Ermächtigungen auf andere Akteure übertragen. Insbesondere darf er sich auch durch Gesetz keinen finanzwirksamen Mechanismen ausliefern, die [...] zu nicht überschaubaren haushaltsbedeutsamen Belastungen ohne vorherige konstitutive Zustimmung führen können. Es dürfen keine dauerhaften völkervertragsrechtlichen Mechanismen begründet werden, die auf eine Haftungsübernahme für Willensentscheidungen anderer Staaten hinauslaufen, vor allem wenn sie mit schwer kalkulierbaren Folgewirkungen verbunden sind.«[128] Das Parlament gehe seiner Budgetverantwortung auch dann verlustig, wenn ein intergouvernementaler oder supranationaler Bürgschafts- oder Leistungsautomatismus[129] errichtet werde, für dessen Inanspruchnahme es nicht mehr auf die Beteiligung des Bundestages ankomme.[130] Eine Degradierung des Parlaments zum bloß „nachvollziehenden" Organ[131] sei unzulässig, denn sie käme faktisch einer Übertragung der Kompetenz-Kompetenz mit schwerwiegenden, mitunter nicht mehr kalkulierbaren Folgewirkungen[132] für die nationalen Haushalte gleich und würde daher die deutsche Verfassungsidentität i.S.d. Art. 20 Abs. 1 und 2 i.V.m. 79 Abs. 3 GG[133] verletzen. Diese erstmals im *Euro-Rettungsschirm*-Urteil getroffenen Aussagen hat das Bundesverfassungsgericht im (vorläufigen) *ESM*-Urteil weitgehend nur noch einmal wiederholt, bekräftigt und punktuell vertiefend

---

128 BVerfGE 129, 124 (Ls. 3a und b); näher zum Ganzen a.a.O., S. 171, 177 ff. (insb. 178–180, 183); ferner BVerfG, 2 BvE 8/11 v. 28.2.2012, NVwZ 2012, S. 495 Rn. 109; 2 BvR 1390/12 v. 12.9.2012, DVBl. 2012, S. 1370 Rn. 214, 236.

129 Vgl. schon die Ansätze in BVerfGE 89, 155 (203 f.); ausführlicher sodann BVerfGE 129, 124 (180, 184 f.).

130 Vgl. BVerfGE 129, 124 (180 f.); ähnlich BVerfG, 2 BvR 1390/12 v. 12.9.2012, DVBl. 2012, S. 1370 Rn. 213.

131 Vgl. BVerfGE 129, 124 (179); BVerfG, 2 BvE 8/11 v. 28.2.2012, NVwZ 2012, S. 495 Rn. 109; 2 BvR v. 12.9.2012, DVBl. 2012, S. 1370 Rn. 211.

132 Vgl. BVerfGE 129, 124 (180); BVerfG, 2 BvE 8/11 v. 28.2.2012, NVwZ 2012, S. 495 Rn. 109.

133 Vgl. BVerfGE 129, 124 (179 f.); vgl. auch *A. Voßkuhle,* Über die Demokratie in Europa, APuZ 2012, S. 3 (8).

auf die streitgegenständlichen Maßnahmen zur Anwendung gebracht, dabei zu dem Ergebnis gelangend, dass unter Beachtung der vom Gericht entwickelten Maßgaben[134] ein demokratiewidriger Verlust der nationalen Haushaltsautonomie nicht festzustellen sei.[135]

3. Bewertung

Die Entscheidungen zur Staatsschuldenkrise im Euro-Raum unterstreichen, was im *Lissabon*-Urteil bereits angelegt war,[136] dass nämlich das Bundesverfassungsgericht die Budgethoheit des Bundestages als Ausdruck einer modernen, europarechtsfreundlichen[137] souveränen Staatlichkeit interpretiert, eben als *Haushaltssouveränität.* Art. 79 Abs. 3 GG garantiert demnach allgemein „integrationsfeste Rückzugsräume souveräner Staatlichkeit" und speziell eine „absolute(n) Grenze, die einer umfassenden Vergemeinschaftung der Haushalts- und Schuldenpolitik entgegensteht" und die zugleich „einem Rutschbahneffekt durch Trippelschritte immer neuer Kreditermächtigungen oder Hoheitsrechtsübertragungen" vorbeugen soll.[138] Mit anderen Worten: Die Errichtung einer europäischen Schulden- bzw. Haftungsunion markiert die Schwelle zum europäischen Bundesstaat[139] und wird daher von Art. 79 Abs. 3 GG verboten.[140] Mit

---

134 BVerfG, 2 BvR 1390/12 v. 12.9.2012, DVBl. 2012, S. 1370 Rn. 253, 259 f.

135 BVerfG, 2 BvR 1390/12 v. 12.9.2012, DVBl. 2012, S. 1370 Rn. 231 ff., 239 ff., 280 ff., 300 ff.; mit zustimmender Tendenz erläuternd *C. Herrmann*, EuZW 2012, S. 805 ff.; *P.-C. Müller-Graff*, L'arrêt de Karlsruhe à propos du MES, Regards sur l'économie allemande Nr. 106/2012, S. 5 ff.; *F. Schorkopf*, „Startet die Maschinen" – Das ESM-Urteil des BVerfG vom 12.9.2012, NVwZ 2012, S. 1273 ff.

136 BVerfGE 123, 267 (361 f.).

137 Explizit im Sinne des Grundsatzes der Europarechtsfreundlichkeit BVerfGE 129, 124 (172) m. w. Nachw. Zusätzlich wird vom BVerfG im *Euro-Rettungsschirm*-Urteil auf die „verfassungsrechtlich geschützte Funktionsfähigkeit der Unionsrechtsordnung" rekurriert (a. a. O., ebenfalls m. w. Nachw.).

138 *Thym* (Fn. 54), S. 1013.

139 *Thym*, ebd.

Blick auf die Haftungsunion folgt aus Art. 79 Abs. 3 GG zwar *material* eine abstrakte Haftungsobergrenze,[141] diese belässt das Bundesverfassungsgericht jedoch im Unbestimmten. Überdies nimmt das Gericht die Kontrolle der Haftungsobergrenze stark zurück, indem es auf die sehr weite Einschätzungsprärogative des Parlaments verweist. Praktisch größere Bedeutung dürfte daher, gerade zur Kompensation der faktisch weitgehend leer laufenden materialen Kontrolle, den *formalen* Kontrollkriterien des Gerichts, insbesondere den effektiven Zustimmungs- und Kontrollbefugnissen des Parlaments[142] zukommen (Prozedura-

140 Zum arrondierenden unionsrechtlichen Verbot der Solidarhaftung (Art. 125 Abs. 1 S. 2 AEUV) zutreffend *A. Glaser,* Neuausrichtung der EU-Finanzverfassung durch den Europäischen Stabilitätsmechanismus, DÖV 2012, S. 901 (904 f.). Nur im *Ausgangspunkt* zutreffend (in der Sache dann aber das Bail-out-Verbot gem. Art. 125 Abs. 1 S. 2 Hs. 1 AEUV durch eine zu formale, methodisch defizitär begründete Auslegung zu sehr relativierend und damit im Ergebnis zur Umgehung der Norm weitgehend einladend) EuGH, Rs. C-370/12, Urt. v. 27.11.2012, DVBl. 2013, S. 101 Rn. 135 – Pringle; GA *Kokott* (Fn. 48), Rn. 126 ff.; ähnlich bereits *C. Calliess,* Perspektiven des Euro zwischen Solidarität und Recht, ZEuS 2011, S. 213 (250 ff.); daher dem EuGH nunmehr im Grundsatz auch zustimmend *ders.,* Der ESM zwischen Luxemburg und Karlsruhe, NVwZ 2013, S. 97 (99, 101, 103 f.); ebenso *W. Weiß/M. Haberkamm,* Der ESM vor dem EuGH – Widersprüchliche Wertungen in Luxemburg und Karlsruhe?, EuZW 2013, S. 95 (98 f.). Dagegen mit Recht kritisch *A. Glaser,* Urteilsanmerkung, DVBl. 2013, S. 167 (169); vgl. auch *C. Degenhart,* Missachtung rechtlicher Vorgaben bei der Umsetzung der Währungsunion, BRJ 02/2012, S. 157 (161 f.); *W. Kahl,* Bewältigung der Staatsschuldenkrise unter Kontrolle des Bundesverfassungsgerichts – ein Lehrstück zur horizontalen und vertikalen Gewaltenteilung, DVBl. 2013, S. 197 (203); *Ruffert* (Fn. 57), S. 6 f. Kritisch zur die Auslegung von Art. 125 Abs. 1 AEUV betreffenden Argumentation des EuGH im Pringle-Urteil auch (wenngleich im Ergebnis zustimmend) *M. Nettesheim,* Europarechtskonformität des Europäischen Stabilitätsmechanismus, NJW 2013, S. 14 (15 f.).

141 Näher dazu BVerfGE 129, 124 (182 f.); BVerfG, 2 BvR 1390/12 v. 12.9.2012, DVBl. 2012, S. 1370 Rn. 216 f., 271, 279.

142 BVerfGE 129, 124 (180 f.); zur Absicherung durch entsprechende Entscheidungsmodi auf EU-Ebene (Einstimmigkeitsprinzip) a. a. O., S. 185. Zuletzt wieder BVerfG, 2 BvR 1390/12 v. 12.9.2012, DVBl. 2012, S. 1370 Rn. 212, 242 ff.

lisierung der Kontrolle).[143] Über sie muss vor allem sichergestellt werden, dass der Haushaltsgesetzgeber „dauerhaft ‚Herr seiner Entschlüsse' bleibt"[144].

Eine offene Frage bleibt bei alledem, warum das Gericht nach der „Wiederentdeckung" der Souveränität im *Lissabon*-Urteil[145] in den Urteilen *„Euro-Rettungsschirm"* und *„Unterrichtung des Bundestags"* – ebenso wie zuvor bereits im *Honeywell*-Beschluss – von einer expliziten Verwendung des Souveränitätsbegriffs absieht.[146] Dies mag seinen juristischen Grund darin haben, dass der Rekurs auf die Souveränität aus verfassungs*rechtlicher* Sicht für die Herleitung des Prüfungsmaßstabs und die Begründung der Ergebnisse des Gerichts entbehrlich ist. Politisch mag in dieser „neuen" Souveränitätszurückhaltung auch eine Reaktion auf den Gegenwind zu sehen sein, der dem Gericht nach dem – von vielen als zu „negativ-abwehrend"[147] empfundenen – *Lissabon*-Urteil von verschiedener Seite (Europarechtswissenschaft, deutsche Politik, Ausland) ins Gesicht blies.

Ungeachtet dessen ist jedoch *in der Sache* keine Kurskorrektur festzustellen.[148] Im Gegenteil: Die Ausführungen des Gerichts zur Nicht-Disponibilität der parlamentarischen Budgetverantwortung stellen nichts anderes dar als einen – gleichsam „semantisch entschärften" – Ausschnitt dessen, was im *Lissabon*-

---

143 Gleichsinnig *Thym* (Fn. 36), S. 79 f.; *Voßkuhle* (Fn. 75), S. 236.

144 BVerfGE 129, 124 (179 f.); BVerfG, BvR 1390/12 v. 12.9.2012, DVBl. 2012, S. 1370 Rn. 213.

145 Siehe oben II., vor 1.

146 Dieser Befund ist umso interessanter, als sich die Beschwerdeführer z. T. – mehr oder weniger ausführlich – explizit auf das Souveränitätsargument bezogen hatten; vgl. etwa BVerfGE 129, 124 (146) sowie insb. im *ESM*-Verfahren die Schriftsätze der Prozessvertreter *C. Degenhart/ H. Däubler-Gmelin* (Verfassungsbeschwerde „Mehr Demokratie e. V." v. 29.6.2012, S. 29 ff., 83, 94 f., 99 ff., 102) und *A. Fisahn/H.-P. Schneider* (Verfassungsbeschwerde „Die Linke" v. 29.6.2012, S. 31, 34 ff.).

147 *E. Klein,* Bemerkungen zum Lissabon-Urteil des Bundesverfassungsgerichts, in: R. T. Baus/M. Borchard/G. Krings (Hrsg.), Europäische Integration und deutsche Verfassungsidentität, 2010, S. 99 (107).

148 Ebenso *Schorkopf* (Fn. 135), S. 1274.

Urteil argumentativ noch auf der „hohen“ Ebene der Souveränität entwickelt worden war. Sie werden jetzt zwar „nur“ noch und unmittelbar am verfassungsrechtlichen Maßstab des Wahlrechts, des Demokratieprinzips und der Ewigkeitsklausel festgemacht.[149] Die Souveränität schwingt dabei aber implizit weiter mit und steht gleichsam unausgesprochen im Hintergrund.[150] Materiell ging es in den Entscheidungen zur Eurokrise letztlich um die nationale Haushaltssouveränität als Teil der durch Art. 79 Abs. 3 GG gewährleisteten „integrationsfesten Rückzugsräume souveräner Staatlichkeit“ [151].

Die fortbestehende Bedeutung der Souveränität unterstrich zuletzt wieder auch explizit das *ESM*-Urteil, welches mit Blick auf Art. 136 AEUV feststellte, dass dieser die „Souveränität der Mitgliedstaaten“ bestätige, „indem er ihnen die Entscheidung überantwortet, ob und in welcher Weise ein Stabilitätsmechanismus eingerichtet wird“ [152].

IV. Abschließende Würdigung und Ausblick

Eine Berufung auf das Souveränitätsargument für sich genommen hilft regelmäßig nicht, um die im „Rechtsalltag“ der EU vorrangigen konkreten Probleme zu lösen, etwa ob und wann das Bundesverfassungsgericht dem EuGH vorzulegen und wieweit es diesem dabei – siehe etwa jüngst den OMT-Beschluss vom 14. Januar 2014 – durch eigene Auslegung von Unionsrecht

---

149 Vgl. BVerfGE 129, 124 (177).

150 Ähnlich *Thym* (Fn. 54), S. 1013: „Im Hintergrund baut der Zweite Senat die staatliche Souveränität zur letzten Verteidigungslinie aus.“ Siehe auch noch *Nettesheim* (Fn. 140), S. 16: „Krisenzeiten sind Zeiten, in denen sich souveräne Staatlichkeit in den Vordergrund drängt.“ Ähnlich – mit Blick auf den (National-)Staat – *K. Stern*, Buchbesprechung, Die Verwaltung 45 (2012), S. 561 (579).

151 *Thym*, ebd.

152 BVerfG, 2 BvR 1390/2012 v. 12.9.2012, DVBl. 2012, S. 1370 Rn. 236. Auch dem Urteil des EuGH im Fall „Pringle“ liegt implizit eine souveränitätsgestützte Argumentation zugrunde; sogar ausdrücklich unter Berufung auf die Souveränität der Mitgliedstaaten GA *Kokott* (Fn. 48), Rn. 137 ff.

vorgreifen darf,[153] ob, unter welchen Voraussetzungen und mit welcher Regelungsdichte nationale Regelungen einer Rechtsangleichung auf Unionsebene zugeführt werden dürfen oder wie die vom Bundesverfassungsgericht hinsichtlich seiner Grundrechts-, Ultra-vires- und Verfassungsidentitätskontrolle im Einzelnen formulierten Voraussetzungen auszulegen und anzuwenden sind – um nur einige konkrete Felder der nicht spannungsfreien Verzahnung und Interaktion im Europäischen Verfassungs(gerichts)verbund herauszugreifen. Hierfür bedarf es spezifischer Prinzipien, Regeln und Rechtsprechung. Die Souveränität kann insofern nur als Leitplanke bzw. Rahmen dienen. Sie bleibt dabei, wie einleitend bemerkt, ein schwieriger „Grenzbegriff" – im Ausgangspunkt heuristisch-deskriptive Kategorie der Allgemeinen Staatslehre, über die Grundsätze souveräner Staatlichkeit und Volkssouveränität aber zugleich verrechtlicht und überdies mit den „Weihen" der Ewigkeitsklausel versehen.

In der Sache ist die zentrale Argumentation mit der Figur der Souveränität nur deshalb akzeptabel, weil das Bundesverfassungsgericht, wie gesehen, gerade nicht von dem Souveränitätsbegriff des 19. Jahrhunderts ausgeht, sondern von einem gewandelten, europafreundlichen Verständnis. Dieser *Begriffswandel*[154] schließt eine Öffnung für die Übertragung von Hoheitsrechten auf eine supranationale Hoheitsgewalt ein und anerkennt unter den Bedingungen der Internationalisierung die Realität einer

---

153 Zum Problem: *Schorkopf* (Fn. 135), S. 1275: „verfassungsbestätigende Auslegung" des Unionsrechts.

154 Zur im Hintergrund stehenden Wandlungsbedürftigkeit, aber auch -fähigkeit des Staates und dabei gegen die These vom Funktionsverlust des Staates *J. Isensee,* Staat und Verfassung, in: J. Isensee/P. Kirchhof (Hrsg.), Handbuch des Staatsrechts, Bd. II, 3. Aufl. 2004, § 15 Rn. 13; *W. Kahl,* Parlamentarische Steuerung der internationalen Verwaltungsvorgänge, in: H.-H. Trute/T. Groß/H. C. Röhl/C. Möllers (Hrsg.), Allgemeines Verwaltungsrecht – zur Tragfähigkeit eines Konzepts, 2008, S. 71 (76 ff.); vgl. auch zur Rückbesinnung auf den Staat gerade in den seit 2008 andauernden Krisenzeiten *P. M. Huber,* Zur Renaissance des Staates, in: H. Bauer u. a. (Hrsg.), Öffentliches Wirtschaftsrecht im Zeitalter der Globalisierung, 2012, S. 35 (47 ff.).

vielfach begrenzten, vertikal arbeitsteilig strukturierten Staatsmacht.[155] Im Hintergrund steht der Übergang von der Vorstellung „schrankenloser“[156] (absoluter) zu einer Vorstellung zwar nicht geteilter Souveränität,[157] aber doch gemeinsam ausgeübter öffentlicher Gewalt bzw. Souveränitäts*rechte* und insoweit relativer Souveränität.[158] Eine solche Idee zwar relativer, aber monistischer Souveränität[159] dürfte am ehesten dem entsprechen, was sich aus der jüngeren, hier näher analysierten Bundesverfassungsgerichtsjudikatur abstrahieren lässt.[160] Das Souveränitätsverständnis des Gerichts erfüllt damit aber gerade das, was *v. Danwitz* ihm als sein vermeintliches Defizit vorwirft, nämlich „das Verhältnis von nationalstaatlicher Selbstbestimmung einerseits und internationaler beziehungsweise supranationaler Einbindung andererseits auf eine Weise zu bestimmen, die ein ausgewogenes Verhältnis von Autonomie und Gemeinsamkeit zu gewährleisten vermag“[161]. Es ist – entgegen *Habermas* – gerade

---

155 *Grimm* (Fn. 8), S. 279; *Isensee* (Fn. 154), § 15 Rn. 13; *P. Kirchhof* (Fn. 64), § 214 Rn. 106 ff., 114 f.; *Randelzhofer* (Fn. 4), § 17 Rn. 23.

156 Eine im wörtlichen Sinne „schrankenlose“ (oder gar willkürliche) Souveränität des Staates gab es zu keiner Zeit (sieht man einmal vom Nationalsozialismus ab) und wurde selbst von *Bodin* nicht vertreten, der von einer Bindung des Souveräns an die Grundsätze des göttlichen Rechts, des Naturrechts und des Völkerrechts ausging; vgl. bereits gegen die Vorstellung einer „schrankenlosen“ Souveränität *G. Jellinek*, Allgemeine Staatslehre, 3. Aufl. 1913, Neudruck 1976, S. 480 f.; *Quaritsch* (Fn. 5), S. 265; *Merten* (Fn. 7), S. 33; siehe auch bereits oben Fn. 88.

157 Hierfür *C. Calliess*, Auswärtige Gewalt, in: J. Isensee/P. Kirchhof (Hrsg.), HStR, Bd. IV, 3. Aufl. 2006, § 83 Rn. 10; *P. M. Huber*, Recht der europäischen Integration, 2. Aufl. 2002, S. 71.

158 Ebenso *R. Schmidt*, Ende der Rechtsgemeinschaft, FAZ Nr. 82 v. 5.4.2012, S. 7.

159 Vgl. hierzu *Grimm* (Fn. 5), S. 100 ff. (107 ff.); vgl. auch *ders.*, a. a. O., S. 111 ff., zu weitergehenden (dualistischen) Konzepten einer zwischen Staat und EU geteilten Souveränität und deren historischer Tradition in Deutschland. Gleichfalls für ein monistisches Souveränitätskonzept *P. Kirchhof* (Fn. 64), § 214 Rn. 106 a. E. sowie allgemein die Unteilbarkeit von Souveränität betonend *Quaritsch* (Fn. 5), S. 266 f.; *Merten* (Fn. 7), S. 32.

160 Ebenso in der Analyse (in der Bewertung aber kritisch) *Schröder* (Fn. 37), S. 677 f.

nicht „souveränitätsversessen-abschirmend“, denn es dient nicht der Sicherung des Nationalstaates als Selbstzweck. Es ist vielmehr europaoffen[162]-kooperativ[163] und dient der Sicherung der Demokratie[164]. *D. Grimm* hat dies treffend auf den Punkt gebracht: „Im Schutz der demokratischen Selbstbestimmung einer politisch geeinten Gesellschaft über die ihr gemäße Ordnung findet die Souveränität heute ihre wichtigste Funktion.“[165] In die gleiche Richtung gehen die Worte von *I. Maus*: Die Souveränität des Nationalstaats muss als „Mittel zum Zweck der Volkssouveränität verteidigt werden“, ja sie ist „Bedingung der Möglichkeit von Volkssouveränität“.[166]

Für eine Aufgabe des Souveränitätsbegriffs[167] besteht nach alledem kein Anlass.[168] Die eigentliche Bewährungsprobe der

---

161 *von Danwitz* (Fn. 9), S. 8.

162 Vgl. auch *Hillgruber* (Fn. 1), HStR II, § 32 Rn. 1 ff.; *Murswiek* (Fn. 56), Präambel, Rn. 213 ff. (216), 245.

163 Zutreffend von einem „Ergänzungsverhältnis“ zwischen nationaler Souveränität und europäischer Hoheitsausübung ausgehend *P.-C. Müller-Graff*, Das Karlsruher Lissabon-Urteil: Bedingungen, Grenzen, Orakel und integrative Optionen, Integration 2009, S. 331 (360).

164 *Gärditz/Hillgruber* (Fn. 44), S. 875 (das BVerfG betreibe „keinen abstrakten Souveränitätsfetischismus“); *Grimm* (Fn. 5), S. 110, 121 ff. mit dem – zutreffenden – Hinweis, dass die Staaten nach wie vor die relativ besten (rechtlichen und vorrechtlichen) Verwirklichungsbedingungen für Demokratie bieten; *Schröder* (Fn. 37), S. 683 f.; vgl. zum Ganzen auch *Kahl* (Fn. 68), S. 443 ff.; *Schorkopf* (Fn. 37), Art. 23 Rn. 42 ff. sowie nach wie vor grundlegend *D. Grimm*, Braucht Europa eine Verfassung?, 1995, S. 42 ff. Den Konnex zwischen Demokratie und Nationalstaatlichkeit klar herausgearbeitet zu haben ist ein bleibendes Hauptverdienst des *Maastricht*-Urteils des BVerfG, mit dem Deutschland auch bei unionsweiter Betrachtung keineswegs isoliert ist (vgl. *Huber* [Fn. 35], § 26 Rn. 22, 35 f.) und in dessen Kontinuität auch die nachfolgende Europa-Judikatur des BVerfG steht. Wie hier *P. Kirchhof* (Fn. 64), § 214 Rn. 121; *Murswiek* (Fn. 38), in: Festschr. f. Wahl, S. 800 f.

165 *Grimm* (Fn. 5), S. 123.

166 *I. Maus*, Über Volkssouveränität, 2011, S. 391, 14; vgl. dazu die aufschlussreiche Analyse von *A. Funke*, Die Verfassung der politischen Selbstbestimmung, in: C. Bäcker/S. Ziemann (Hrsg.), Junge Rechtsphilosophie, 2012, S. 23 ff.

167 Hierfür die oben in Fn. 10 zitierten Autoren.

Souveränität steht möglicherweise sogar erst noch bevor. Noch ist der Identitätswechsel, der dem Volk in freier Entscheidung vorbehalten ist (Art. 146 GG),[169] nicht vollzogen, noch die Schwelle zum europäischen Bundesstaat nicht überschritten. Es hilft aber nicht, darauf zu verweisen, dass die Politiker in der EU gegenwärtig mehrheitlich nicht das Ziel der Errichtung eines europäischen Bundesstaates verfolgen.[170] Dies ist zwar richtig, das Problem ist aber ein anderes. Es liegt in dem schleichenden, faktischen Hinübergleiten in einen Bereich, in dem „der Kompetenzumfang, die politische Gestaltungsmacht und der Grad an selbständiger Willensbildung der Unionsorgane ein der Bundesebene im föderalen Staat entsprechendes (staatsanaloges) Niveau“[171] erreichen. Hierauf müssen Staatsrechtslehre und Verfassungsrechtsprechung vorbereitet sein. Derzeit in der Diskussion befindliche Stichworte[172] wie „Europäische Wirtschaftsregierung“,[173] „EU-Haushaltskommissar“ (mit „Durchgriffsrechten“ gegenüber dem nationalen Haushaltsgesetzgeber), „Fis-

---

168 Wie hier für eine fortbestehende Relevanz der Souveränität *Grimm* (Fn. 8), S. 275 (276 f., 290 ff.); *M. Baldus,* Zur Relevanz des Souveränitätsproblems für die Wissenschaft vom öffentlichen Recht, Der Staat 36 (1997), S. 381 ff.; *S. Oeter,* Souveränität – Ein überholtes Konzept?, in: Festschr. f. Helmut Steinberger, 2002, S. 259 ff.; wohl auch *Thym* (Fn. 36), S. 81, der sich zumindest für ein „Festhalten an der staatlichen Souveränität als theoretische Fiktion“ ausspricht.

169 Zu den dabei möglichen – vom BVerfG offengelassenen – Verfahrensgestaltungen siehe *H. Dreier,* in: ders. (Hrsg.), GG, Bd. III, 2. Aufl. 2008, Art. 146 Rn. 53 f.; *Huber* (Fn. 54), Art. 146 Rn. 15 ff. Erhellend auch der Beitrag von *H. H. Klein,* in diesem Band.

170 Als eine – von nicht wenigen – Gegenstimmen vgl. aber die vom früheren deutschen Außenminister gegründete „Zukunftsgruppe“ von elf Außenministern der EU, die für eine volle Politische Union der Vereinigten Staaten von Europa eintritt, vgl. *G. Westerwelle,* Integration 2012, S. 90. Zur bislang geringen Akzeptanz dieser Vorschläge und zu den absehbaren Realisierungsproblemen siehe aber auch *T. Oppermann,* „Euro-Rettung“ und europäisches Recht, NJW 2013, S. 6 (8).

171 BVerfGE 123, 267 (364 f.).

172 Näher zu den nachfolgenden Stichworten mit weiteren Nachw. *Ruffert* (Fn. 57), S. 7 ff.

173 Berechtigte Skepsis insoweit bei *Ruffert* (Fn. 57), S. 9 ff. (11).

kalunion" (mit „Europäischer Steuerhoheit"),[174] „Bankenunion" (Bankenaufsichtszuständigkeit der EZB;[175] staatenübergreifende Einlagensicherung), „Eurobonds" oder „unbegrenzter Ankauf von Staatsanleihen durch die EZB"[176] weisen darauf hin, dass die Grenze des durch das Grundgesetz in seiner geltenden Fassung zugelassenen Maßes an Integration in nicht allzu ferner Zukunft erreicht sein könnte.[177]

---

174 Vorschläge für die Errichtung einer – insbesondere mit effektiven Sanktionen und Vetorechten der EU-Ebene ausgestatteten – „Fiskalunion" etwa bei *C. Calliess/C. Schoenfleisch,* Auf dem Weg in die europäische „Fiskalunion"? – Europa- und verfassungsrechtliche Fragen einer Reform der Wirtschafts- und Währungsunion im Kontext des Fiskalvertrages, JZ 2012, S. 477 (486 f.), die die Frage, ob damit die Grenze des Art. 79 Abs. 3 GG erreicht ist, zwar aufwerfen, aber mit m. E. nicht überzeugender Begründung im Ergebnis verneinen. Zutreffend die Schwierigkeiten die politische Widerstände und das „konstitutionelle Dilemma" beschreibend, in welches die EU unweigerlich hineingerät, wenn sie effektivere, die nationale Souveränität im Kern berührende Strukturen einer zentralen Wirtschafts- und Fiskalsteuerung (z. B. sanktionsbewehrte Kontrollinstrumente der Kommission) etablieren möchte, *C. Herrmann,* Wirtschaftsverfassung und Wirtschaftsregierung in der Europäischen Union, in: T. Giegerich (Hrsg.), Herausforderungen und Perspektiven der EU, 2012, S. 51 (73 ff.); ähnlich *Oppermann* (Fn. 170), S. 8. Dezidiert skeptisch gegenüber der Option einer Stärkung der unionalen Zentralgewalt (Kommission) *Neyer* (Fn. 82), Sp. 5 f.

175 Problembewusst bereits vor dem Hintergrund von Art. 10 Abs. 1 und Abs. 2 EUV *Glaser* (Fn. 140), DÖV 2012, S. 908, unter zutreffendem Hinweis auf die insoweit fehlende (institutionell-funktionale) demokratische Legitimation der EZB; nunmehr ebenso *Ruffert* (Fn. 57), S. 18.

176 EZB, Presseerklärung v. 6.9.2012, „Technical features of Outright Monetary Transactions", abrufbar unter www.ecb.europa.eu; siehe dazu nun auch den OMT-Beschluss des BVerfG v. 14.1.2014 (Fn. 97); *Gärditz* (Fn. 97).

177 Vgl. *Guckelberger* (Fn. 36), S. 40; *P. M. Huber,* „Keine europäische Wirtschaftsregierung ohne Änderung des Grundgesetzes", SZ Nr. 216 v. 19.9.2011, S. 6; *S. Piecha,* Entscheidungsbesprechung, ZJS 2011, S. 544 (549); *Schorkopf* (Fn. 135), S. 1276; *A. Voßkuhle,* „Noch mehr Europa lässt das Grundgesetz kaum zu", FAZ Nr. 38 v. 25.9.2011, S. 36 f.; tendenziell auch *E. Pache,* Das Ende der europäischen Integration?, EuGRZ 2009, S. 285 (298); a. A. *J. F. Lindner,* Das Lissabon-Urteil des Bundesverfassungsgerichts und die Konsequenzen für die europäische Integration, BayVBl. 2010, S. 193 (202); *Ruffert* (Fn. 57), S. 14 f. und wohl auch, hin-

Diese Integrationsgrenze ist nicht erst dann überschritten, wenn die formale Gründung eines Europäischen Bundesstaates durch explizite Übertragung der Kompetenz-Kompetenz einschließlich der üblichen äußeren Insignien von Staatlichkeit an die EU erfolgt. Maßgeblich ist vielmehr – bei aller Problematik der damit verbundenen Unsicherheit und Abgrenzung – eine materiale, wertende Gesamtbetrachtung. Art. 23 Abs. 1 S. 3 GG i.V.m. Art. 79 Abs. 3 GG schützt „eine substantielle Staatlichkeit“ [178]. Ist eine solche Substanz an Kompetenzen auf die supranationale Ebene übergegangen, dass dort ein staatsanaloges[179] Niveau erreicht und – umgekehrt – die Mitgliedstaaten kompetenziell weitgehend entkernt (als die viel zitierte „leere Hülse“) zurückbleiben, so ist nach dem Grundgesetz bereits die Grenze dessen erreicht, wofür noch der pouvoir constitué zuständig ist.[180]

Aus den praktischen Schwierigkeiten, innerhalb eines schleichenden Prozesses der Integrationsvertiefung den materialen Umschlagpunkt in Richtung auf eine europäische Staatlichkeit zu bestimmen, hat der Mannheimer Politikwissenschaftler *Peter Graf Kielmansegg* verfassungs*politisch* die pragmatische Konsequenz gezogen, folgenden Vorschlag zu unterbreiten: „Wenn klar ist, dass irgendwann das Selbstregierungsrecht der europäischen Völker zur Disposition steht und dass sich damit eine Frage stellt, die die Bürger selbst beantworten müssen, dann ist es vernünftig, die Bürger eher früher als später an den Entscheidungen über die europäische Verfassung zu beteiligen.“ [181] Zur

---

sichtlich der eigenen Position letztlich aber etwas unklar *M. Nettesheim*, Wo „endet“ das Grundgesetz?, Der Staat 51 (2012), S. 314 (352 ff.).

178 *Schorkopf* (Fn. 37), Art. 23 Rn. 87.

179 Mit Recht – sub specie des Demokratieprinzips – gerade auf das Erreichen eines „staatsanalogen“ Niveaus durch die EU abhebend *H. H. Klein* (Fn. 83), S. 12 ff.

180 Vgl. BVerfGE 111, 307 (319); 123, 267 (357 f., 365, 406); wie hier *Guckelberger* (Fn. 36), S. 36 f., 40; *H. H. Klein* (Fn. 83), S. 7 f.; *Murswiek* (Fn. 38), Souveränitätsprobleme, S. 140 ff.; anders wohl *Möllers* (Fn. 59).

181 *P. Graf Kielmansegg*, Wenn die Verfassung schweigt, FAZ Nr. 220 v. 20.9.2012, S. 8; vgl. auch *C. Hillgruber*, Deutschland in Europa – die grundgesetzliche Konzeption deutscher Staatlichkeit, in: M. Hochhuth

Umsetzung dieses Vorschlags hat *Graf Kielmansegg* eine entsprechende Änderung von Art. 23 GG ins Spiel gebracht.

Der Vorschlag, den weiteren Gang der europäischen Entwicklung, jedenfalls dann, wenn sie zu einem qualitativen Sprung ansetzt, direkt-demokratisch zu fundieren, ist in der einen oder anderen Form gewiss zu begrüßen, ohne dass an dieser Stelle im Detail hierzu Stellung genommen werden kann. Der Weg über ein durch Verfassungsänderung ermöglichtes „Europa-Plebiszit" hätte dabei den Vorteil, dass er – anders als der nicht auf die Frage „(Nicht-)Beitritt zu einem Europäischen Bundesstaat" begrenzbare Weg über eine Verfassungsneuschöpfung gemäß Art. 146 GG – nicht die (wenngleich eher theoretische als praktische) Gefahr implizierte, dass das Grundgesetz in wesentlichen Teilen zur Disposition gestellt würde.[182] Es handelte sich, anders gewendet, um einen Weg, der mit größerer Zuverlässigkeit gewährleistete, dass tatsächlich nur wenige (europabezogene) Bestimmungen des Grundgesetzes geändert würden,[183] ohne dass „eine langjährige Diskussion um die Inhalte einer neuen Verfassung ausbricht"[184], für die kein Anlass besteht und die es daher in jedem Fall zu vermeiden gilt.

(Hrsg.), Nachdenken über Staat und Recht, 2010, S. 93 (98 f.). Zum bislang weitgehend monolithischen Block der „Integrationisten" in Deutschland, die stets für ein „Mehr an Europa" streiten (auch wenn dies zu Lasten der Demokratie geht) vgl. – mit Recht kritisch – *Neyer* (Fn. 82), Sp. 1 f.

182 Aus diesem Grund gegen einen Weg über Art. 146 GG *H.-J. Papier*, FAZ Nr. 269 v. 18.11.2011, S. 7 („Nicht das Ende des Grundgesetzes herbeireden"); vgl. auch *ders.*, in diesem Band.

183 Hierfür *A. Voßkuhle*, zit. nach M. Nettesheim, Die Lissabon-Entscheidung des Bundesverfassungsgerichts – Grundgesetzliche Grenzen der Integration, Jahrbuch des Föderalismus 2010, S. 403 (410); für die Möglichkeit der Beibehaltung eines im Kern unveränderten Grundgesetzes nach Beitritt Deutschlands zu einem Europäischen Bundesstaat auch *Murswiek* (Fn. 38), in: Festschr. f. Wahl, S. 785 Fn. 17.

184 *Papier* (Fn. 182), FAZ v. 18.11.2011, S. 7; vgl. auch die ähnlichen Befürchtungen bei *J. Wieland*, Die Zukunft Europas – Krise als Chance, JZ 2012, S. 213 (218).

Die Europäische Union als Rechtsgemeinschaft – Überlegungen vor dem Hintergrund der Staatsschuldenkrise in der Eurozone

Von *Christian Calliess*

I. Die EU als Rechtsgemeinschaft

Bereits früh bezeichnete der EuGH die damalige Europäische Wirtschaftsgemeinschaft als „*eine Rechtsgemeinschaft der Art ..., daß weder die Mitgliedstaaten noch die Gemeinschaftsorgane der Kontrolle darüber entzogen sind, ob ihre Handlungen im Einklang mit der Verfassungsurkunde der Gemeinschaft, dem Vertrag, stehen*"[1]. Heute hebt Art. 2 EUV explizit die Rechtsstaatlichkeit als einen für den europäischen Staaten- und Verfassungsverbund, den EU und Mitgliedstaaten gemeinsam bilden, verbindlichen Wert hervor. Und Art. 3 Abs. 2 EUV formuliert im Rahmen der Aufzählung der Ziele der Union an hervorgehobener Stelle, dass die Union ihren Bürgern „einen Raum der Freiheit, der Sicherheit und des *Rechts*" bietet. Das Rechtsstaatsprinzip und damit die von ihm ausgehende formelle und materielle Bindung an das Recht kann somit als ein grundlegendes Verfassungsprinzip der EU bezeichnet werden.[2]

Die grundlegende Bedeutung des Rechts für den Prozess der europäischen Einigung hatte früh bereits *Walter Hallstein* in dreifacher Hinsicht beschrieben: Die EU ist danach „Schöpfung des Rechts, sie ist Rechtsquelle, und sie ist Rechtsordnung"[3]. Schöpfung des Rechts ist die Union nicht nur insofern, als sie

---

1 EuGH, Rs. 294/83 (Les Verts), Slg. 1986, 1339, Rn. 23.

2 Dazu C. *Calliess*, Die neue EU nach dem Vertrag von Lissabon, 2010, S. 43 ff. und 288 ff.

3 *W. Hallstein*, Die Europäische Gemeinschaft, 5. Aufl. 1979, S. 33.

durch Rechtsakte in der Gestalt völkerrechtlicher Verträge gegründet wurde. Sie ist auch und gerade deswegen Schöpfung des Rechts, weil bereits den Gründungsverträgen die Vorstellung zu Grunde lag, dass die Mitgliedstaaten sich an gemeinsame Regeln binden[4]. Mit anderen Worten ist das Recht Mittel des europäischen Einigungsprozesses.

Da die EU ihre Ziele durch Recht erreichen will, ist sie zugleich Rechtsquelle. In erster Linie stehen hierfür die in Art. 288 AEUV genannten Handlungsinstrumente der Union, insbesondere der Erlass allgemein verbindlicher Verordnungen, zur Verfügung. Von zentraler Bedeutung ist insoweit die Durchsetzung der von der Union gesetzten Normen. Jedoch verfügt die EU gegenüber den Mitgliedstaaten gerade nicht über eine eigene Zwangsgewalt zur Durchsetzung des Rechts[5]. Sie ist zur Durchsetzung der von ihr gesetzten Normen auf die Mitgliedstaaten angewiesen. Umso entscheidender ist das „einigende Band des Rechts" innerhalb der Union[6]. Es ersetzt – vermittelt über die Unionstreue (Art. 4 Abs. 3 EUV) – die fehlenden Zwangsbefugnisse der Union.

Die EU verkörpert die Idee des Rechts aber auch selbst, sie ist Rechtsordnung. So gewähren die Verträge den Bürgern unmittelbar anwendbare[7] Rechte, wie zunächst die marktbezogenen Grundfreiheiten, später dann die (heute in der Charta explizit gewährleisteten) europäischen Grundrechte sowie die Unionsbürgerschaft zeigen. Zentral für die europäische Rechtsstaatlichkeit ist darüber hinaus ein umfassendes Rechtsschutzsystem (vgl. Art. 18 Abs. 1 EUV).

---

4 *F. Schorkopf,* Gestaltung mit Recht – Prägekraft und Selbststand des Rechts in einer Rechtsgemeinschaft, Antrittsvorlesung an der Georg-August-Universität vom 25. Juni 2010, S. 22.

5 *F. Mayer,* Europa als Rechtsgemeinschaft, in: Schuppert/Pernice/Haltern (Hrsg.), Europawissenschaft, 2005, § 14, S. 429 (479).

6 *M. Zuleeg,* Die Europäische Gemeinschaft als Rechtsgemeinschaft, NJW 1994, S. 545 (548).

7 EuGH, Rs. 26/62 (Van Gend & Loos), Slg. 1963, 1.

Dementsprechend wird immer wieder auf die Bedeutung des Rechts für den Zusammenhalt der EU hingewiesen, die gerade daher als Rechtsgemeinschaft bezeichnet werden kann.[8] Mag die Entwicklung der EU zunächst immer auch auf politischen Entscheidungen der Mitgliedstaaten basieren, so wurden diese jedoch in Rechtsformen gegossen und in rechtsförmigen Verfahren beschlossen. Zumeist wird dieser Umstand als Mangel gedeutet und daher mit dem Zusatz „nur" versehen. Damit soll die Abwesenheit eines außerrechtlichen Substrats umschrieben werden: „Ohne Verträge keine Gemeinschaft, doch ohne Verfassung sehr wohl ein französischer – und erst recht ein britischer – Staat".[9] Mit Blick auf die besonderen Ziele der Union ist deren Begründung im Recht jedoch durchaus als eine Stärke anzusehen.

II. Die Koppelung von Recht und Solidarität in der europäischen Rechtsgemeinschaft

1. Solidarität im Unionsrecht: Ein erster Zugang

Unter Solidarität versteht man ganz grundsätzlich die Bereitschaft, die Angelegenheit anderer Personen oder Personengruppen als eigene Angelegenheit anzuerkennen. Zumeist, aber nicht notwendigerweise, ist damit die freiwillige Hinnahme von Nachteilen – oder der Verzicht auf Vorteile – zugunsten Dritter verbunden. Dies geschieht in der Annahme, dass die Begünstigten sich in ähnlicher Weise verhalten werden. In der Folge kann sich Solidarität nur in einem Solidaritätsrahmen entfalten, in dem ein Geflecht sich überkreuzender aktueller oder potentieller Solidarität besteht.

---

8 *M. Zuleeg*, Der rechtliche Zusammenhalt der Europäischen Gemeinschaft, ZEuP 1993, S. 475 (486 f., 495); *ders.* (Fn. 6), S. 545 (545 ff.); *I. Pernice*, in: Dreier (Hrsg.), GG-Kommentar, Bd. II, 2. Aufl. 2006, Art. 23 Rn. 59 ff.

9 *R. Bieber*, Solidarität und Loyalität durch Recht, Der Beitrag des Rechts zur Entwicklung eines europäischen Wertesystems, in: Friedrich-Ebert-Stiftung (Hrsg.), Gesprächskreis Politik und Wissenschaft, 1997, S. 5 (19).

Klassischer Solidaritätsrahmen ist der Staat. Solidarität kann jedoch auch die Überwindung von Grenzen implizieren.[10] Dies gilt insbesondere dann, wenn der Staat in der globalisierten und zunehmend interdependenten Welt immer mehr die Fähigkeit verliert, autonom klassische Gemeinwohlbelange zu sichern und allein die Lebensgrundlagen seiner Bürger nicht mehr schützen kann.[11] Die europäische Integration, konkret den föderalen Staaten- und Verfassungsverbund der EU, kann man als Antwort auf diese Herausforderung verstehen.[12] Wenn Recht einen Beitrag zur Integration, zur Einheitsbildung und im Zuge dessen auch zur Bildung eines Solidaritätsrahmens leisten kann, dann übernimmt der Staat als traditioneller Solidaritätsrahmen in der EU eine neuartige Rolle bei der Gewinnung und Gestaltung von Solidarität.[13] In der europäischen Rechtsgemeinschaft, deren Zusammenhalt seit Anfang an auf dem Recht sowie auf dem Vertrauen in das Recht und die Rechtstreue der Partner basiert, kommt dem Recht eine wichtige Funktion im Kontext der Europäisierung von Solidarität zu.

Wie in föderalen Staaten auch, so gründet in der föderal organisierten EU[14] der Kerngedanke der Solidarität in der Erkenntnis, dass die Verwirklichung individueller Ziele von der Erfüllung gemeinschaftlicher Ziele abhängig ist. Sinnvoll können die individuellen respektive mitgliedstaatlichen Ziele nur im Zusammenwirken mit den anderen Gemeinschaftsgliedern erreicht werden.[15] Zwischen den einzelnen Gliedern einer Gemeinschaft

---

10 Vertiefend *H. Brunkhorst,* Demokratische Solidarität in der Weltgesellschaft, APuZ 21/2008, S. 3 ff.; ferner *S. Mau,* Europäische Solidaritäten, APuZ 21/2008, S. 9 ff.

11 *Bieber* (Fn. 9), S. 5 (17); *Brunkhorst* (Fn. 10), S. 3 ff.; *S. Hobe,* Der offene Verfassungsstaat, 1998, S. 93 ff. und anhand von Beispielen S. 183 ff.; *M. Ruffert,* Die Globalisierung als Herausforderung an das Öffentliche Recht, 2004, S. 11 ff.

12 Dazu *C. Calliess,* Auswärtige Gewalt, in: Isensee/Kirchhoff (Hrsg.), Handbuch des Staatsrechts, 3. Aufl. 2006, § 83 Rn. 3 ff.

13 Vertiefend dazu *Mau* (Fn. 10), S. 9 ff. (14).

14 *P. Nanclares,* The Federal Elements of the EU, ZEuS 2001, S. 595 ff. m.w.N. zur Diskussion.

begründet diese Abhängigkeit dahingehend eine „qualifizierte Verbundenheit".[16] In ihrer normativen Dimension folgen aus dieser Verbundenheit allgemeine wie auch spezielle Verhaltens-, Handlungs- und Unterlassungspflichten.[17] Alle diese Aspekte spiegeln sich im (Verfassungs-)Recht des europäischen Staaten- und Verfassungsverbundes, wie nachfolgend gezeigt werden soll.

2. *Solidarität im Staaten- und Verfassungsverbund der EU*

a) Die materielle Dimension des europäischen Solidaritätsprinzips

Bereits der zur Gründung der Montanunion (EGKS) führende Schuman-Plan formulierte, dass sich Europa nicht mit einem Schlage herstellen lasse, sondern durch konkrete Tatsachen entstehen werde, die zunächst eine „Solidarität der Tat" schaffen.[18] Selbst wenn in den Verträgen zunächst nicht ausdrücklich von Solidarität die Rede war, so liegt ihnen diese doch als Leitprinzip in einer Vielzahl von Regeln und Mechanismen zugrunde.[19] Solidarität gehört somit zu jenen Werten, die den Prozess der europäischen Integration von Beginn an prägen und daher der EU, als von den Mitgliedstaaten getragenem, föderal organisiertem Staaten- und Verfassungsverbund immanent sind.[20] So gesehen bildet Solidarität einen Fundamentalwert der EU[21], der sich im Recht als Verfassungsprinzip konkretisiert.[22]

15 *M. Lais,* Das Solidaritätsprinzip im europäischen Verfassungsverbund, 2007, S. 45.

16 *T. Kingreen,* Das Sozialstaatsprinzip im europäischen Verfassungsverbund, 2003, S. 244.

17 *M. Lais,* Das Solidaritätsprinzip im europäischen Verfassungsverbund, 2007, S. 46.

18 Siehe dazu auch *E. Denninger,* Verfassungsrecht und Solidarität, KritV 2009, S. 20 (29 f.).

19 So auch *C. Tomuschat,* in: Capotorti u. a. (Hrsg.), Du droit international au droit de l'intégration. LA Pierre Pescatore, 1987, S. 729 (733 ff.).

20 Vgl. auch *I. Hartwig/P. Nicolaides,* Elusive Solidarity in an Enlarged European Union, EIPAScope 2003, S. 19 (19).

21 Dazu *C. Calliess,* Europa als Wertegemeinschaft – Integration und Identität durch europäisches Verfassungsrecht?, JZ 2004, S. 1033 (1038).

Eine finanzwirksame Ausprägung des materiellen Solidaritätsprinzips hatte bereits 1986 die Einheitliche Europäische Akte mit den Art. 130a–e EWGV über den wirtschaftlichen und sozialen Zusammenhalt, der sog. Kohäsion, in die Verträge eingefügt.[23] Neben der Unterstützung durch die Europäische Investitionsbank und die sonstigen vorhandenen Finanzierungsinstrumente kommen insoweit insbesondere die Strukturfonds sowie der Kohäsionsfonds zum Einsatz. Aus diesen Fonds erhalten EU-Länder und Regionen mit Strukturproblemen finanzielle Hilfen für bestimmte Vorhaben. Hinzu tritt noch der Solidaritätsfonds, der im Gegensatz zu den Strukturfonds grundsätzlich eine rasche Hilfe „bei Katastrophen größeren Ausmaßes" ermöglicht. Seither besteht auf europäischer Ebene die rudimentäre Form eines Finanzausgleichs.[24]

Förderungen aus den Fonds der EU führen somit eine wichtige Dimension materieller Solidarität in das Recht der EU ein und definieren die derzeit geltende Tragweite des Solidaritätsprinzips und damit der europäischen Solidaritätsgemeinschaft als „Transferunion". Die Finanztransfers sind dabei jedoch im Sinne des Konvergenz- und des Kohärenzziels auf eine langfristige projektbezogene Stärkung ökonomisch schwächerer Regionen in der EU sowie – im Falle des Solidaritätsfonds – auf eine kurzfristige Katastrophenhilfe angelegt.

Mit dem Vertrag von Maastricht wurde das Solidaritätsprinzip darüber hinaus auch explizit zu einem der Schlüsselbegriffe der europäischen Integration.[25] Deutlich wurde diese Entwicklung

---

22 *A. von Bogdandy,* Grundprinzipien, in: ders./Bast (Hrsg.), Europäisches Verfassungsrecht, 2. Aufl. 2009, S. 13 (69 ff.); *M. Lais,* Das Solidaritätsprinzip im europäischen Verfassungsverbund, 2007, S. 25 ff.; zuvor schon *C. Calliess,* Subsidiaritäts- und Solidaritätsprinzip in der EU, 1996, S. 167 ff.; 2. Aufl. 1999, S. 185 ff.; *ders.,* in: Calliess/Ruffert, EUV/EGV, 1. Aufl. 1999, Art. 1 EUV Rn. 44 ff.

23 So auch *Tomuschat* (Fn. 19), S. 729 (741 ff.).

24 Dazu *Tomuschat* (Fn. 19), S. 729 (741 ff.); *U. Häde,* Finanzausgleich, 1996, S. 481 ff.

25 Dazu ausführlich auch *E. Marias,* Solidarity as an Objective of the European Union and the European Community, Legal Issues of European Integration 1994, S. 85 (103 ff.); *Bieber* (Fn. 9), S. 5 (7).

an der Änderung des Art. 2 EGV, der die Aufgaben der Gemeinschaft benannte. Bis zum Jahre 1992 war hier von der Förderung der „engeren Beziehungen zwischen den Staaten“ gesprochen worden. Der Vertrag von Maastricht verstärkte diese Passage, indem die Gemeinschaft nunmehr auch „die Solidarität zwischen den Mitgliedstaaten ... fördern“ sollte. Dementsprechend formulierte der damalige Art. 1 Abs. 3 S. 2 EUV: „Aufgabe der Union ist es, die Beziehungen zwischen den Mitgliedstaaten sowie zwischen ihren Völkern kohärent und solidarisch zu gestalten.“

Spätere Vertragsänderungen haben weitere Ausprägungen des Solidaritätsprinzips hinzugefügt. Insbesondere der Vertrag von Lissabon entzündet – zumindest in begrifflicher Hinsicht – geradezu eine „Feuerwerk der Solidarität“, indem er, zumal in unterschiedlichen Dimensionen, explizit insgesamt 15 Mal auf den Begriff der Solidarität Bezug nimmt. Auf die *gesellschaftliche* Solidarität nehmen Bezug die Art. 2 EUV (Solidarität als Wert der Union), Art. 3 Abs. 3 UAbs. 2 EUV (Solidarität zwischen den Generationen) sowie der mit „Solidarität“ überschriebene Titel IV der Grundrechte-Charta. Auf eine mitgliedstaatlich relevante Dimension der Solidarität beziehen sich Art. 3 Abs. 3 UAbs. 3 EUV (Solidarität zwischen den Mitgliedstaaten) sowie die Art. 3 Abs. 5 und Art. 21 Abs. 1 EUV (Solidarität zwischen den Völkern als Ziel und Maßstab auswärtigen Handelns). Daran anknüpfend wird eine spezifisch *außenpolitische* Solidarität in Art. 21 Abs. 2 (Stärkung der politischen Solidarität zwischen den Mitgliedstaaten im auswärtigen Handeln), Art. 24 Abs. 2 und Abs. 3, 31 Abs. 1 UAbs. 2, 32 Abs. 1 EUV (Solidarität im Rahmen der GASP) formuliert. Und eine spezifisch *innenpolitische* Solidarität nehmen die Art. 67 Abs. 2 AEUV (Solidarität zwischen den Mitgliedstaaten als Grundlage des Raums der Freiheit, der Sicherheit und des Rechts) und Art. 80 AEUV (Solidarität im Bereich Asyl und Einwanderung), Art. 122 AEUV (wirtschaftspolitische Solidarität), Art. 194 AEUV (energiepolitische Solidarität) und insbesondere die Solidaritätsklausel des Art. 222 AEUV in den Blick.

In der auf die Kompetenznormen gegründeten gemeinschaftlichen Rechtserzeugung manifestiert sich das Solidaritätsprinzip als mühsame Abwägung der Interessen und als Versuch, eine zu einem bestimmten Zeitpunkt allgemein anerkannte oder auch nur für alle akzeptable Wertvorstellung zu bestimmen. Denn für ein neues Rechtssystem, die supranationale Rechtsgemeinschaft der EU, die sich nicht wie staatliche Rechtsordnungen auf ein die Werte ausdifferenzierendes Normensystem stützen kann, sondern jeden Wert neu auf europäischer Ebene erst einmal konkretisieren muss, rührt jede Normsetzung in doppelter Weise an dem Grundkonsens über die Schaffung von Solidarität.[26]

b) Die prozedurale Dimension des europäischen Solidaritätsprinzips

Neben diese materielle Dimension des Solidaritätsprinzips tritt eine prozedurale Dimension, die sich heute in Art. 4 Abs. 3 EUV (früher Art. 5 EWGV bzw. Art. 10 EGV) Ausdruck verschafft.[27] Ganz in diesem Sinne schafft die hieraus fließende rechtliche Verpflichtung auf ein gemeinsames Interesse und auf wechselseitige Loyalität Maßstäbe für das Handeln staatlicher und europäischer Organe.

Aus dem prozeduralen Solidaritätsprinzip resultieren verschiedene konkrete Pflichten, denen hier nicht weiter nachgegangen werden kann.[28] Erwähnt sei nur, dass die Mitgliedstaa-

---

26 Ausführlich *Calliess* (Fn. 21), S. 1033 (insbes. 1042 f.); *R. Bieber, Solidarität* als Verfassungsprinzip der Europäischen Union, in: von Bogdandy/Kadelbach (Hrsg.), Solidarität und europäische Integration, 2002, S. 41 ff.

27 Ebenso *Marias* (Fn. 25), S. 85 (94 ff.); *M. Blanquet,* L'Article 5 du Traité CEE, 1994, S. 227 ff.; sowie schon *D. Lasok,* Subsidiarity and the Occupied Field, N.L.J. 1992, S. 1228 (1229): „principle of solidarity".

28 Insofern kann auf die ausführliche Darstellung anhand der Rechtsprechung des EuGH von *Marias* (Fn. 25), S. 85 (94 ff.) und *M. Blanquet,* L'Article 5 du Traité CEE, 1994, S. 227 ff. sowie *W. Kahl,* in: Calliess/Ruffert (Hrsg.), EUV/AEUV, 4. Aufl. 2011 (i.E.), Art. 4 EUV Rn. 54 ff. verwiesen werden; grundsätzlich *Temple Lang,* Community constitutional law: Article 5 EEC Treaty, CML Rev. 27 (1990), S. 645.

ten nach der Rechtsprechung des EuGH die Pflicht trifft, keine „Maßnahmen zu ergreifen oder aufrechtzuerhalten, welche die praktische Wirksamkeit des Vertrags beeinträchtigen könnten"[29], in deren Konkretisierung sich als Rechtsfolge u.a. der Vorrang des Unionsrechts ergibt.[30] Insoweit bestehen Pflichten der Mitgliedstaaten und der Unionsorgane zur „Solidarität"[31] in Form von gegenseitiger „loyaler Zusammenarbeit" im Hinblick auf die Unionsziele.[32] Dieser Grundsatz der gegenseitigen Gemeinschafts- bzw. Unionstreue[33] kommt seit dem Vertrag von Lissabon nunmehr explizit in Art. 4 Abs. 3 AEUV zum Ausdruck. Der hieraus folgende Grundsatz der Zusammenarbeit verbietet es etwa einem Mitgliedstaat, ein Verhalten an den Tag zu legen, das keinerlei Rücksicht auf die Interessen seiner Partner nimmt.[34] Der hier zum Ausdruck kommende Aspekt des Solidaritätsprinzips knüpft speziell an das Verhalten der Mitgliedstaaten als Glieder der Union, die das gemeinsame Ganze verkörpert, an.

c) Schlussfolgerungen

Im Ergebnis ist Solidarität also ein systemtragendes Leitprinzip des Staaten- und Verfassungsverbunds der EU, das in unterschiedlicher Weise mit dem Recht verknüpft ist.[35]

---

29 EuGH, Rs. 14/68 (Walt Wilhelm), Slg. 1969, S. 1 (14).

30 EuGH, Rs. 6/64 (Costa/E.N.E.L.), Slg. 1964, S. 1251 (1269 f.).

31 EuGH, Rs. 39/72 (Kommission/Italien), Slg. 1973, S. 101 (115).

32 EuGH, Rs. 230/81 (Luxemburg/Parlament), Slg. 1983, S. 255 (287) .

33 *A. Bleckmann*, Europarecht, 6. Aufl. 1997, Rn. 697 ff. m.w.N.; *M. Zuleeg*, Die föderativen Grundsätze der Europäischen Union, NJW 2000, S. 2846 ff.; kritisch *R. Bieber/B. Beutler/J. Pipkorn/J. Streil*, Die Europäische Union, 5. Aufl. 2001, S. 89.

34 EuGH, Rs. 54/81 (Fromme), Slg. 1982, S. 1449 (1463).

35 *Calliess* (Fn. 21), S. 1033 (1038); zuvor schon *ders.*, Subsidiaritäts- und Solidaritätsprinzip in der EU, 1996, S. 167 ff.; 2. Aufl. 1999, S. 185 ff.; ausführlich *M. Lais*, Das Solidaritätsprinzip im europäischen Verfassungsverbund, 2007, S. 90; *K. Lenaerts/D. Gerard*, The Structure of the Union According to the Constitution for Europe: The Emperor is Getting Dressed, ELR 29 (2004), S. 289 (316); *J. Rehrl*, Beistandsgarantie und Solidaritätsklausel. Völker- und verfassungsrechtliche Herausforderungen für

Das Solidaritätserfordernis im Staatenverbund manifestiert sich nicht nur in dem Umstand, dass bereits im intergouvernementalen Bereich die Mitgliedstaaten zur beständigen Koordination und Kooperation angehalten sind, sondern ganz generell darin, dass letztlich jeder Integrationsschritt seine Grundlage in einer mitgliedstaatlichen Einigung findet, was unter Umständen auch Nachteile für die Staaten mit sich bringen kann, die dann aber im Interesse des jeweiligen gemeinsamen Ziels hingenommen werden müssen.[36] Den Mitgliedstaaten obliegt damit die Bereitschaft anzuerkennen, dass die EU ihnen die Verfolgung ihrer mit den anderen Mitgliedstaaten gemeinsamen Ziele ermöglicht und gerade nicht allein dazu dient, sich individuelle Vorteile zu verschaffen. Ohne jene Solidarität zwischen den Mitgliedstaaten kann die Union weder bestehen noch ihrem grundlegenden Zweck gerecht werden und die ihr übertragenen konkreten Aufgaben bewältigen.[37] Dies hebt die Unionstreue in Form eines Gebots zu gegenseitiger loyaler und von Rücksichtnahme geprägter Zusammenarbeit in Art. 4 Abs. 3 EUV sehr deutlich hervor.

Im europäischen Verfassungsverbund konkretisiert und konsolidiert sich Solidarität in hohem Maße durch das Recht, indem dieses zur zentralen Voraussetzung für den Übergang zu einem auf Solidarität gegründeten Zusammenleben der Staaten und zur Legitimation eines europäischen Gemeinwohls jenseits desjenigen der Mitgliedstaaten wird. Mag insoweit die Entwicklung der Union zunächst immer auf entsprechenden politischen Entscheidungen des Verbundes basieren, so werden diese jedoch in Rechtsform gegossen und in rechtsförmigen Verfahren beschlossen. Gerade im Hinblick auf das das Gemeinwohl konkretisierende Solidaritätsprinzip erfüllt das Recht dahingehend eine wertgestaltende und wertsichernde Funktion, geht es bei der

---

Österreich durch den neuen EU-Verfassungsvertrag, ZÖR 2005, S. 31 (38); ähnlich *von Bogdandy* (Fn. 22), S. 13 (69 ff.).

36 *M. Lais,* Das Solidaritätsprinzip im europäischen Verfassungsverbund, 2007, S. 88.

37 *M. Lais,* Das Solidaritätsprinzip im europäischen Verfassungsverbund, 2007, S. 360.

europäischen Rechtsetzung letztlich doch um die Konkretisierung und Feinjustierung der unionalen Solidarität. Ursprünglich rein staatliche Gemeinwohlbelange werden nach entsprechender politischer Einigung im Staaten- und Verfassungsverbund der EU zu (verfassungs-)rechtlich anerkannten, europäisierten Gemeinwohlbelangen. Sie reichen mittlerweile vom Schutz des Lebens, der Gesundheit und der Umwelt bis hin zur Stabilität des Euro. Die Zugehörigkeit zum Staaten- und Verfassungsverbund gebietet damit zwangsläufig auch eine fortwährende Verständigung über die Ziele und Grundlagen dieses Verbunds, was seinerseits mitunter die Bereitschaft erfordert, überkommene Wertvorstellungen des eigenen Rechtssystems im gemeinsamen Interesse in Frage zu stellen.[38] Solidarität als Rechtsbegriff wirkt damit ganz anders als entsprechende ethische oder politische Forderungen. Das gilt vor allem dann, wenn, wie im System der EU, Institutionen geschaffen wurden, denen die auf das Solidaritätsprinzip gestützte Verwirklichung der Vertragsziele und des in ihnen verkörperten europäischen Gemeinwohls aufgegeben ist.[39]

Das Solidaritätsprinzip als Rechtsprinzip des Staaten- und Verfassungsverbunds bezieht sich somit hauptsächlich auf die Solidarität zwischen den Mitgliedstaaten im Hinblick auf die (Ziele der) EU[40]; die Mitgliedstaaten fungieren insoweit als Solidaritätsträger.[41] Die Aufgabe des Solidaritätsprinzips ist es, die rechtlichen Pflichten der Mitgliedstaaten zu bestimmen, die sich aus der faktischen Solidarität ergeben. Ungeachtet der sozialethischen Zwitterstellung der Solidarität zwischen obligatori-

---

38 *C. Calliess,* Subsidiaritäts- und Solidaritätsprinzip in der Europäischen Union, 2. Aufl. 1999, S. 189.

39 Vgl. auch *Bieber* (Fn. 9), S. 5 (19 f.).

40 *U. Volkmann,* Solidarität in einem vereinten Europa, Staatswissenschaften und Staatspraxis (SuS) 1998, S. 17 (22); *Tomuschat* (Fn. 19), S. 729 (734); *T. Hieronymi,* Solidarität als Rechtsprinzip, 2003, S. 13; *Calliess* (Fn. 21), S. 1033 (1038).

41 *T. Hieronymi,* Solidarität als Rechtsprinzip, 2003, S.13; *Volkmann* (Fn. 40), S. 17 (22, 31), *ders.,* Solidarität, 1998, S. 409; *Tomuschat* (Fn. 19), S. 729 (754 f.).

scher moralischer Pflicht und freiwilliger Hilfeleistung wird das Solidaritätsprinzip somit zu Recht als Rechtsprinzip angesehen und für grundsätzlich justitiabel gehalten. Dementsprechend ist es auch vom EuGH in einigen Fällen herangezogen worden – etwa wenn sich ein Mitgliedstaat bei der Nichtumsetzung europäischen Rechts auf innerstaatliche Hindernisse politischer oder wirtschaftlicher Art berufen hat.[42] So hat der EuGH in seinem „Schlachtprämien-Urteil" aus dem Jahre 1973[43] eine Pflicht der Mitgliedstaaten zur Solidarität mit folgenden Worten umschrieben:

> „Der Vertrag erlaubt es den Mitgliedstaaten, die Vorteile der Gemeinschaft für sich zu nutzen, er erlegt ihnen aber die *Verpflichtung auf, deren Rechtsvorschriften zu beachten.* Stört ein Staat aufgrund der Vorstellung, die er sich von seinen nationalen Interessen macht, *einseitig das mit der Zugehörigkeit zur Gemeinschaft verbundene Gleichgewicht zwischen Vorteilen und Lasten,* so stellt dies die Gleichheit der Mitgliedstaaten vor dem Gemeinschaftsrecht in Frage [...]. Ein solcher *Verstoß gegen die Pflicht der Solidarität,* welche die Mitgliedstaaten durch ihren Beitritt zur Gemeinschaft übernommen haben, beeinträchtigt die Rechtsordnung der Gemeinschaft bis in ihre Grundfesten."

Demnach können also Rechtsverstöße einzelner Staaten in einer Union, die nicht über das Instrument des „Bundeszwangs" (Art. 37 GG) verfügt, die Solidarität verletzen. Denn die Bereitschaft, gemeinsames Recht auch dann anzuwenden, wenn es in einem Staat als nachteilig empfunden wird, ist eine der Erscheinungsformen zwischenstaatlicher Solidarität. Sie fällt weniger auf als finanzielle Transfers, ist aber ungleich bedeutsamer für den Zusammenhalt der Gemeinschaft.[44] Recht muss daher als solches anerkannt und befolgt bzw. durchgesetzt werden. Wird das Unionsrecht nicht befolgt, dann wanken schnell die Fun-

---

[42] EuGH, Rs. 6/69 und 11/69 (Kommission/Frankreich), Slg. 1969, S. 523 ff. (Rn. 14/17); Rs. 39/72 (Kommission/Italien), Slg. 1973, S. 101 ff. (Rn. 25); Rs. 128/78 (Kommission/Großbritannien), Slg. 79, S. 419 ff. (Rn. 12).

[43] EuGH, Rs. 39/72 (Kommission/Italien), Slg. 1973, S. 101 (Rn. 24).

[44] *Bieber* (Fn. 9), S. 5 (24).

damente der EU. Angesichts begrenzter Sanktionsmöglichkeiten steht und fällt das Unionsrecht mit seiner Beachtung durch die Mitgliedstaaten. Das betrifft nicht nur Staaten, vertreten durch die jeweiligen Regierungen, sondern auch Gerichte, bis hin zum Bundesverfassungsgericht, Behörden, hinab bis zur Gemeindeverwaltung, wie auch die nationalen Parlamente.[45]

Im Ergebnis können drei Ebenen, in deren Rahmen eine Wechselwirkung zwischen Recht und Solidarität stattfindet, unterschieden werden:

- Zuvorderst umfasst – wie ausführlich dargelegt wurde – die normative Ausgestaltung und Konkretisierung der das europäische Gemeinwohl verkörpernden Ziele der Union sowie ihre Umsetzung durch Rechtsakte im unionalen Gesetzgebungsverfahren konkrete Ausprägungen des Solidaritätsprinzips.
- Des Weiteren bildet das Solidaritätsprinzip im Verhältnis zwischen den Mitgliedstaaten die Voraussetzung für die Existenz des so entstandenen Unionsrechts. Nur wenn ein Mitgliedstaat bereit ist, eine in der Union gesetzte Norm anzuerkennen und zu befolgen, kann man überhaupt von Recht sprechen. Den Testfall der Anerkennung bildet nicht jene Norm, die auf ausdrücklichen Wunsch des Staates erlassen wurde, sondern jene, gegen die seine Vertreter im Rat gestimmt haben und die möglicherweise die Hinnahme von Nachteilen impliziert. In derartigen Situationen finden sich die Mitgliedstaaten häufig. Sie werden zumeist mit sog. *package deals* entschärft, die die potentielle Solidaritätsbereitschaft mit Hilfe aktueller Kompensation zu entlasten suchen. Nur insoweit, als ein Staat bereit ist, fortlaufend die zur Befolgung einer Unionsnorm nötige Grundsolidarität aufzubringen, befindet man sich überhaupt in einem gemeinsamen Rechtsraum.
- Und schließlich trägt das Recht aufgrund seiner Eigenschaft als gemeinsame Rechtsordnung zur Entwicklung von Soli-

45 *Bieber* (Fn. 9), S. 5 (21 f.).

darität bei. Dies zum einen dadurch, dass man sich in einem rechtlich und nach gemeinsamen Regeln geordneten Raum befindet. Indem man sich darauf verlassen kann, dass auch die anderen Akteure sich den Regeln gemäß verhalten werden, wirkt dies vertrauensbildend. Des Weiteren gebietet die Zugehörigkeit zu einer gemeinsamen Rechtsordnung eine fortwährende Verständigung über die als Werte formulierten Ziele und Grundlagen des Verbandes. Dies erfordert die Bereitschaft, überkommene Wertvorstellungen des eigenen Rechtssystems im gemeinsamen Interesse in Frage zu stellen. Auch darin steckt eine solidarische Leistung.

III. Die Krise in der Eurozone als Krise der Rechtsgemeinschaft?

1. Einführung

Im Zuge der Finanz- und damit in engem Zusammenhang stehenden Staatschuldenkrise[46] in einigen Mitgliedstaaten besteht die Gefahr, dass das mit dem Vertrag von Maastricht 1992 etablierte Ziel der Währungsunion – verstanden als über die Stabilitätskriterien und Stabilitätspakt definierte Stabilitätsgemeinschaft – erodiert. Die Ursachen hierfür sind bekanntlich historischer Natur. Die mit dem Vertrag von Maastricht etablierte Währungsunion wurde – anders als der Wortlaut der Verträge (vgl. nur Art. 3 Abs. 4 EUV) es vermuten lassen würde – nicht durch eine echte Wirtschaftsunion und schon gar nicht durch eine Politische Union ergänzt.[47] In mühsamen Verhandlungen[48] konnte man sich damals bloß auf eine unabhängige Europäische Zentralbank (EZB) und rechtlich verbindliche Stabilitätskriterien, deren Kontrolle allerdings schlussendlich dem politischen Prozess

46 Ausführlich *C. Calliess,* Finanzkrisen als Herausforderung der internationalen, europäischen und nationalen Rechtsetzung, VVDStRL 71 (2012), 113 (115 ff.).

47 Entgegen des deutschen Vorstellungen; vgl. dazu *D. von Kyaw,* Auf der Suche nach Deutschland, 2009, S. 277.

48 Dazu *von Kyaw,* ebenda, S. 383 ff.

überantwortet wurde[49], einigen. Angesichts dieses „Konstruktionsfehlers“[50] wurde – insbesondere mit der No-Bail-Out-Klausel des Art. 125 AEUV – zur Sicherung der Haushaltsdisziplin ganz zentral auf die Korrektivkraft der Märkte gebaut. Dieses rein ökonomische Vertrauen der Währungsunion in die Finanzmärkte, die unsolide wirtschaftende Mitgliedstaaten durch höhere Zinsen für Staatsanleihen „bestrafen“ sollten, ist im Falle Griechenlands, aber auch im Falle Irlands und Portugals enttäuscht worden. Letztlich haben die Finanzmärkte auf einen Bail-Out gewettet und gewonnen. Nachdem Deutschland und Frankreich den Stabilitätspakt nicht nur außer Kraft gesetzt[51], sondern auch rechtlich geschwächt hatten[52] und – nicht zuletzt im Zuge dessen – die absehbaren ökonomischen und haushaltspolitischen Probleme Griechenlands sowie anderer Mitgliedstaaten ignoriert wurden, war dies nicht überraschend. Mangels einer möglichen Staateninsolvenz samt Gläubigerbeteiligung gab es auch sonst keine ökonomischen Anreize für die Finanzmärkte, frühzeitiger marktgerecht zu reagieren. Die Erfahrungen mit den politischen Bail-Outs im Rahmen der Finanzkrise, im Zuge derer „systemische“ Banken mit staatlichen Bürgschaften „gerettet“ wurden, wirkten insoweit förmlich noch als Bestätigung der Annahme. Am Ende standen die sog. Nothilfen in Form der Griechenlandhilfe und des sog. Rettungsschirms, zunächst der Europäische Finanzstabilisierungsmechanismus (EFSM) samt Finanzstabilisierungsfazilität (EFSF), später dann Europäische Stabilisierungsmechanismus (ESM).[53]

---

49 Zum vergeblichen Versuch rechtlicher Kontrolle EuGH, Rs. C-27/04, Slg. 2004, I-6649.

50 Instruktiv dazu *H. Enderlein,* Krise in der Euro-Zone, APuZ 43/2010, S. 7 ff.

51 EuGH, Rs. C-27/04, Slg. 2004, I-6649; dazu *Palm,* EuZW 2004, S. 71 ff.

52 VO (EG) Nr. 1056/2005 des Rates vom 27.6.2005.

53 Ausführlich *C. Calliess,* Perspektiven des Euro zwischen Solidarität und Recht – Eine rechtliche Analyse der Griechenlandhilfe und des Rettungsschirms, ZEuS 2011, S. 213 ff. m.w.N.; *F. Schorkopf,* Gestaltung mit Recht, AöR 136 (2011), S. 336 ff.; *M. Nettesheim,* „Euro-Rettung“ und Grundgesetz, EuR 2011, S. 765 ff.

2. *Die Debatte um die Rechtmäßigkeit der Nothilfen*

Die Rechtmäßigkeit der Nothilfen wurde – zuvorderst in Deutschland, weniger in anderen Mitgliedstaaten – im Hinblick auf die „No-Bail-Out-Klausel“ des Art. 125 Abs. 1 AEUV kontrovers diskutiert. Insoweit geht es zum einen um die Auslegung der Tatbestandsmerkmale „haften“ und „eintreten“ in Art. 125 Abs. 1 AEUV, zum anderen um die Rolle des Art. 122 Abs. 2 AEUV, einer Ausprägung des europäischen Solidaritätsprinzips. Dieser Norm zufolge kann die EU einem Mitgliedstaat im Falle eines „außergewöhnlichen Ereignisses“ finanziellen Beistand gewähren. Bereits die Existenz dieser Norm zeigt, dass Nothilfen an einen Mitgliedstaat vertraglich nicht gänzlich ausgeschlossen sein können. Dies muss zumindest dann gelten, wenn die Gefahr eines Scheiterns der Währungsunion bzw. der EU insgesamt droht.[54] Eine solche Konsequenz kann überdies nicht vom Sinn und Zweck der „No-Bail-Out-Klausel“ umfasst sein.[55]

Eingedenk dessen wurden für diese vom Vertrag nicht antizipierte Gefahr eines Scheiterns des Euro unterschiedliche rechtliche Lösungen vorgeschlagen. So sollen etwa freiwillige Hilfen oder Kredite nicht vom Wortlaut des Art. 125 Abs. 1 AEUV erfasst sein.[56] So lässt sich zumindest dann für Kredite argumen-

---

54 Vertiefend dazu *C. Herrmann*, Griechische Tragödie, EuZW 2010, S. 413 (415); *Calliess* (Fn. 53), S. 213 (239 ff.).

55 Ausführlich dazu *Calliess*, ebenda, S. 213 (233 ff.); kritisch *M. Ruffert*, Der rechtliche Rahmen für die gegenseitige Nothilfe innerhalb des Euro-Raumes, in: Berliner Online-Beiträge zum Europarecht, 2011, Nr. 64, S. 3 ff.; *W. Kahl*, Bewältigung der Staatsschuldenkrise unter Kontrolle des Bundesverfassungsgerichts, DVBl. 2013, S. 197 ff.

56 Zusammenfassende Darstellung des Streitstandes bzgl. freiwilliger Hilfen bei *K. Rohleder/O. Zehnpfund/L. Sinn*, Maßnahmen zur Wahrung der Finanzstabilität in der Europäischen Union, Ausarbeitungen des Wissenschaftlichen Dienstes des Deutsches Bundestages vom 18.05.2010, WD 11-3000-114/10, 11 ff.; dafür z.B. *I. Pernice*, Rettung statt Rausschmiss, FAZ Nr. 71 vom 25.03.2010, S. 8; *J. Wieland*, Der Rettungsschirm für Irland, NVwZ 2011, S. 340 (342); kritisch *W. Bandilla*, in: Grabitz/Hilf/Nettesheim (Hrsg.), Das Recht der EU, 44. EL 2011, Art. 125 AEUV Rn. 10 ff.; *K. Faßbender*, Der europäische „Stabilisie-

tieren, wenn diese nicht von den Mitgliedstaaten selbst, sondern über einen Dritten, konkret die im Rahmen des Rettungsschirms EFSM (pikanterweise als private „Zweckgesellschaft") gegründete EFSF, gewährt werden.[57] Andere Stimmen erwägen einen „Unionsnotstand"[58] oder aber – solche umstrittenen staatlichen Kategorien vermeidend – eine „teleologische Reduktion" des Art. 125 Abs. 1 AEUV.[59] An letzteren Gedanken anknüpfend liegt eine Argumentation nahe, die das europäische Solidaritätsprinzip zum einen dort fruchtbar macht, wo konzeptionelle Lücken im Verhältnis von Art. 122 Abs. 2 und 125 Abs. 1 AEUV bestehen. Wo dies wie im Falle der Griechenlandhilfe nicht möglich ist, kann die in Art. 4 Abs. 3 EUV niedergelegte prozedurale Dimension des Solidaritätsprinzips, die Unionstreue, in die Auslegung des Art. 125 Abs. 1 AEUV einspeist werden. Im Zuge dessen schulden die Mitgliedstaaten nicht Griechenland, sondern dem vertraglichen Ziel der Währungsunion und ihrem Erhalt insgesamt Solidarität.[60] Diese ist freilich keine

---

rungsmechanismus" im Lichte von Unionsrecht und deutschem Verfassungsrecht, NVwZ 2010, S. 799 (800); *F. Bonke*, Die „Causa Griechenland", ZEuS 2010, S. 493 (505); *W. Frenz/C. Ehlenz*, Der Euro ist gefährdet: Hilfsmöglichkeiten bei drohendem Staatsbankrott?, Europäisches Wirtschafts- und Steuerrecht, EWS 2010, S. 65 (67); *H. Kube/E. Reimer*, Grenzen des Europäischen Stabilisierungsmechanismus, NJW 2010, S. 1911 (1913); *Ruffert* (Fn. 55), 3; *Calliess* (Fn. 53), S. 213 (233 ff.).

57 *Kube/Reimer* (Fn. 56), S. 1911 (1913 f.); *Calliess* (Fn. 53), S. 213 (233 ff.); vgl. auch den privatrechtlichen EFSF Rahmenvertrag zwischen den Mitgliedstaaten des Euro-Währungsgebietes und der EFSFG vom 07.06.2010. Die EFSF hat am 25.01.2011 erstmals sehr erfolgreich Anleihen über 5 Milliarden Euro auf dem Markt emittiert, vgl. Glänzendes Anleihedebüt für den Rettungsfonds, FAZ Nr. 21 vom 26.01.2011, S. 21.

58 So *Schorkopf* (Fn. 53), S. 323 (341 ff.): In den Grundsatz der begrenzten Einzelermächtigung sei, so der Gedanke, die „ungeschriebene Ausnahme eines überrechtlichen europäischen Gemeinwohlvorbehalts – eine *salus publica europea* – hineinzulesen." Ähnlich *T. Oppermann*, Euro-Stabilisierung durch EU-Notrecht, in: Festschr. f. Wernhard Möschel, 2011, S. 909 (914); *E.-W. Böckenförde*, in: ders., Wissenschaft, Politik, Verfassungsgericht, 2011, S. 299 ff.

59 *U. Häde*, Die europäische Währungsunion in der internationalen Finanzkrise, EuR 2010, S. 854 (856 f.).

60 Ausführlich *Calliess* (Fn. 53), S. 213 (250 ff.).

„Einbahnstraße“, so dass die Empfängerstaaten mit Blick auf das vertragliche Ziel der Stabilität ebenfalls loyale Zusammenarbeit in Form von Konsolidierungsmaßnahmen schulden.[61] Denn die Stabilität der Währungsunion ist ebenfalls ein Vertragsziel, dass vom prozeduralen Solidaritätsprinzip, konkret der Unionstreue, in der Kopplung mit der europäischen Rechtsgemeinschaft eingefordert wird. Dies machen die Art. 119 ff., 126 und 127 AEUV deutlich.

Diese Eckpunkte spiegeln sich nunmehr interessanterweise auch explizit im geltenden Recht. Ausschlaggebend war, dass sich der Europäische Rat darauf verständigte, den EFSF durch einen Europäischen Stabilitätsmechanismus (ESM) abzulösen.[62] Zur Legitimation dieses nunmehr auf Dauer angelegten Mechanismus im Hinblick auf Art. 125 Abs. 1 AEUV wurde ein neuer Absatz 3 in Art. 136 AEUV eingefügt:

> „Die Mitgliedstaaten, deren Währung der Euro ist, können einen Stabilitätsmechanismus einrichten, der aktiviert wird, wenn dies unabdingbar ist, um die Stabilität des Euro-Währungsgebiets insgesamt zu wahren. Die Gewährung aller erforderlichen Finanzhilfen im Rahmen des Mechanismus wird strengen Auflagen unterliegen.“[63]

Im Rahmen des vom BVerfG[64] nicht beanstandeten ESM[65] werden die Finanzminister der Euro-Staaten in allen finanzrelevanten Entscheidungen einstimmig über die – nur unter „strengen Auflagen“ (sog. Konditionalität) – zu gewährenden Finanz-

---

61 Vgl. *Calliess* (Fn. 53), S. 213 (273); *J. Hey*, Finanzautonomie und Finanzverflechtung in gestuften Rechtsordnungen, VVDStRL 66 (2007), S. 277 (296).

62 Beschluss 2011/199 vom 25.3.2011.

63 Schlussfolgerungen des Europäischen Rates von Brüssel, 16./17. Dezember 2010, EUCO 30/10, CO EUR 21, CONCL 5.

64 BVerfG, NVwZ 2012, S. 1313; dazu *F. Schorkopf*, „Startet die Maschinen“ – Das ESM-Urteil des BVerfG vom 12.9.2012, NVwZ 2012, 1273.

65 Vgl. für Deutschland das ESM Zustimmungsgesetz des Bundestages, BGBl. 2012 II, S. 981, und das Begleitgesetz (ESM-Finanzierungsgesetz), BGBl. 2012 I, S. 1918.

hilfen entscheiden[66], hieran anknüpfend kommt dem Bundestag unter dem Aspekt der parlamentarischen Budgetverantwortung ein diesbezügliches Vetorecht[67] zu.[68]

Umstritten war jedoch, ob das Vereinfachte Vertragsänderungsverfahren eine tragfähige Grundlage für den neuen Art. 136 Abs. 3 AEUV darstellt. Der Systematik des Art. 48 EUV liegt die Vorstellung zu Grunde, dass die Verfahrensanforderungen umso höher sind, je bedeutender die Vertragsänderung ist[69]. Dementsprechend darf die Anwendung des Vereinfachten Vertragsänderungsverfahrens nach Art. 48 Abs. 6 UAbs. 3 EUV nicht dazu führen, dass die Änderung Zuständigkeiten der Union erweitert. Andernfalls wäre das Ordentliche Vertragsänderungsverfahren gem. Art. 48 Abs. 2 bis 5 EUV anzuwenden.

Genau dieser Auffassung war der irische Parlamentsabgeordnete *Pringle*: Die Unionsorgane erhielten durch den ESM-Vertrag neue Zuständigkeiten und Aufgaben, die mit ihren im EUV und AEUV festgelegten Funktionen unvereinbar seien. Irland übernehme durch die Ratifikation des ESM-Vertrags Verpflichtungen, die den Vorschriften der Verträge über die Wirtschafts- und Währungspolitik zuwiderliefen und unmittelbar in die ausschließliche Zuständigkeit der Union für die Währungspolitik eingriffen. Durch die Einrichtung des ESM hätten die Euro-Mitgliedstaaten für sich selbst eine autonome und permanente internationale Einrichtung geschaffen, um die Verbote und Beschränkungen der Vorschriften des AEUV über die Wirtschafts- und Währungspolitik zu umgehen. Mit Urteil vom 17.7.2012 wies der High Court die vom Abgeordneten *Pringle* am 13.4.2012

---

66 Vgl. Art. 5 Abs. 6 ESM-Vertrag. Demgegenüber verlangte Art. 3 Abs. 2 der VO (EU) Nr. 407/2010 vom 11. Mai 2010 zur Einführung eines Europäischen Finanzstabilisierungsmechanismus (EFSF) noch eine qualifizierte Ratsmehrheit.

67 Vgl. § 4 Abs. 2 S. 1, 2 ESMFinG.

68 Dazu ausführlich *C. Calliess*, Der Kampf um den Euro: Eine „Angelegenheit der Europäischen Union" zwischen Regierung, Parlament und Volk, NVwZ 2012, S. 1 ff.

69 R. *Streinz*/*C. Ohler*/*C. Herrmann*, Der Vertrag von Lissabon zur Reform der EU, 3. Auflage 2010, S. 42.

beim High Court gegen die irische Regierung erhobene Klage vollumfänglich ab. Hiergegen legte Herr *Pringle* am 19.7.2012 Berufung beim Supreme Court ein, der die Sache mit Entscheidung vom 31.7.2012 dem *EuGH* am 3. August 2012 vorlegte. Die mündliche Verhandlung fand am 23.10.2012 im alle Richter des Gerichtshofs zusammenführenden Plenum statt. Auf Basis der am 26.10.2012 vorgelegten „Stellungnahme" von Generalanwältin *Kokott* (es ergingen keine Schlussanträge im klassischen Sinne) hat der EuGH am 27.11.2012 – und damit pünktlich zu unserer Tagung – beeindruckend schnell (im beschleunigten Verfahren gem. Art. 23a der Satzung des Gerichtshof der EU) entschieden. An dieser Stelle kann nun freilich noch nicht vertiefend auf die Entscheidung eingegangen werden, es sollen jedoch nachfolgend einige für das Thema meines Vortages relevante Aspekte hervorgehoben werden. Herr Präsident *Skouris* wird in seinem Vortrag vielleicht noch etwas dazu sagen.

3. Die Bestätigung der Rechtsgemeinschaft in der Krise

Die maßgebliche Botschaft der Entscheidung des Gerichtshofs ist, dass die Währungsunion Teil der Rechtsgemeinschaft ist und mit ihr verbundene Reformen, selbst wenn sie – wie im Falle des ESM-Vertrages (oder auch des sog. Fiskalpakts[70]) – intergouvernemental und damit außerhalb der supranational angelegten Konzeption des EUV durch völkerrechtlichen Vertrag erfolgen, der vollen Kontrolle durch den EuGH unterliegen. Damit gibt Luxemburg, insoweit übrigens ähnlich dem BVerfG, ein klares Signal in den politischen Raum hinein, demzufolge Fragen der Wirtschafts- und Währungsunion, trotz ihrer Komplexität, nicht automatisch der Herrschaft der Rechts entzogen sind.

Zu Recht sieht der EuGH im Hinblick auf das völkerrechtliche Vorgehen der Mitgliedstaaten außerhalb der Verträge kein vertragliches Hindernis. Insoweit gebe es keine vertraglichen

---

70 Verfahren sind insoweit absehbar; vgl. dazu *C. Calliess/C. Schönfleisch,* Auf dem Weg in die europäische „Fiskalunion"? – Europa- und verfassungsrechtliche Fragen einer Reform der Wirtschafts- und Währungsunion im Kontext des Fiskalvertrages, JZ 2012, S. 477 (483 f.).

Bestimmungen, die eine Sperrwirkung hinsichtlich des völkerrechtlichen Vorgehens außerhalb der Verträge entfalten könnten. Insbesondere sei die Einrichtung eines Stabilitätsmechanismus – wie ihn Art. 136 Abs. 3 AEUV vorsehe – nicht der Währungspolitik, sondern der Wirtschaftspolitik zuzuordnen, so dass dessen Einrichtung nicht in die ausschließliche Zuständigkeit der Währungspolitik, Art. 3 Abs. 1 Buchst. c AEUV falle.[71]

Vor diesem Hintergrund stellt die Einfügung des Art. 136 Abs. 3 AEUV für den EuGH auch keine kompetenzrelevante Strukturänderung der WWU dar. Die Vertragsänderung schaffe keine Rechtsgrundlage, die der Union Handlungen ermögliche, die vor Inkrafttreten der Änderung des AEUV nicht möglich waren[72]. Im Hinblick auf die außerhalb des Unionsrechts vorgehenden Mitgliedstaaten hat der neue Art. 136 Abs. 3 AEUV für den EuGH somit rein deklaratorischen Charakter. Die Bedeutung und Funktion des neuen Art. 136 Abs. 3 AEUV scheint für den EuGH also erst einmal nicht darin zu liegen, die Nothilfen für die Mitgliedstaaten im Hinblick auf die No-Bail-Out-Klausel des Art. 125 Abs. 1 AEUV zu legitimieren, sondern vielmehr darin, eine Koppelung mit dem Unionsrecht herzustellen. Diese Sichtweise ist wohl nicht zuletzt vor dem Hintergrund zu sehen, dass schon die EFSF, aber auch der – mit Blick auf die Unruhe der Finanzmärkte – vorzeitig in Kraft gesetzte ESM bereits am 8. Oktober 2012 und damit vor Inkrafttreten der Vertragsänderung zum 1. Januar 2013 ihre Arbeit aufgenommen haben.

Die Koppelungsfunktion des neuen Art. 136 Abs. 3 AEUV mit dem Unionsrecht ist jedoch gleichwohl von grundlegender Bedeutung für die europäische Rechtsgemeinschaft, insbesondere weil solchermaßen die fortbestehende Funktion der No-Bail-Out-Klausel des Art. 125 Abs. 1 AEUV für die Zukunft der Währungsunion herausgearbeitet wird. Insoweit bezieht sich der EuGH zu Recht auf den in historischer Auslegung ermittelten Zweck der Norm. Art. 125 Abs. 1 AEUV formuliere recht-

---

71 EuGH, Rs. C-370/12, Rn. 47–63.

72 EuGH, Rs. C-370/12, Rn. 73; anders noch der zweite Erwägungsgrund des Beschlusses 2011/199.

liche Vorgaben und damit gerichtlich kontrollierbare Grenzen eines jeden finanziellen Beistands. In Übereinstimmung mit dem BVerfG betont der EuGH, dass der Zweck der No-Bail-Out-Klausel darin liegt, eine solide Haushaltspolitik der Mitgliedstaaten sicherzustellen. Die Norm verbiete einen finanziellen Beistand, der den Anreiz mindert, eine solide Haushaltspolitik zu verfolgen.[73] Mit Art. 125 AEUV vereinbar soll ein finanzieller Beistand demnach nur dann sein, wenn er für die Wahrung der Finanzstabilität des gesamten Euro-Währungsgebiets unabdingbar ist, der Empfängerstaat haftbar bleibt und die mit der Finanzhilfe verbundenen Auflagen ihn zu solider Haushaltspolitik zu bewegen geeignet sind.[74] Der ESM-Vertrag erfülle diese Voraussetzungen, so dass die Beteiligung der Mitgliedstaaten am ESM nicht gegen Art. 125 AEUV verstoße.[75] Letztlich interpretiert der EuGH auf diese Weise den Wortlaut des Art. 136 Abs. 3 AEUV in seine Auslegung des Art. 125 AEUV hinein. Dies hat die für die europäische Rechtsgemeinschaft bedeutsame Konsequenz, dass die vom Gerichtshof für deklaratorisch gehaltene Norm des Art. 136 Abs. 3 AEUV über die Auslegung des Art. 125 Abs. 1 AEUV eine rechtliche Wirkung entfalten kann, womit im System der WWU sichergestellt wird, dass finanzieller Beistand rechtlich zwingend an „strenge Auflagen“ zu knüpfen ist.[76] Konditionalität, mit dem Ziel einen Mitgliedstaat durch Reformen wieder an die Einhaltung des Rechts, konkret die rechtlichen Vorgaben der Stabilitätsgemeinschaft, heranzuführen, ist zwingende Voraussetzung für die Gewährung von Nothilfen.

4. Rechtsgemeinschaft und Stabilitätsgemeinschaft

Dieser Ansatz, durch Reformen die rechtlich geforderte Stabilität wiederherzustellen und vor allem nachhaltig abzusichern,

---

73 EuGH, Rs. C-370/12, NJW 2013, S. 29 (36), Rn. 136.

74 EuGH, Rs. C-370/12, NJW 2013, S. 29 (36), Rn. 136 und 137.

75 EuGH, Rs. C-370/12, NJW 2013, S. 29 (36 f.), Rn. 138–147.

76 Ausführlich dazu *C. Calliess,* Der ESM zwischen Luxemburg und Karlsruhe, NVwZ 2013, S. 97 (103 ff.).

spiegelt sich in weiteren Reformschritten. So verstärkt das sog. „Six-Pack", ein Ende 2011 in Kraft getretenes und aus fünf Verordnungen und einer Richtlinie bestehendes Legislativpaket,[77] die haushaltspolitische Überwachung. Es reformiert und ergänzt den Stabilitäts- und Wachstumspakt, indem es die haushaltspolitische Überwachung zeitlich vorverlagert und die Sanktionsmöglichkeiten gegenüber Eurostaaten erhöht.[78] So ist es im Rahmen des sog. Europäischen Semesters nunmehr möglich, nationale Haushaltspläne bereits vor Beschlussfassung auf nationaler Ebene auf ihre Vereinbarkeit mit europäischen Vorgaben zu überprüfen. Über die verschärften Sanktionen soll im Rahmen des durch das „Six-Pack" neu eingeführten Verfahrens bei einem übermäßigen Ungleichgewicht bzw. innerhalb der präventiven und repressiven Komponente des Stabilitäts- und Wachstumspaktes in sog. umgekehrter Abstimmung entschieden werden. Musste der Rat den Sanktionsempfehlungen der Kommission bislang positiv zustimmen,[79] so gelten diese nunmehr als vom Rat angenommen, es sei denn, dieser lehnt die Empfehlung mit qualifizierter Mehrheit explizit ab.[80] Auf die am Ende eines Defizitverfahrens mögliche Sanktionsverhängung nach Art. 126 Abs. 11 AEUV soll dieser sog. „Quasi-Automatismus" allerdings auch weiterhin nicht angewendet werden. Insgesamt wird man in der umgekehrten Abstimmung eher eine Verfahrensstraffung erkennen können als eine wesentliche Abkehr von dem

---

77 Vgl. ABlEU v. 23.11.2011, Nr. L 306, S. 1.

78 Vertiefend hierzu *S. Pilz/H. Dittmann*, Perspektiven des Stabilitäts- und Wachstumspakts, ZEuS 2012, S. 53 ff.; *C. Antpöhler*, Emergenz der europäischen Wirtschaftsregierung, ZaöRV 72 (2012), S. 353 ff., *J. Bast/F. Rödl*, Jenseits der Koordinierung?, EuGRZ 2012, S. 269 ff.; *D. Adamski*, National power games and structural failures in the European macroeconomic governance, CMLRev. 49 (2012), S. 1319 (1336 ff.); *Calliess/Schoenfleisch* (Fn. 70), S. 477 ff.; *C. Gröpl*, Schritte zur Europäisierung des Haushaltsrechts, Der Staat 52 (2013), S. 1 (16 ff.).

79 Zur darin liegenden Mitursächlichkeit für die Krise im Euroraum *Calliess* (Fn. 46), S. 113 (166 ff.).

80 Vgl. Art. 4 II, 5 II, 6 II VO (EU) Nr. 1173/2011 (*ABlEU* v. 23.11.2011, *Nr. L 306, S. 1)*; Art. 3 III VO (EU) Nr. 1174/2011 (*ABlEU* v. 23.11.2011, *Nr. L 306, S. 8).*

primärrechtlich durch politische Entscheidungen des Rates geprägten Überwachungsrahmens.[81] In einer rechtlichen Grauzone verbleiben allerdings die durch das „Six-Pack" eingeführten Sanktionen gegenüber Eurostaaten, da diese primärrechtlich in Art. 121 und 126 AEUV nicht unmittelbar vorgesehen sind.[82]

Hinzu tritt der am 2. März 2012 unterzeichnete „Vertrag über Stabilität, Koordinierung und Steuerung in der Wirtschafts- und Währungsunion" (VSKS)[83], der verkürzend als Fiskalpakt bezeichnet wird. Eine echte Wirtschafts- bzw. Fiskalunion, definiert durch eine europäisch überformte Wirtschafts-, Finanz- und Haushaltspolitik, wird zwar auch mit dem Fiskalpakt nur in Ansätzen sichtbar. Vor allem blieb der Gestaltungsspielraum bei dieser Reform begrenzt, da aufgrund der fehlenden Beteiligung aller Mitgliedstaaten eine Primärrechtsänderung nicht möglich und der Vorrang des Unionsrechts und die Unionstreue im Interesse des Unionsrechts Gestaltungsgrenzen setzten. Die zahlreichen Kohärenzklauseln im Fiskalvertrag erkennen dies an.[84] Daher begründen auch die in Art. 5 Fiskalvertrag vorgesehenen und der Kommission vorzulegenden Haushalts- und Wirtschaftspartnerschaftsprogramme kein haushaltspolitisches „Veto-Recht",[85] da auch diese Überwachung in ihrer Verbindlichkeit nicht über den primärrechtlich überwiegend als recht-

81 Kritischer *H. Rathke*, „Umgekehrte Abstimmung" in der Fiskalunion: neue Stabilitätskultur oder halbautomatischer Vertragsbruch?, DÖV 2012, S. 751 ff.

82 Vgl. auch *U. Häde*, Art. 136 AEUV – eine neue Generalklausel für die Wirtschafts- und Währungsunion?, JZ 2011, S. 333 ff. ; *F. Rödl*, Kompetenzverstoß der Europäischen Union: die Sanktionierung der Eurostaaten im Rahmen der Excessive Imbalance Procedure, ZSE 2012, S. 99 ff.

83 Erklärung der Staats- und Regierungschefs des Euro-Währungsgebiets v. 9.12.2011, S. 3 ff.

84 Dazu *Calliess/Schoenfleisch* (Rn. 70), S. 477 (481 ff.); *F. Schorkopf*, Europas politische Verfasstheit im Lichte des Fiskalvertrages, ZSE 2012, S. 1 ff.; *A. Weber*, Die Europäische Union auf dem Wege zur Fiskalunion?, DVBl. 2012, S. 801 ff.; *S. Pilz*, Europa auf dem Weg zur Stabilitätsunion?, DÖV 2012, S. 909 ff.

85 So aber die Einschätzung von *A. Fisahn*, Parlamente ohne Macht, SZ Nr. 53 v. 3./4.3.2012, S. 2.

lich unverbindlich angelegten Rahmen hinausgehen kann. Auch die Vorschriften über die wirtschaftspolitische Koordinierung (Art. 9 VSKS) sind allenfalls im Ansatz in der Lage, den real bestehenden ökonomischen Interdependenzen innerhalb der Währungsunion zu begegnen.[86] Letztlich arbeitet der Fiskalpakt ganz überwiegend mit denselben Mitteln, die auf Basis der geltenden Kompetenzordnung im Rahmen des Sekundärrechts, dem erwähnten Six-Pack, formuliert wurden.[87] Und dennoch ist der Fiskalvertrag von nicht zu unterschätzender politischer Bedeutung. Die Vertragsstaaten – alle EU-Mitgliedstaaten bis auf Großbritannien und die Tschechische Republik – haben sich im Fiskalpakt verpflichtet, Schuldenbremsen in die nationalen Rechtsordnungen zu implementieren. Darin kommt der feste Wille der Mitgliedstaaten zum Ausdruck, die europäischen Stabilitätsvorgaben in diesem Punkt zu ihrer „eigenen Sache“ zu machen.[88]

Im Fiskalpakt äußert sich der feste Wille der Mitgliedstaaten, die Eurozone trotz all ihrer Unzulänglichkeiten zu erhalten und zu stärken. Mit dem Vertrag werden notwendige Ansätze zur Sicherung der europa- wie verfassungsrechtlich geforderten Stabilitätsunion unternommen. Diese sind wiederum zwingende Voraussetzung für die im Rahmen des ESM geübte Solidarität in der Eurozone.[89] Das macht nicht zuletzt der Wortlaut des Art. 136 Abs. 3 AEUV deutlich, indem er die nunmehr explizit[90] möglichen Nothilfen als Ausnahme von der No-Bail-Out-Klausel des Art. 125 AEUV nur unter der Bedingung von Reformen im Empfängerstaat, im Zuge derer dieser seinen Haushalt

---

86 Vgl. nur zur Auslegung des Art. 121 I AEUV ausführlich *M. Schulze-Steinen,* Rechtsfragen zur Wirtschaftsunion, 1998, S. 75 ff.

87 Ausführlich *Calliess/Schönfleisch* (Fn. 70), S. 477 ff.; ähnliche Einschätzung (schon hinsichtlich der Erklärung der Staats- und Regierungschefs des Euro-Währungsgebiets v. 9.12.2011) *S. Müller-Franken,* Eurobonds und Grundgesetz, JZ 2012, S. 219 (221).

88 Vgl. dazu schon *S. Bredt,* Der europäische „Stabilitätspakt“ benötigt mitgliedsstaatliche Verankerung, EuR 2005, S. 104 ff.

89 Dazu *Calliess* (Fn. 53), S. 213 ff.

90 Zur bisherigen Rechtslage *Calliess* (Fn. 53), S. 213 (239 ff., insbes. 267 ff.).

wieder in Einklang mit den europarechtlichen Stabilitätsvorgaben bringt, erlaubt. Die so skizzierte Motivationslage wurde im Laufe der Vertragsverhandlungen deutlich, als der Fiskalpakt mit dem ursprünglich für 2013 geplanten und nunmehr vorgezogenen[91] ESM verknüpft wurde.

Von größter Bedeutung, auch im Hinblick auf die erwähnten Vorgaben des Art. 136 Abs. 3 AEUV, ist, dass die Gewährung von Finanzhilfen des ESM von der Ratifizierung des Fiskalpakts sowie nach Ablauf der Jahresfrist in Art. 3 Abs. 2 VSKS von der effektiven Implementierung der Schuldenbremse abhängen. Problematisch ist allenfalls, dass diese Konditionalität nicht durch Regelungen im operativen Teil der Verträge hergestellt wird, sondern lediglich durch Hinweise in den Präambeln von VSKS und VESM.[92] So ist die Präambel eines völkerrechtlichen Vertrages zwar Bestandteil des Vertrages, ihr kommt jedoch nur eingeschränkt Normativität zu. Sie dient überwiegend als Interpretationshilfe für die Bestimmungen des operativen Vertrags-

---

91 Das frühere Inkrafttreten ist insoweit problematisch, als dass der dem Vereinfachten Vertragsänderungsverfahren bzgl. des Art. 136 III AEUV zugrundeliegende Beschluss des Europäischen Rates scheinbar ein Inkrafttreten vor dem 1.1.2013 nicht vorsieht; vgl. Art. 2 des Beschluss des Europäischen Rates v. 25.3.2011, 2011/199/EU (ABlEU Nr. L 91 v. 6.4.2011, S. 1). Allerdings sieht Art. 48 VI UAbs. 2 S. 3 EUV keine weiteren Voraussetzungen als die Zustimmung der Mitgliedstaaten nach ihren jeweiligen verfassungsrechtlichen Vorschriften für das Inkrafttreten des Beschlusses vor. Sollten diese vor dem 1.1.2013 vorliegen, bestehen aus unionsrechtlicher Sicht gegen das im Vergleich zur geregelten Beschlusslage frühere Inkrafttreten daher keine durchgreifenden Bedenken.

92 Vgl. den 5. Erwägungsgrund des VESM sowie den drittletzten Erwägungsgrund des VSKS. Beide sind zumindest mehrdeutig formuliert, soweit sie hinsichtlich der Bedingung, die Haushaltsvorschriften ein Jahr nach Inkrafttreten des VSKS implementiert zu haben (Frist des Art. 3 II VSKS), vom Wortlaut her die *„[...] Erfüllung der in dem genannten Artikel festgelegten Pflichten [...]“* (VSKS) bzw. die *„[...] Erfüllung der in diesem Artikel genannten Pflichten“* (VESM) verlangen. Damit kann jedoch sinnvollerweise nur die Einhaltung des Abs. 2 des Art. 3 VSKS gemeint sein (und nicht zugleich Abs. 1), da ein Mitgliedstaat, welcher die Pflicht des Art. 3 I VSKS (ausgeglichener oder positiver Haushalt) erfüllt, weder Bedarf haben, noch die Voraussetzungen für Finanzhilfen des ESM erfüllen wird.

teiles.[93] Gerade vor dem Hintergrund des Regel-Ausnahme-Verhältnisses von Art. 125 AEUV einerseits und den diesem korrespondierenden Vorgaben des Art. 136 Abs. 3 AEUV andererseits muss die Verknüpfung in den Erwägungsgründen jedoch als vorweggenommene Bedingung der Gewährung von Finanzhilfen des ESM interpretiert und zur Auslegung des Art. 12 Abs. 1 VESM herangezogen werden.

Die europa- und verfassungsrechtlich geforderte Grundkonzeption der Währungsunion als Stabilitätsgemeinschaft, in der jeder Teilnehmer grds. eigenverantwortlich[94] für die Folgen seiner Haushaltspolitik einzustehen hat, wird mit Fiskalpakt und ESM beibehalten. Insbesondere begründet der ESM entgegen mancher Deutungen[95] keinen dauerhaften bundesstaatsähnlichen Finanztransfer.[96] Vielmehr bleibt das „No-Bail-Out" des Art. 125 AEUV die Regel, die nur unter strengen Auflagen möglichen Finanzhilfen nach Art. 136 Abs. 3 AEUV bleiben die Ausnahme.[97]

Auch kommt der Kommission auf Basis des Fiskalpakts weder ein Vetorecht hinsichtlich der nationalen Haushaltsplanung zu[98], noch begründet die dort vorgesehene Einführung einer Schuldenbremse im Falle des Grundgesetzes eine maßgebliche Neuerung, da mit den Art. 109, 115 GG in Deutschland bereits

---

93 Allgemein *M. Kotzur,* Theorieelemente des internationalen Menschenrechtsschutzes: das Beispiel der Präambel des internationalen Paktes über bürgerliche und politische Rechte, 2001, S. 103 ff.; speziell zu den Präambeln der Unionsverträge *M. Hilf/J. Terhechte,* in: Grabitz/Hilf/Nettesheim (Hrsg.), Das Recht der Europäischen Union, 41. EL 2010, EUV Präambel Rn. 9 ff.; *M. Zuleeg,* in: von der Groeben/Schwarze (Hrsg.), EUV/EGV, 6. Aufl. 2003, EUV Präambel Rn. 3.

94 Zum Kriterium der haushaltspolitischen Eigenverantwortung: BVerfG, JZ 2011, S. 1004 (1009); sowie *Nettesheim* (Fn. 53), S. 765 (773); *D. Thym,* Anm. z. Urt. des BVerfG v. 07.09.2011, JZ 2011, S. 1011 (1013).

95 *W. Kahl/A. Glaser,* Nicht ohne uns, FAZ Nr. 58 v. 8.3.2012, S. 8.

96 Ähnlich *H. Rathke,* Von der Stabilitäts- zur Stabilisierungsunion: Der neue Art. 136 Abs. 3 AEUV, DÖV 2011, S. 753 (759).

97 Ausführlich *Calliess* (Fn. 46), S. 113 (156 ff.) (i. E.).

98 So aber *Fisahn* (Fn. 85), S. 2.

strengere Verschuldungsvorgaben als im Fiskalpakt existieren.[99] Vor allem aber stärkt der Fiskalpakt mit diesen Vorgaben die Stabilität in der Eurozone, indem die Einhaltung der bestehenden haushaltspolitischen Verpflichtungen, insbesondere die Vermeidung übermäßiger öffentlicher Defizite, besser kontrolliert werden kann.

Insoweit werden nicht neue fiskal- oder haushaltspolitische Kompetenzen auf die EU übertragen, sondern es soll die Umsetzung der bestehenden, bereits seit langem rechtsverbindlichen Stabilitätskriterien in der Eurozone effektuiert werden. Die damit verbundene Stärkung der Vollzugskontrolle korrespondiert voll und ganz dem Ziel der vom BVerfG zu Recht als Geschäftsgrundlage der Mitgliedschaft Deutschlands in der WWU eingeforderten Stabilitätsgemeinschaft. Zur Einhaltung der aus diesem Ziel resultierenden Vorgaben, insbesondere also zur Einhaltung der Stabilitätskriterien, haben sich die Mitgliedstaaten der Eurozone auf Basis des Vertrages von Maastricht und des diesen konkretisierenden Stabilitäts- und Wachstumspakts bereits damals verpflichtet. Ohne diese Vorgaben hätte Deutschland – wie das BVerfG unter Bezugnahme auf sein Maastricht-Urteil einmal mehr im EFSF-Urteil hervorhob[100] – der WWU gar nicht beitreten dürfen. Jeder Schritt, der einer verbesserten Einhaltung dieser Vorgaben dient, überträgt also keine neuen Hoheitsrechte auf die EU, sondern sichert im Vertrag von Maastricht bereits übertragende Hoheitsrechte im Interesse des Ziels der Stabilitätsgemeinschaft ab. Dieser im Hinblick auf die Übertragung der Kompetenzen maßgebliche Integrationsschritt wurde vom BVerfG in seinem Maastricht-Urteil mit Blick Art. 79 Abs. 3 GG für verfassungsgemäß gehalten.[101] Wenn also der

---

99 Zu diesen *E. Reimer,* in: Epping/Hillgruber (Hrsg.), GG, 2009, Art. 115 Rn. 27 ff.; *R. Wendt,* in: v. Mangoldt/Klein/Starck (Hrsg.), GG, Band III, 6. Aufl. 2010, Art. 115 Rn. 36 f.; *F. Ekardt/D. Buscher,* Staatsschuldenrecht, Finanzkrise und Nachhaltigkeit, AöR 137 (2012), S. 42 (44 ff.).

100 BVerfG, JZ 2011, S. 1004 (Ls. 4) (1009) unter Hinweis auf BVerfGE, 89, 155 (205).

101 BVerfGE 89, 155 (200 ff., 207 ff.).

Fiskalpakt die Einhaltung der geltenden Stabilitätskriterien stärkt, dann kann er den über Demokratieprinzip und Art. 79 Abs. 3 GG geschützten Kernbereich des parlamentarischen Budgetrechts nicht berühren.

5. Stabilitätsgemeinschaft und Integrationsgrenzen

Es ist jedoch absehbar, dass die jüngsten Reformen nicht die letzte Antwort auf die Finanz- und Schuldenkrise gewesen sein werden. Denn die sekundärrechtliche Neugestaltung und Ergänzung des Stabilitäts- und Wachstumspakts stößt mit ihrer schärferen Sanktionierung der Defizitüberwachung samt umgekehrtem Abstimmungsverfahren selbst unter Hinzuziehung von Art. 136 AEUV an kompetenzrechtliche Grenzen. Und der als „Vertrag über Stabilität, Koordinierung und Steuerung in der Wirtschafts- und Währungsunion" firmierende Fiskalpakt formuliert seinem Namen nach Ziele, hinter denen er inhaltlich weit zurückbleibt. Die notwendige Ergänzung der Währungsunion erfordert aber eine europäische Überformung der nationalen Wirtschafts-, Fiskal- und Haushaltspolitiken. Im europäischen Staaten- und Verfassungsverbund bedeutet dies, dass die nationalen Zuständigkeiten zwar bestehen bleiben, aber weitaus intensiver mit europäischen Rahmenvorgaben sowie daraus resultierenden Leitplanken und Kontrollrechten verzahnt werden müssen. Insbesondere geht es darum, mit Blick auf eine Staateninsolvenz, mit all ihren systemrelevanten Konsequenzen für die Eurozone und die globalisierten Finanzmärkte, ein Instrumentarium bereitzustellen, das im Vorfeld abschreckend und im Fall der Fälle zugleich stabilisierend wirkt. So könnte der ESM zu einem Europäischen Währungsfonds (EWF) weiterentwickelt werden,[102] der – im Verbund mit den EU-Institutionen

---

102 Dazu *D. Gros/T. Mayer*, How to deal with sovereign default in Europe: Create the European Monetary Fund now!, CEPS Policy Brief No. 202/February 2010, updated 17 May 2010; *U. Häde*, Legal evaluation of a European Monetary Fund, Intereconomics 2/2010, S. 69 ff.; *K. von Lewinski*, Öffentlichrechtliche Insolvenz, 2011, S. 454; *J. Heß*, Finanzielle Unterstützung von EU-Mitgliedstaaten in einer Finanz- und

und einem neu zu schaffenden Stabilitätskommissar – über Durchgriffsrechte in die nationalen Haushalte von Empfängerstaaten verfügen könnte. Er sollte überdies befähigt werden, die geordnete Insolvenz von dauerhaft zahlungsunfähigen Eurostaaten auf den Weg zu bringen.[103]

Hinsichtlich einer derart intensivierten Haushaltskontrolle stellen sich freilich verfassungsrechtliche Fragen. So zählt das dadurch berührte Budgetrecht zu den von der Rechtsprechung des BVerfG im Lissabon-Urteil definierten identitätsbestimmenden Staatsaufgaben, die – als besonders demokratierelevant – dem Umfeld der Ewigkeitsklausel des Art. 79 Abs. 3 GG zugeordnet werden. Dies hätte zur Folge, dass sie weitgehend integrationsfest sind.[104] Insoweit ist es von Bedeutung, dass der Präsident des BVerfG die Bereiche inzwischen als „Aufmerksamkeitsfelder" bezeichnet.[105] Im Zuge dessen kann zwischen einem integrationsfesten Kern und Bereichen, in denen die Integrationsmöglichkeiten verfassungsrechtlich besonders sensibel und daher eher gering sind, unterschieden werden.[106]

Zweifelsohne ist die Entscheidung über Einnahmen und Ausgaben der öffentlichen Hand grundlegender Teil der demokrati-

---

Wirtschaftskrise und die Vereinbarkeit mit EU-Recht, ZJS 2010, S. 473 (479 f.).

103 Vgl. zum Begriff der „Durchgriffsrechte" *A. Merkel,* Rede im Bundestag am 07.09.2011, Deutscher Bundestag, Pl.Prot. 17/123, 14467 ff.

104 Vgl. BVerfGE 123, 267 (359 ff.); kritisch demgegenüber das überwiegende Schrifttum, vgl. *C. Moellers/D. Halberstamm,* The German Constitutional Court says „Ja zu Deutschland!", GLJ 10 (2009), S. 1241 (1249 ff.); *M. Ruffert,* An den Grenzen des Integrationsverfassungsrechts: Das Urteil des Bundesverfassungsgerichts zum Vertrag von Lissabon, DVBl. 2009, S. 1197 (1202, 1204 f.); *C. Calliess,* Zwischen Integrationsverantwortung und Identitätskontrolle: Das „Lissabon"-Urteil des Bundesverfassungsgerichts, ZEuS 2009, S. 505 (515 ff.); *ders.,* Die neue EU nach dem Vertrag von Lissabon, 2012, S. 267 ff. m.w.N. zum Diskussionsstand.

105 *A. Voßkuhle,* Interview, Der Spiegel 11/2010 vom 15.3.2010, S. 39 ff..

106 Dazu bereits *Calliess* (Fn. 104), S. 505 (515 ff.); *ders.,* Die neue EU nach dem Vertrag von Lissabon, 2012, S. 270 f.

schen Selbstgestaltungsfähigkeit im Verfassungsstaat. Der Deutsche Bundestag muss deshalb hierüber dem Volk gegenüber verantwortlich entscheiden.[107] Einschränkungen des Budgetrechts des Deutschen Bundestags sind allerdings nicht schlechthin unzulässig. So verstößt, wie das BVerfG in seinem Urteil zum ESM und Fiskalvertrag zu Recht ausführte, auch die Verpflichtung auf eine bestimmte Haushalts- und Fiskalpolitik nicht von vornherein gegen das Demokratieprinzip.[108] Die Einfügung der sog. Schuldenbremse durch die Föderalismusreform II[109] verdeutlicht anerkanntermaßen, dass eine Beschränkung des parlamentarischen Budgetrechts zum Zwecke der langfristigen Erhaltung der demokratischen Gestaltungsfähigkeit erforderlich sein kann. Eine solche Verpflichtung kann grundsätzlich auch unions- oder völkerrechtlich erfolgen.[110]

Sollen Verletzungen der eingegangenen Verpflichtungen Durchgriffsrechte auslösen, so kann nach Auffassung des BVerfG hierdurch die „*konkrete* Gestaltungsfreiheit des nationalen Haushaltsgesetzgebers"[111] berührt sein. Unklar ist, ob das Demokratieprinzip damit auch im Sinne des Art. 79 Abs. 3 GG berührt wäre. Die Hervorhebung des Haushaltsrechts als zentrales parlamentarisches Gestaltungsmittel, seine Definition als identitätsbestimmende Staatsaufgabe respektive Aufmerksamkeitsfeld, deutet darauf hin.

---

107 BVerfGE 123, 267 (361 f.); BVerfGE 129, 124 (177 f.).

108 BVerfG, Urt. v. 12.9.2012, 2 BvR 1390/12 (u.a.), NJW 2012, S. 3145 (3150), Rn. 224.

109 Hierzu nur *C. Ohler,* Maßstäbe der Staatsverschuldung nach der Föderalismusreform II, DVBl. 2009, S. 1265 ff.; *S. Korioth,* Das neue Staatsschuldenrecht – zur zweiten Stufe der Föderalismusreform, JZ 2009, S. 729 ff.; *C. Waldhoff/P. Dieterich,* Die Föderalismusreform II – Instrument zur Bewältigung der staatlichen Finanzkrise oder verfassungsrechtliches Placebo?, ZG 2009, S. 97 ff.

110 BVerfG, Urt. v. 12.9.2012, 2 BvR 1390/12 (u.a.), NJW 2012, S. 3145 (3150), Rn. 225.

111 So die Formulierung in BVerfG, Urt. v. 12.9.2012, 2 BvR 1390/12 (u.a.), NJW 2012, S. 3145 (3161), Rn. 317, Hervorhebung nur hier.

Insoweit ist jedoch sorgfältig zu differenzieren: Mit Blick auf eine strengere Haushaltskontrolle durch die europäischen Institutionen, insbesondere aber auch mit Blick auf die Konditionalität der Nothilfen, konkret ihre rechtlich gebotene Verbindung mit „strengen Auflagen" (Art. 136 Abs. 3 AEUV), besteht ohne Frage ein Demokratiedilemma. Einerseits stellen die „strengen Auflagen" zwar Eingriffe in das Budgetrecht des Parlaments im Empfängerstaat von Nothilfen dar. Andererseits sind die „strengen Auflagen" aus Sicht des BVerfG und des deutschen Verfassungsrechts gerade notwendige Bedingung, um den deutschen Anteil an Nothilfen aus dem ESM im Hinblick auf das Budgetrecht des Deutschen Bundestages zu legitimieren. Folglich kommt es auf die verhältnismäßige Ausgestaltung von europäischen Kontroll- und Durchgriffsrechten an. Konkret sind hierbei folgende Aspekte zu berücksichtigen:

- Solange ein Eurostaat die Stabilitätskriterien einhält, darf unter Verhältnismäßigkeitsgesichtspunkten (im Hinblick auf seine Haushaltsautonomie und die von Art. 4 Abs. 2 EUV geschützte mitgliedstaatliche Verfassungsidentität) keine rechtsverbindliche Kontrolle seitens der europäischen Institutionen greifen; diese können insoweit allenfalls unverbindliche Empfehlungen geben.
- Wenn ein nationales Parlament mit seinem Haushalt die rechtsverbindlichen Stabilitätskriterien verletzt, dann verhält es sich rechtswidrig. In diesem Fall können die europäischen Institutionen verbindliche Empfehlungen geben. Dies ergibt sich aus dem Verständnis der EU als Rechtsgemeinschaft, dem Vorrangprinzip und dem Gedanken, der dem Vertragsverletzungsverfahren (Art. 258 ff. AEUV) zugrunde liegt. Insoweit ist aber im Hinblick auf das Demokratieprinzip, konkret die Bedeutung des Budgetrechts samt Haushaltsautonomie der nationalen Parlamente zu differenzieren:
- Werden die rechtsverbindlichen Stabilitätskriterien durch einen Mitgliedstaat verletzt, dann können die zuständigen europäischen Institutionen verbindliche Vorgaben für die sparsamere Gestaltung seines Haushalts machen, sofern diese *ab-*

strakt bleiben und nicht konkrete Eingriffe in bestimmte nationale Haushaltstitel einfordern.

- Demgegenüber sind sogar *konkrete* Vorgaben im Hinblick auf diejenigen Mitgliedstaaten der Eurozone zulässig, deren Haushaltssituation sich so weit von den für alle Eurostaaten verbindlichen Stabilitätskriterien entfernt hat, als das Nothilfen aus dem ESM erforderlich werden. Denn ein überschuldeter Mitgliedstaat, der unter den ESM schlüpft (sog. Programmstaat), hat letztlich nur noch die Wahl zwischen einem Staatsbankrott und der Inanspruchnahme von Nothilfen aus dem ESM. Mit der Entscheidung für an Auflagen gebundene Nothilfen aus dem ESM willigt der Empfängerstaat so gesehen autonom in eine Beschränkung seiner Haushaltssouveränität ein. Dies gilt umso mehr, wenn die Auflagen dem Ziel dienen, die Einhaltung der vertraglich vereinbarten Stabilitätskriterien wiederherzustellen (vgl. Art. 136 Abs. 3 AEUV). Vor diesem Hintergrund kann ein – ohnehin nur als „ultima ratio" zulässiges – haushaltspolitisches Vetorecht der EU-Ebene hinsichtlich des jeweiligen nationalen Haushaltsentwurfs kaum als Beeinträchtigung des parlamentarischen Budgetrechts gewertet werden. Denn wo angesichts der drohenden Alternative eines (selbst verschuldeten) Staatsbankrotts keine Haushaltsautonomie mehr besteht, kann in diese auch nicht im Wege von konkreten europäischen „Durchgriffsrechten" eingegriffen werden.

IV. Die Krise in der Eurozone als Bewährungsprobe der europäischen Rechtsgemeinschaft

Die europäische Integration wurde von Beginn an ganz wesentlich auf das Recht gegründet. Nicht von ungefähr ist bereits die damalige EWG vom EuGH immer wieder als Rechtsgemeinschaft bezeichnet worden. Die Überlegungen zur Koppelung von Recht und Solidarität haben deutlich werden lassen, dass die Einheitsbildung im Staaten- und Verfassungsverbund der EU auf dem mitgliedstaatlichen Vertrauen in die einheitliche

Rechtsgeltung und der daran anknüpfenden Vertrauensbildung durch die tatsächliche, vom EuGH zu gewährleistende Rechtsvollziehung beruht. Die europäische Rechtsgemeinschaft basiert insoweit bis zu einem gewissen Grad geradezu auf der Koppelung von Recht und Politik.[112] Deswegen war es so problematisch, dass die Staatsschuldenkrise in der Eurozone die EU an die Grenzen des Rechts geführt hat. Denn auch die WWU baut auf das Recht, das BVerfG hat diese Tatsache in seinem Maastricht-Urteil mit der rechtlich zurückgebundenen Beschreibung der WWU als Stabilitätsgemeinschaft in überzeugender Weise herausgearbeitet.[113] Weil die Rechtsvollziehung in der WWU Defizite aufwies, war die Rechtsgeltung in der Krise einer harten Bewährungsprobe ausgesetzt. Darunter hat das Vertrauen in die europäische Rechtsgemeinschaft gelitten. Deswegen ist es auch so bedeutsam, wenn der EuGH in seiner Pringle-Entscheidung verdeutlicht, dass er das im Vergleich zu den mitgliedstaatlichen Währungsverfassungen auffallend detailliert verrechtlichte System der WWU als Teil dieser Rechtsgemeinschaft betrachtet und dementsprechend hierin einen Auftrag zur Kontrolle sieht. Angesichts der unterschiedlichen währungs- und haushaltspolitischen Traditionen in den Mitgliedstaaten wird solchermaßen das Recht zur gemeinsamen Basis, auf dessen Grundlage ein vom EuGH abgesicherter und unterstützter Integrationsprozess erfolgen kann und soll. Scheitert die Rechtsgemeinschaft am fehlenden Vertrauen, dann scheitert der Euro und dann scheitert womöglich auch die EU insgesamt.

---

112 A.A. *S. Oeter,* in: Franzius/Mayer/Neyer (Hrsg.), Strukturfragen der Europäischen Union, 2010, S. 67.

113 BVerfG, JZ 2011, S. 1004 (Ls. 4) (1009) unter Hinweis auf BVerfGE 89, 155 (205).

Verfassungsgebung, Verfassungsrevision, Volksabstimmung

Von *Hans Hugo Klein*

I. Die Klärungswirkung des Lissabon-Urteils

Nach dem Urteil des BVerfG zum Vertrag von Lissabon,[1] so umstritten es ist, kann eine Reihe von Fragen, die Art. 146, den Schlussartikel des Grundgesetzes betreffen und über Jahrzehnte streitig erörtert worden sind, für das praktische Raisonnement als erledigt gelten:

1. Art. 146 GG ist geltendes, also nicht etwa verfassungswidriges, Verfassungsrecht. Die Obsolenzthese ist obsolet.

2. Die Norm gilt ohne zeitliche Begrenzung.

3. Ihr kommt nicht nur eine deklaratorische Bedeutung zu. Von der ursprünglichen Doppelfunktion des Art. 146 GG a. F., einen möglichen Weg zur deutschen Wiedervereinigung zu weisen *und* eine Ablösung des Grundgesetzes nach einer auf andere Weise, also etwa durch Beitritt nach Art. 23 GG a. F., erfolgten Herstellung der deutschen Einheit durch eine neue gesamtdeutsche Verfassung zu ermöglichen, ist aufgrund der durch das Zustimmungsgesetz zum Einigungsvertrag[2] bewirkten Änderung des Art. 146 GG die zweite erhalten geblieben. Art. 146 GG n. F. macht es möglich, „dass das deutsche Volk in freier Selbstbestimmung, aber in einer *Legalitätskontinuität* zur Herrschaftsordnung des Grundgesetzes sich eine neue Verfassung gibt",[3] also ohne ein „Abreißen der Legitimitätskette" *(Hasso*

---

1 BVerfGE 123, 267.

2 Gesetz v. 31.8.1990, BGBl. II S. 889.

3 BVerfGE 123, 267 (343); Hervorhebung nicht im Original.

Hofmann) – oder, mit *Horst Dreier* zu reden: Art. 146 baut eine „normative Brücke zwischen altem Grundgesetz und neuer gesamtdeutscher Verfassung“,[4] mit der wichtigen Folge, dass das Eintreten für eine Verfassungsablösung nicht dem Verdikt der Verfassungsfeindlichkeit unterliegt.[5]

4. Indem das BVerfG einerseits feststellt, dass das Grundgesetz die souveräne Staatlichkeit Deutschlands nicht nur voraussetzt, sondern auch garantiert,[6] andererseits aber davon ausgeht, dass die verfassunggebende Gewalt „berechtigt ist, den durch das Grundgesetz verfassten Staat freizugeben“,[7] ist auch entschieden, dass dem pouvoir constituant aus Art. 79 Abs. 3 GG keine Schranken erwachsen. Daran ändert es nichts, dass der Senat die Frage offen gelassen hat, ob der Verfasungsgeber, wenn er über die Identität der Verfassungsordnung der Bundesrepublik Deutschland verfügt, „wegen der Universalität von Würde, Freiheit und Gleichheit“ Bindungen unterliegt.[8] Denn Art. 79 Abs. 3 GG ist hier ersichtlich nicht gemeint. Bestehenden völkerrechtlichen Bindungen unterläge die Bundesrepublik Deutschland allerdings auch dann, wenn sie sich anschickte, das Grundgesetz im Wege des Art. 146 GG durch eine neue Verfassung zu ersetzen. Indes: der Verstoß gegen solche Bindungen führte nicht zur Unwirksamkeit des vom pouvoir constituant gesetzten neuen Verfassungsrechts.[9] Anders verhält es sich mit dem Recht der

---

4 *H. Dreier,* in: ders. (Hrsg.), Grundgesetz. Kommentar, Bd. 3, 2. Aufl. 2008, Art. 146 Rn. 23, 36. Vgl. auch *H. Dreier,* Gilt das Grundgesetz ewig?, o. J., S. 78 ff.

5 Dass Art. 146 GG einen „eruptiven“ Ausbruch revolutionärer Gewalt nicht verhindern kann, steht auf einem anderen Blatt.

6 BVerfGE 123, 267 (343).

7 Ebenda, S. 332. – Eine einseitige „Freigabe“ ist schwer vorstellbar. Die Hervorbringung eines europäischen Bundesstaates, in den sich Deutschland als Gliedstaat einfügt, bedarf der Zustimmung des sich darin findenden europäischen Staatsvolkes.

8 BVerfGE 123, 267 (343). Siehe auch BVerfGE 84, 90 (121), unter Bezugnahme auf BVerfGE 3, 225 (232); 23, 98 (106). – Völkerrechtliche Bindungen verneint *C. Waldhoff,* in: O. Depenheuer/C. Grabenwarter (Hrsg.), Verfassungstheorie, 2010, § 8 Rn. 21; zurückhaltender *M. Herdegen,* ibid., § 9 Rn. 35 ff.

Europäischen Union. Es genießt grundsätzlich Anwendungsvorrang vor dem nationalen Recht, einschließlich des Verfassungsrechts.[10] Solange der Verfassungsgeber nicht auch die Zugehörigkeit Deutschlands zur Europäischen Union über Bord wirft, wäre das neue Verfassungsrecht, soweit es mit europäischem Recht, beispielsweise der Grundrechtscharta (vgl. Art. 6 EUV), nicht vereinbar ist, nicht anwendbar.

II. Die Frage nach dem „Wie" der Aktivierung der verfassunggebenden Gewalt

Wie die verfassunggebende Gewalt zu aktivieren ist, lässt Art. 146 GG offen.[11] So wenig aber der pouvoir constituant den Bindungen unterworfen ist, die Art. 79 Abs. 3 GG den pouvoirs constitués auferlegt, so wenig lässt er sich an deren Aufträge binden. Die Anrufung des pouvoir constituant ist – sieht man von der möglichen Bindung an universale Rechtsgrundsätze ab – ein Schritt ins Ungewisse. Die verfassunggebende Gewalt ist frei in der Wahl ihres Gegenstandes. Verfehlt ist deshalb z. B. die Annahme, Bundestag und Bundesrat könnten eine verfassunggebende Versammlung einberufen mit dem begrenzten und verpflichtenden Auftrag, die Zulässigkeit der Eingliederung Deutschlands in einen europäischen Bundesstaat zu beschließen (mit oder ohne anschließende Volksabstimmung) und damit die Schranken niederzulegen, die nach der Rechtsprechung des BVerfG der Integrationsermächtigung des Art. 23 Abs. 1 GG

---

9 Selbst nach Art. 25 GG haben die allgemeinen Regeln des Völkerrechts keinen Geltungs- oder Anwendungsvorrang vor deutschem Verfassungsrecht und ihnen entgegenstehendes „einfaches" Recht tritt zwar ihnen gegenüber zurück, verliert aber nicht seine Wirksamkeit im Übrigen; so die h. M., vgl. *M. Herdegen,* in: Maunz/Dürig, Grundgesetz. Kommentar, Art. 25 Rn. 42 f.

10 Im Einzelnen: *T. Oppermann/C. D. Classen/M. Nettesheim,* Europarecht, 4. Aufl. 2009, S. 200 ff.; *M. Herdegen,* Europarecht, 14. Aufl. 2012, S. 217 ff. (229 ff.).

11 *H. Dreier,* in: ders. (Hrsg.), Grundgesetz (Fn. 4), Art. 146 Rn. 53, mit Nachw.; s. auch *P. M. Huber,* in: M. Sachs (Hrsg.), Grundgesetz, 6. Aufl. 2011, Art. 146 Rn. 15 ff.

durch Art. 79 Abs. 3 GG gezogen sind. Das hieße nichts anderes, als dass die durch das Grundgesetz konstituierten Staatsorgane sich selbst zur verfassunggebenden Gewalt aufschwingen, „indem sie die verfahrensrechtlichen Anforderungen an den Akt des ‚pouvoir constituant' festlegen und seinen Inhalt dadurch zumindest tendenziell vorausbestimmen".[12] Eine Überwindung der Schranken des Art. 79 Abs. 3 GG ist deshalb auch nicht in der Weise möglich, dass der verfassungsändernde Gesetzgeber ein Gesetz beschließt und dieses anschließend einem Volksentscheid unterwirft (was wiederum eine Verfassungsänderung voraussetzte).[13] Dann aber bleibt auch richtig, dass, wie es im Maastricht-Urteil heißt,[14] Art. 79 Abs. 3 GG es förmlich ausschließt, „ein verfassungsänderndes Gesetz, das den veränderungsfesten Kern des Grundgesetzes antastet, im Wege eines Volksentscheides zu legitimieren".[15] Wenn es – anders gewendet – darum geht, die vom Grundgesetz gezogenen Schranken der Verfassungsänderung punktuell zu durchbrechen, bietet Art. 146 GG keinen gangbaren Weg. Die Norm ist keine legale Alternative zur regulären Verfassungsänderung.[16]

III. Die Grenze zwischen Verfassungsänderung und Verfassungsneuschöpfung

Thema des Art. 79 GG ist die Verfassungsrevision – bis hin zu einer sog. Totalrevision,[17] sofern sie sich innerhalb der Schranken des Art. 79 Abs. 3 GG bewegt. Im Blick auf die nach

---

12 *Huber* (Fn. 11), Art. 146 Rn. 15.

13 So auch *Huber,* ebenda.

14 BVerfGE 89, 155 (180).

15 Dagegen erklärt *Huber* (Fn. 11), Art. 146 Rn. 9, diesen Satz für überholt. Das beruht, wie mir scheint, auf einem Missverständnis. Es geht hier nicht darum, die Anrufung des pouvoir constituant zu illegalisieren, sondern darum, Verfassungsrevision und Verfassungsneugebung zu unterscheiden.

16 So zu Recht *T. Herbst,* Legale Abschaffung des Grundgesetzes nach Art. 146 GG?, ZRP 2012, S. 33 ff. (35). Die Vertreter und Organe des Volkes haben kein Mandat, über die Verfassungsidentität zu verfügen: BVerfGE 123, 267 (344).

Art. 23 Abs. 1 S. 3 GG zulässigen verfassungsdurchbrechenden Verfassungsänderungen zum Zweck der Fortentwicklung der EU hat das BVerfG, dem eindeutigen Wortlaut der genannten Vorschrift folgend, entschieden, dass Art. 79 Abs. 3 GG der europäischen Integration Grenzen setzt. Wo diese Grenzen genau verlaufen, ist seither Gegenstand einer intensiven Debatte, in der sich jüngst *Martin Nettesheim* mit einem eindrucksvollen, vor allem verfassungstheoretisch untermauerten Beitrag zu Wort gemeldet hat.[18] Die Konkretisierung des Grenzverlaufs stößt nicht zuletzt deshalb auf erhebliche Schwierigkeiten, weil der verfassungsrechtliche Maßstab sowohl für Normsetzungsakte des verfassungsändernden Gesetzgebers Geltung beansprucht als auch für jenen „Zusammenwachsungsprozess",[19] der sich auf der Grundlage der EU bereits überlassener Hoheitsrechte durch deren extensive Ausübung unaufhaltsam vollzieht. Nicht nur durch das demonstrative Erklimmen immer neuer Stufen der Integration, sondern auch auf leisen Sohlen kann die Union auf staatsanaloges Niveau geraten.

Genau dies: die Preisgabe der eigenen Verfassungsidentität, sprich: der eigenen souveränen Staatlichkeit, der Letztverantwortung für alle im eigenen Staatsgebiet ausgeübte Hoheitsgewalt,[20] ist selbst dem verfassungsändernden Gesetzgeber aus der Hand genommen.[21] Der Gedankengang des Senats beruht auf

---

17 Im Unterschied zu Art. 79 GG versteht Art. 193 SchweizBV (1999) unter einer Totalrevision einen Akt der Verfassungsgebung, der einzig an die zwingenden Bestimmungen des Völkerrechts gebunden sein soll (Art. 193 Abs. 4 SchweizBV [1999]). Für den deutschen Sprachgebrauch scheint es mir ratsam, zur Vermeidung von Verwechslungen zwischen einer im Rahmen des Art. 79 Abs. 3 GG möglichen Totalrevision und der an diese Norm nicht gebundenen Verfassungsablösung nach Art. 146 GG zu unterscheiden. Zur Terminologie s. auch. *Waldhoff* (Fn. 8), Rn. 44; *Herdegen* (Fn. 8), Rn. 20.

18 Wo „endet" das Grundgesetz? – Verfassunggebung als grenzüberschreitender Prozess, Der Staat 51 (2012), S. 313 ff.

19 *Nettesheim* (Fn. 18), S. 324.

20 *P. Kirchhof*, in: J. Isensee/P. Kirchhof, Handbuch des Staatsrechts (HStR), Bd. X, 3. Aufl. 2012, § 214 Rn. 109.

21 BVerfGE 123, 267 (342).

Art. 20 Abs. 2 S. 1 GG, der das keiner Abwägung zugängliche demokratische Prinzip statuiert und in Verbindung mit Art. 79 Abs. 3 GG für den deutschen Staat unumstößlich macht. In einem europäischen Bundesstaat wäre das deutsche Volk nicht mehr Träger der Staatsgewalt; es wäre „nicht mehr der originäre Bezugspunkt der verfassungsrechtlichen Ordnung“[22]. „Der letztlich in der Würde des Menschen wurzelnde Anspruch des Bürgers auf Demokratie (vgl. BVerfGE 123, 267 [341]) wäre hinfällig, wenn das Parlament Kernbestandteile politischer Selbstbestimmung aufgäbe und damit dem Bürger dauerhaft seine demokratischen Einflussmöglichkeiten entzöge.“[23]

Für die vor Art. 79 Abs. 3 GG nicht mehr zu rechtfertigende Grenzüberschreitung entwickelt das BVerfG justiziable und zugleich flexible, mithin auf richterliche Konkretisierung angewiesene Kriterien:

Das Grundgesetz untersagt die Übertragung der Kompetenz-Kompetenz.[24] Die Mitgliedstaaten bleiben die „Herren der Verträge“; sie sind der Verfassungsgeber der Union. Eine weitgehende Verselbständigung politischer Herrschaft für die EU, die Verlagerung des politischen respektive demokratischen Primärraums[25] von den Mitgliedstaaten auf die Union höbe diese unzulässigerweise auf „ein der Bundesebene im föderalen Staat entsprechendes (staatsanaloges) Niveau“[26]. Ein Recht zum Austritt aus dem europäischen Integrationsverbund muss den Mitgliedstaaten vorbehalten bleiben (jetzt: Art. 50 EUV). Das europa-

---

22 *S. Haack*, Verlust der Staatlichkeit, 2007, S. 402.

23 BVerfGE 129, 124 (169). – *U. Hufeld*, in: HStR (Fn. 20), § 215 Rn. 65, spricht von einer „passgenauen Aktualisierung eines Generalvorbehalts“. – Welch geringen Wert die Rechtsprechung des EuGH auf die Einhaltung demokratischer Verantwortungsstrukturen legt, zeigt die Leichthändigkeit, mit der der Gerichtshof das fundamentale Prinzip der ununterbrochenen Legitimationskette beiseite wischt: EuGH, EuZW 2010, S. 296 (298); dazu *H. P. Bull*, ebenda, S. 488 ff.

24 BVerfGE 123, 267 (349) – auch zum Folgenden.

25 Ebenda, S. 382, 430.

26 Ebenda, S. 365.

rechtliche Prinzip der begrenzten Einzelermächtigung (mit den bekannten Unschärfen[27]) und die Pflicht der EU, die nationale Identität der Mitgliedstaaten zu achten (Art. 4 Abs. 2 S. 1 EUV), sind „vertraglicher Ausdruck der staatsverfassungsrechtlichen Grundlegung der Unionsgewalt"[28]. „Eine Blankettermächtigung zur Ausübung öffentlicher Gewalt, zumal mit unmittelbarer Bindungswirkung in der innerstaatlichen Rechtsordnung, dürfen die deutschen Verfassungsorgane nicht erteilen."[29] Das Gericht verschließt nicht die Augen vor der durch die sich selbst ständig vorantreibende Dynamik der Integrationspolitik[30] heraufbeschworene Gefahr, dass das Primärrecht durch Organe verändert oder erweiternd ausgelegt und dadurch das vertraglich bestimmte Integrationsprogramm überschritten wird. Daraus erwachse „eine verfassungsrechtlich bedeutsame Spannungslage". „Eine Überschreitung des konstitutiven Prinzips der begrenzten Einzelermächtigung und der den Mitgliedstaaten zustehenden konzeptionellen Integrationsverantwortung droht, wenn Organe der Europäischen Union unbeschränkt, ohne eine – sei es auch nur sehr zurückgenommene und sich als exzeptionell verstehende – äußere Kontrolle darüber entscheiden können, wie das Vertragsrecht ausgelegt wird."[31] Mit anderen Worten: Das gerichtliche Letztentscheidungsrecht für die Auslegung unionaler Rechtsetzungskompetenzen darf nicht in die Hände einer

---

27 Kritisch zu Recht *W. Durner*, in: HStR (Fn. 20), § 216 Rn. 3.

28 Um „ausbrechende Rechtsakte" handelt es sich etwa dann, wenn der EuGH unter Zuhilfenahme der Grundrechte begrenzte Einzelermächtigungen in Optimierungsgebote umfunktioniert. Evidentes Beispiel: EuGHE 2000, I-106, Rs. C-285/98 – Tanja Kreil. Dazu *P. Kirchhof* (Fn. 20) § 214 Rn. 65 ff. – Zur (sehr) zurückgenommenen Kontrollfunktion des BVerfG: BVerfGE 126, 286 – mit Abw. Meinung des Richters *Landau*; s. auch BVerfGE 89, 155 (LS 6).

29 BVerfGE 123, 267 (351). – Hinzunehmen sei allerdings eine Tendenz zur politischen Besitzstandwahrung und zur wirksamen Kompetenzauslegung im Sinne der US-amerikanischen implied-powers-Doktrin; s. auch S. 353.

30 BVerfGE 123, 267 (351): „Tendenz zur politischen Selbstverstärkung".

31 BVerfGE 123, 267 (352) – s. auch S. 353.

supranationalen Höchstgerichtsbarkeit gelegt werden.[32] Bei ersichtlichen Grenzüberschreitungen und zur Wahrung des unantastbaren Kerngehalts der Verfassungsidentität des Grundgesetzes ist der deutschen Jurisdiktion der Weg der Ultra-vires-Kontrolle eröffnet.[33] Alles in allem: In den Mitgliedstaaten muss „ausreichender Raum zur politischen Gestaltung der wirtschaftlichen, kulturellen und sozialen Lebensverhältnisse" bleiben. „Zu wesentlichen Bereichen demokratischer Gestaltung gehören unter anderem die Staatsbürgerschaft, das zivile und militärische Gewaltmonopol, Einnahmen und Ausgaben einschließlich der Kreditaufnahme sowie die für die Grundrechtsverwirklichung maßgeblichen Eingriffstatbestände, vor allem bei intensiven Grundrechtseingriffen wie dem Freiheitsentzug in der Strafrechtspflege oder bei Unterbringungsmaßnahmen. Zu diesen bedeutsamen Sachbereichen gehören auch kulturelle Fragen wie die Verfügung über die Sprache, die Gestaltung der Familien- und Bildungsverhältnisse, die Ordnung der Meinungs-, Presse- und Versammlungsfreiheit oder der Umgang mit dem religiösen und weltanschaulichen Bekenntnis."[34] Im Urteil zur Griechenlandhilfe und zum Eurorettungsschirm wird verdeutlicht, dass die Entscheidung über Einnahmen und Ausgaben der öffentlichen Hand einen grundlegenden Bestandteil der demokratischen Selbstgestaltungsfähigkeit im Verfassungsstaat bildet. „Das Budgetrecht stellt insofern ein zentrales Element der demokratischen Willensbildung dar."[35] Daraus folgt das „Verbot der Entäußerung der Budgetverantwortung".[36]

---

32 *Haack* (Fn. 22), S. 410.

33 BVerfGE 123, 267 (353 f.): ausbrechender Rechtsakt; BVerfGE 126, 286 (302 ff.).

34 BVerfGE 123, 267 (358) – s. auch S. 359 ff. – Es liegt auf der Hand, dass hier nicht absolute Sperren gegen ein punktuelles, aber eben auch nur ein punktuelles Eindringen der Unionsgewalt in nationale Entscheidungsräume errichtet werden. Vergemeinschaftung ist hier nicht kategorisch ausgeschlossen, aber unter eine erhöhte Begründungslast gestellt: so *Durner* (Fn. 27), § 216 Rn. 37.

35 BVerfGE 129, 124 (LS 2a, 177 ff.).

36 Ebenda, S. 179.

IV. Schlussbemerkung

Ich komme zum Schluss. Die Gefahr, dass durch spektakuläre Schritte zu „einer immer engeren Union der Völker Europas" (Präambel EUV) Deutschland in naher Zukunft seine souveräne Staatlichkeit einbüßt, ist derzeit gering. Der Aktivierung des pouvoir constituant wird es so bald nicht bedürfen. Sehr real ist jedoch, wie (aus anderen Gründen nicht ganz unproblematische) Wortmeldungen aus den Reihen des Zweiten Senats[37] zeigen, die Gefahr, dass durch die unvermindert fortschreitende, dem Subsidiaritätsprinzip (Art. 5 Abs. 3 EUV) keine Beachtung schenkende[38] – und auch sonst die Rechtsgrundlagen der Union mit erstaunlicher Unbekümmertheit handhabende – Überwucherung der nationalen Rechtsordnungen durch das Unionsrecht eine schleichende Verlagerung des politischen Primärraums auf die EU stattfindet.[39] Die Kompetenzverteilung zwischen der EU und ihren Mitgliedstaaten bedarf deshalb dringend einer der Föderalismusreform I vergleichbaren Revision,[40] wobei der Schärfung der zuständigkeitsbegründenden Normen besonderes Augenmerk gelten muss.

---

37 Nachweise bei *Nettesheim* (Fn. 18), S. 313 Fn. 1.

38 Vielleicht darf man ja die Entschließung des Europäischen Parlaments v. 13.9.2012 zum Thema „Bessere Rechtsetzung" – Anwendung der Grundsätze der Subsidiarität und Verhältnismäßigkeit" (EuGRZ 2012, S. 668) als ein ermutigendes Zeichen dafür ansehen, dass Gesetzgebungs- und Rechtsprechungsorgane der EU den genannten Grundsätzen in Zukunft mehr Beachtung schenken wollen.

39 Dazu etwa *P. Kirchhof* (Fn. 20), § 214 Rn. 57 ff. „Die Union", schreibt der Autor, „zerstört so die Maßstäbe europäischen Zusammenhalts: staatliche Autonomie, Verantwortlichkeit für eigenes Handeln, demokratisch-parlamentarische Entscheidungsgewalt, die Kultur des Maßes für Staatseingriffe und den Generationenvertrag."

40 Immerhin enthält Art. 13 EUV, der die Aufgaben der Organe der EU in Umrissen beschreibt, entgegen der früheren Fassung (Art. C Abs. 1 des Vertrages von Maastricht) nicht mehr den ausdrücklichen Auftrag zur „Wahrung und Weiterentwicklung des gemeinschaftlichen Besitzstands". Die Verdienste von Kommission und Europäischem Parlament sollten an dessen Rückbau gemessen werden.

Soziale Rechte in Stufen: Überwindung einer alten Debatte?

Von *Karl-Peter Sommermann*

Im wissenschaftlichen Werk von *Detlef Merten* bildet auch das Sozialrecht einen Schwerpunkt. In besonderer Weise hat er dabei den Dialog mit der Praxis befördert. Namentlich die Speyerer Sozialrechtsgespräche, die er seit Anfang der 90er Jahre zusammen mit der Landesversicherungsanstalt Rheinland-Pfalz jährlich zu aktuellen Fragen des Sozialrechts durchgeführt hat, boten einen ausgezeichneten Rahmen für einen produktiven Austausch zwischen Wissenschaft und Praxis. Früh hat Detlef Merten mit Blick auf die Europäische Gemeinschaft die Aufmerksamkeit darauf gelenkt, dass „[d]ie sozialen Grundrechte in den Mitgliedstaaten … rechtspolitisch für Anstöße und Impulse zur Schaffung eines einheitlichen Sozialraums bedeutsam" und „auch rechtsdogmatisch für das Gemeinschaftsrecht von Interesse" seien[1]. Der nachfolgende Beitrag befasst sich mit der aktuellen Diskussion über die sozialen Grundrechte, die in Deutschland durch eine Leitentscheidung des Bundesverfassungsgerichts belebt wurde, und stellt diese in einen vergleichenden Kontext.

I. Die Wiederbelebung der Debatte über soziale Grundrechte

Das Thema der sozialen Rechte ist fast so alt wie die konstitutionelle Bewegung. In der französischen Revolution war es

---

1 *D. Merten*, Soziale Grundrechte in Europa – Bilanz und Perspektive, in: ders. (Hrsg.), Speyerer Sozialrechtsgespräche der Landesversicherungsanstalt Rheinland-Pfalz mit der Deutschen Hochschule für Verwaltungswissenschaften Speyer 1991–2000, 2002, S. 30.

Gegenstand der zweiten verfassunggebenden Versammlung und fand mit einem an die *citoyens malheureux* gerichteten Hilfeversprechen Eingang in die Verfassung von 1793[2]. Aber erst im 20. Jahrhundert avancierte es zu einem nahezu allgegenwärtigen Thema des Verfassungsdiskurses, der in bestimmten Ländern unter einseitiger Betonung der Gemeinschaftsbindung des Individuums bis hin zur „Sozialisierung" der Freiheitsrechte führte und damit diese ihrer Abwehrfunktion beraubte. Wenngleich diese Erfahrung viele Verfassungsrechtler in der Überzeugung bestärkte, dass Freiheitsrechte jedenfalls auf Verfassungsebene nicht mit sozialen Rechten verbunden werden könnten[3], gewann in der zweiten Hälfte des 20. Jahrhunderts doch das Konzept der „Einheit der Menschenrechte"[4], der „Unteilbarkeit und Interdependenz" der Freiheitsrechte und der sozialen Rechte[5] an Boden, das auch der Allgemeinen Erklärung der Menschenrechte von 1948[6] zugrunde lag.

Heute wird längst kein unauflöslicher Konflikt mehr zwischen Freiheitsrechten und sozialen Rechten gesehen[7], wenn-

---

2 Vgl. dazu *K.-P. Sommermann,* Zweihundert Jahre französische Verfassung von 1793: Die Verfassungstradition des Jahres I, in: Der Staat Bd. 32 (1993), S. 611 (627 f.).

3 Vgl. *E. Forsthoff,* Begriff und Wesen des sozialen Rechtsstaats, in: VVDStRL Bd. 12 (1954), S. 8 (10 ff.); *T. Tomandl,* Der Einbau sozialer Grundrechte in das positive Recht, 1967, S. 25 ff.

4 Dazu *U. Fastenrath,* Einheit der Menschenrechte: Universalität und Unteilbarkeit, Festschr. f. Christian Tomuschat, 2006, S. 153–179.

5 Vgl. z.B. die Resolution 32/130 der Generalversammlung der Vereinten Nationen, Yearbook of the United Nations Bd. 31 (1977), S. 734.

6 Yearbook of the United Nations 1948–49, S. 535.

7 Im Gegenteil werden die sozialen Rechte teilweise als für die Grundrechtsbetätigung notwendige Ausprägungen der Freiheitsrechte konzeptualisiert, vgl. *R. García Macho,* Los derechos fundamentales sociales y el derecho a una vivienda como derechos fundamentales de libertad, in: Revista catalana de dret públic 2009, Nr. 38, S. 67–92. Auch kann die Rücknahme von gesetzlich verbürgten Leistungen, die die Grundrechte dem Verfassungsauftrag gemäß schützen oder fördern, als Eingriff in die betreffenden Rechte gedeutet werden, siehe dazu *G. Lübbe-Wolff,* Die Grundrechte als Eingriffsabwehrrechte: Struktur und Reichweite der Eingriffsdogmatik im Bereich staatlicher Leistungen, 1988, S. 136 ff., und

gleich die Zuordnung und der Ausgleich immer wieder neu zu treffen sind. Lässt man die Verfassungsgebung seit den siebziger Jahren Revue passieren, so scheint mittlerweile kein Land mehr darauf verzichten zu wollen, in der Verfassung soziale Rechte zu verankern[8]. Das Bonner Grundgesetz stellt mit seiner Zurückhaltung eher die Ausnahme dar[9]; doch hier hat die Verfassungsrechtsprechung Wege gefunden, den Freiheitsrechten sozialrechtliche Gehalte zu entnehmen[10]. Und von Anfang an haben die meisten Landesverfassungen sich dem Thema der sozialen Rechte angenommen[11]. Dass der Umfang der sozialen Verbürgungen in einer Verfassung nicht notwendig mit dem tatsächlichen Niveau sozialer Sicherung in einem Gemeinwesen korreliert, bedarf keiner Hervorhebung. Vielmehr scheinen Verfassungsgeber besonders dann geneigt, soziale Sicherheit und Wohlstand als Zielprojektion zum Gegenstand des Verfassungs-

---

dies., Justiziabilität sozialer Grundrechte und Verfassungsaufträge, in: JöR N.F. Bd. 53 (2005), S. 22 ff. (mit einer Analyse der Rechtsprechung des Bundesverfassungsgerichts).

8 Zur Verankerung sozialer Rechte in anderen europäischen Verfassungen ein Überblick bei *Merten* (Fn. 1), S. 34 f., und *K.-P. Sommermann*, Staatsziele und Staatszielbestimmungen, 1997, S. 223 ff.; ausführliche Länderberichte und eine eingehende rechtsvergleichende Analyse in dem unten (bei Fn. 13) erwähnten, von *Julia Iliopoulos-Strangas* herausgegebenen Werk.

9 Zu den Hintergründen näher *U. Becker*, Das Recht auf Gesundheitsleistungen, Festschr. f. Udo Steiner, 2009, S. 50 (57 ff.). Zu der ursprünglichen Zurückhaltung in Deutschland und in der Schweiz und der allmählichen Änderung der Perspektive erhellend auch *C. Fercot*, La justiciabilité des droits sociaux en Allemagne et en Suisse: des reticences progressivement surmontées, in: Revue internationale de droit comparé Bd. 61 (2009), S. 225 (230 ff.).

10 Überblick z.B. bei *W. Rüfner*, Leistungsrechte, in: D. Merten/H.-J. Papier (Hrsg.), Handbuch der Grundrechte in Deutschland und Europa, Bd. 2, 2006, § 40, S. 679, 693 ff. (Rdnr. 42 ff.); vgl. auch *K. Stern*, Das Staatsrecht der Bundesrepublik Deutschland, Bd. III/2, 1994, § 93 VI 5 (S. 1483 ff.).

11 Vgl. *Merten* (Fn. 1), S. 32 f.; *K.-P. Sommermann*, Staatszielbestimmungen zur Förderung von Arbeitnehmerinteressen, in: K. Grupp/ S. Weth (Hrsg.), Arbeitnehmerinteressen und Verfassung, 1998, S. 95 (98 ff.).

rechts zu erheben, wenn in einer Gesellschaft Not herrscht. Gegenüber dem Bestreben, Wünsche und Hoffnungen einer Gesellschaft in der Verfassung einzufangen und dadurch politisch integrierend zu wirken, stehen Bedenken hinsichtlich der Leistungsgrenzen der Verfassung leicht zurück[12].

Noch vor wenigen Jahren schienen alle wesentlichen Argumente zum Thema „Soziale Grundrechte“ ausgetauscht. Doch mittlerweile ist wieder Bewegung in die Debatte gekommen. Vor allem aus der Rechtsvergleichung versucht man neue rechtsdogmatische Ansätze zu gewinnen. Dies gilt sowohl für das handbuchartige, von *Julia Iliopoulos Strangas* herausgegebene Werk „Soziale Grundrechte in Europa nach Lissabon“, das im Jahr 2010 erschien[13], als auch für die 2011 bzw. 2012 veröffentlichten Dissertationen „Justiziabilität wirtschaftlicher, sozialer und kultureller Rechte im innerstaatlichen Recht“ von *Mirja A. Trilsch*[14] und „Judging Social Rights“ von *Jeff King*[15]. Hierzu passt, dass die Revue Internationale de Droit Comparé ihr Heft 2 des Jahrgangs 2011[16] einer Bilanz und Perspektiven der sozialen Rechte in Europa gewidmet hat. Für Oktober 2013 ist das Erscheinen der Habilitationsschrift von *Thilo Marauhn* zum Thema „Rekonstruktion sozialer Grundrechte als Normkategorie – zugleich eine Kritik der konventionellen Gegenüberstellung von Grundrechten und Staatszielbestimmungen“ angekündigt[17].

---

12 Vor „Verfassungsenttäuschungen“ als Folge von „Verfassungsschwärmerei“ warnend: *D. Merten,* Verfassungspatriotismus und Verfassungsschwärmerei. Betrachtungen eines Politischen, in: VerwArch Bd. 83 (1992), S. 283 (290).

13 *J. Iliopoulos-Strangas* (Hrsg.), Soziale Grundrechte in Europa und nach Lissabon. Eine rechtsvergleichende Untersuchung der nationalen Rechtsordnungen und des europäischen Rechts, 2010.

14 *M. A. Trilsch,* Die Justiziabilität wirtschaftlicher, sozialer und kultureller Rechte im innerstaatlichen Recht, 2012.

15 *J. King,* Judging Social Rights, 2012.

16 Siehe dort S. 199 ff.

17 Siehe http://www.mohr.de/index.php?id=175&tx_commerce_pi1%5BshowUid%5D=2673, zuletzt aufgerufen am 14.4.2013.

Obwohl man vermuten könnte, dass die Beschäftigung mit den sozialen Rechten mit der 2008 einsetzenden Wirtschafts- und Finanzkrise zu tun hat, war der Entstehungsgrund der genannten Werke bereits früher gelegt. Gewiss hat die Europäische Grundrechtecharta[18], die in ihrem mit „Solidarität" überschriebenen Titel eine Reihe sozialer Rechte verankert[19], zu einer Neubelebung der Diskussion beigetragen, nicht zuletzt in denjenigen EU-Mitgliedstaaten, deren Verfassungen soziale Rechte eher aussparen. Doch es gibt auch einen weiterreichenden internationalen Kontext. In den USA machte *Cass R. Sunstein* den lange Zeit vergessenen[20], im Januar 1944 von *Franklin Delano Roosevelt* unterbreiteten Entwurf einer soziale Verbürgungen proklamierenden „Second Bill of Rights" zum Gegenstand einer vielbeachteten Monographie[21], in Lateinamerika nimmt sich die Rechtswissenschaft unter dem Eindruck drückender sozialer Probleme des Themas an und versucht im Interesse einer Effektuierung der sozialen Grundrechte verstärkt diesen ein tragfähiges grundrechtsdogmatisches Fundament zu geben[22].

---

18 Zunächst als gemeinsame Erklärung des Europäischen Parlaments, des Rates und der Kommission am 7.12.2000 verabschiedet (ABl. Nr. C 364 v. 18.12.2000); durch Vertrag von Lissabon v. 13.12.2007 (ABl. Nr. C 83/13 v. 30.3.2010; BGBl. 2008 II, 1038; Ber. 2010 II, S. 151), der am 1.12.2009 in Kraft trat, in den Rang von Primärrecht erhoben (Art. 6 Abs. 1 EUV).

19 Art. 27–38 der Grundrechte-Charta (Titel IV).

20 Vgl. aber *E. Eichenhofer,* Recht der sozialen Sicherheit in den USA, 1990, S. 75.

21 *C. R. Sunstein,* The Second Bill of Rights, 2004. Aus der jüngeren Debatte über soziale Rechte vgl. etwa *W. E. Forbath,* Social and Economic Rights in the American Grain, in: Jack M. Balkin/Reva B. Siegel (Hrsg.), The Constitution in 2020, 2009, S. 55 ff.; *M. Tushnet,* Reflections on Judicial Enforcement of Social and Economic Rights, in: NUJS Law Review 4 (2011), S. 177 ff.; *L. Minkler* (Hrsg.), The State of Economic and Social Rights. A Global Overview, 2013.

22 Einflussreich war die in Deutschland erarbeitete Dissertation von *R. Arango,* Der Begriff der sozialen Rechte, 2001, in spanischer Sprache unter dem Titel „El concepto de derechos sociales fundamentales", 2005, veröffentlicht. Die sozialen Rechte sind auch Gegenstand einer speziellen, 2010 erschienenen Nummer der Cuadernos Electrónicos de Derech-

In Deutschland hat die am 9. Februar 2010 ergangene sogenannte Hartz IV-Entscheidung des Bundesverfassungsgerichts[23] die grundrechtsdogmatische Debatte befeuert. Mit der Anerkennung eines „Grundrechts auf Gewährleistung eines menschenwürdigen Existenzminimums“ hat es eine neue grundrechtsdogmatische Debatte eröffnet, deren Fernwirkungen noch nicht abzuschätzen sind. Bevor jedoch der dogmatische Ansatz der Entscheidung näher betrachtet (III.) und die Konsequenzen für den Rechtsschutz (IV.) sowie für die weitere grundrechtsdogmatische Diskussion (V.) erörtert werden, sollen zur besseren Einordnung zunächst die verschiedenen Ansätze zu einer Subjektivierung der sozialen Grundrechte in Deutschland und anderen europäischen Staaten betrachtet werden (II.).

II. Die subjektivrechtliche Dimension der sozialen Rechte

Das Bestreben, sozialen Grundrechten eine subjektivrechtliche Seite zu verleihen, ist zum einen mit dem Wunsch zu erklären, die sozialen Verbürgungen für den Einzelnen zu effektuieren, auch wenn dadurch die Grenze der wirtschaftlichen Leistungsfähigkeit des Gemeinwesens nicht überwunden werden kann. Zum anderen geht es darum, die durch die sozialen Grundrechte Begünstigten aus der Position von Empfängern zu befreien, die lediglich reflexhaft von objektiven, verfassungsrechtlich angeordneten Handlungsverpflichtungen des Staates begünstigt werden. Nicht nur im Hinblick auf das Konzept der „Einheit der Menschenrechte“[24], sondern auch vor dem Hintergrund des herrschenden, auf den Einzelnen als verfassungsrecht-

---

os Humanos y Democracia (Cuaderno Electrónico N 5 – 2009), darunter auch ein Beitrag von Rodolfo Arango. Aus einer Zusammenarbeit des Heidelberger Max-Planck-Instituts mit lateinamerikanischen Juristen ist hervorgegangen: *A. von Bogdandy/H. Fix-Fierro/M. Morales Antoniazzi/E. Ferrer Mac-Gregor* (Coord.), Construcción y papel de los derechos sociales fundamentales, 2011.

23 BVerfGE 125, 175 ff.

24 Vgl. oben bei Fn. 4.

liches Subjekt abhebenden, bürgerzentrierten Grundrechtsverständnisses scheint ein Konzept kaum vermittelbar, nach dem die Verfassung in gleichsam paternalistischer Manier abstrakt Leistungen für bestimmte Lebenssituationen vorsieht, ohne dass sie zugleich dem Einzelnen entsprechende Ansprüche verleiht[25].

Es nimmt daher nicht Wunder, dass immer wieder Anläufe unternommen wurden, eine Subjektivierung der sozialen Rechte zu erreichen. Im Wesentlichen lassen sich drei Ansätze unterscheiden.

1. Soziale Grundrechte als subjektive Rechte?

Angesichts der Tatsache, dass soziale Leistungsrechte wie das Recht auf Arbeit oder das Recht auf soziale Sicherheit einer die Handlungs- oder Leistungsvoraussetzungen sowie gegebenenfalls Organisation und Verfahren bestimmenden gesetzlichen Konkretisierung bedürfen, um für eine Behörde oder ein Gericht handhabbar zu sein[26], gleicht die Herstellung einer unmittelbaren Einklagbarkeit sozialer Verfassungsverbürgungen

---

25 Zur unter diesem Gesichtspunkt notwendigen Subjektivierung von einfachgesetzlich vorgesehenen „Fürsorgeleistungen" vgl. bereits BVerwG, Urt. v. 24.6.1954, Az. V C 78.54; BVerwGE 1, 159 (161 f.): „Mit dem Gedanken des demokratischen Staates (Art. 20) wäre es unvereinbar, daß zahlreiche Bürger, die als Wähler die Staatsgewalt mitgestalten, ihr gleichzeitig hinsichtlich ihrer Existenz ohne eigenes Recht gegenüberständen. Auch der Gemeinschaftsgedanke, der in den Grundsätzen des sozialen Rechtsstaats (Art. 20 und 28) und der Sozialgebundenheit des Eigentums (Art. 14 Abs. 2) Ausdruck gefunden hat, erschöpft sich nicht in der Gewährung von materiellen Leistungen, sondern verlangt, daß die Teilnehmer der Gemeinschaft als Träger eigener Rechte anerkannt werden, die grundsätzlich einander mit gleichen Rechten gegenüberstehen (vgl. auch Art. 3), und daß nicht ein wesentlicher Teil des Volkes in dieser Gemeinschaft hinsichtlich seiner Existenz ohne Rechte dasteht." Bestätigung eines verfassungsrechtlichen Anspruchs auf Existenzminimum in BVerwGE 5, 27 (31); 52, 339 (346).

26 Vgl. zu diesem Merkmal sozialer Rechte bereits *E.-W. Böckenförde*, Die sozialen Grundrechte im Verfassungsgefüge, in: ders./J. Jekewitz/Th. Ramm (Hrsg.), Soziale Grundrechte, 1981, S. 7 (10); *J. Isensee*, Verfassung ohne soziale Grundrechte, in: Der Staat Bd. 19 (1980), S. 367 (373); *Lübbe-Wolff* (Fn. 7), S. 6 f.; *C. Tomuschat*, Recht auf Arbeit –

der Quadratur des Kreises, jedenfalls solange man die Einklagbarkeit einer konkreten Leistung im Blick hat. Auch aus Gründen der Gewaltenteilung gibt es Grenzen richterlicher Regelbildung[27]. Aus dieser Einsicht werden soziale Verfassungsverbürgungen in der Regel, selbst wenn sie als „Recht auf …“ formuliert sind, als rein objektiv-rechtlich wirkende Gesetzgebungsaufträge oder Staatszielbestimmungen interpretiert[28]. Eine Reihe jüngerer Verfassungen verdeutlicht die kategoriale Unterscheidung von klassischen subjektiven Rechten einerseits und rein objektiv-rechtlich wirkenden sozialen Rechten andererseits nicht nur durch die Systematik des Grundrechtsteils, sondern auch durch explizite Bestimmungen zum unterschiedlichen normativen Gehalt der verschiedenen Rechte bzw. Prinzipien[29]. Dabei hat eine nicht immer konsistente Kategorienbildung dazu geführt, dass sich einzelne soziale Rechte in den als subjektive Rechte kategorisierten Grundrechtsgruppen wiederfanden. In Spanien war dies beispielsweise hinsichtlich des Rechts auf

Rechtsvergleichende Aspekte, in: J. Pietzcker/H. Fenn/C. Tomuschat/B. Baron v. Maydell, Recht auf Arbeit, 1984, S. 45, 52 ff.

27 Dazu rechtsvergleichend *C. Marzo,* La protection des droits sociaux dans les pays européens, in: Revue internationale de droit comparé Bd. 61 (2009), S. 203 (221 ff.).

28 Vgl. *D. Merten,* Begriff und Abgrenzung der Grundrechte, in: D. Merten/H.-J. Papier (Hrsg.), Handbuch der Grundrechte in Deutschland und Europa, Bd. 2, 2006, § 35, S. 475 (565): „Da ‚soziale Grundrechte‘ keinen eigenständigen Verfassungsnorm-Typus darstellen, müssen sie einer der anerkannten Kategorien (Einrichtungsgarantien, Staatszielbestimmungen, Gesetzgebungsaufträge u. a.) zugeordnet werden, Ungeachtet der subjektiv-rechtlichen Sprachfassung … wird insbesondere die teleologische Auslegung in der Regel ergeben, dass es sich nur um ein scheinbares subjektives Recht handelt …“. Vgl. auch *J. Lücke,* Soziale Grundrechte als Staatszielbestimmungen und Gesetzgebungsaufträge, in: AöR Bd. 107 (1982), S. 15 (17 ff.); *R. Gröschner* in: H. Dreier (Hrsg.), Grundgesetz. Kommentar, Bd. 2, 2. Aufl. 2006, Art. 20 (Sozialstaat) Rdnr. 58.

29 Vgl. insbesondere Art. 18 der portugiesischen Verfassung und Art. 53 der spanischen Verfassung sowie aus dem deutschen Verfassungsrecht Art. 3 der sachsen-anhaltinischen Verfassung. Näher zur Entwicklung expliziter Normativitätsdistinktionen im ausländischen und deutschen Verfassungsrecht *Sommermann* (Fn. 8), S. 336–355.

Arbeit der Fall[30]. Das spanische Verfassungsgericht reduzierte die subjektiv-rechtlichen Dimension letztlich auf ein Recht auf Stabilität in der Beschäftigung[31], womit eine Drittwirkung des Rechts, aber zugleich eine Begrenzung auf Personen, die bereits über einen Arbeitsplatz verfügen, erreicht wurde.

Am ehesten lässt sich eine Subjektivierung verfassungsrechtlich verbürgter Leistungsrechte begründen, wenn es um die Teilhabe an Leistungen geht, die im Rahmen vorhandener staatlicher Institutionen bereitgestellt werden. In diesem Sinne lässt sich das Recht auf Bildung effektiv als subjektives Recht ausgestalten[32], ebenso beispielsweise – freilich außerhalb des Bereichs der sozialen Rechte – das Recht auf effektiven Rechtsschutz[33].

Einen rechtsdogmatischen Ansatz, der auf eine unmittelbare Einklagbarkeit jedenfalls eines Kerns von Leistungen abzielt, stellt die sog. „Extremfallmethode“ dar[34]. In Fällen dringender

---

30 Vgl. Art. 35 der spanischen Verfassung.

31 Tribunal Constitucional, Urt. 22/1981 v. 2.7.1981, Boletín de Jurisprudencia Constitucional Nr. 4, S. 243 (251 (II 8)).

32 Vgl. z.B. Art. 27 der spanischen Verfassung von 1978, der ein (auch vor dem Verfassungsgericht im Wege der Verfassungsbeschwerde) einklagbares Grundrecht auf Bildung enthält, § 13 der finnischen Verfassung (i.d.F. von 1999) und aus dem deutschen Verfassungsrecht etwa Art. 8 der nordrhein-westfälischen Verfassung. Zum Recht auf Bildung als Teilhaberecht näher *J. P. Müller,* Soziale Grundrechte in der Verfassung?, in: Zeitschrift für Schweizerisches Recht N.F. Bd. 92 (1973), S. 782 (864 ff.).

33 Vgl. *P. M. Huber,* in: v. Mangoldt/Klein/Starck, Kommentar zum Grundgesetz, Bd. 1, 6. Aufl., 2010, Art. 19 Abs. 4, Rdnr. 370 f. („Teilhaberecht“); *E. Schmidt-Aßmann,* in: Maunz/Dürig, Grundgesetz. Kommentar, Art. 19 Abs. 4 (2003), Rdnr. 7 f. („Grundrecht des status positivus“). Für die Schweiz vgl. *J. P. Müller,* Elemente einer schweizerischen Grundrechtstheorie, Bern 1982, S. 62 („prozessuale Garantien mit Leistungscharakter“). Vgl. auch die Einordnung des Art. 24 Abs. 1 der spanischen Verfassung durch das spanische Verfassungsgericht im Urt. 99/1985 v. 30.9.1985, Boletín de Jurisprudencia Constitucional Nr. 54–55, S. 1141 (1146 (II 4)): „... siendo el derecho a la tutela judicial efectiva no un derecho de libertad, ejercitable sin más y directamente a partir de la Constitución, sino un derecho de prestación, sólo puede ejercerse por los cauces que el legislador establece o, dicho de otro modo, es un derecho de configuración legal.“

34 Vgl. *R. Arango* (Fn. 22), S. 17, 25 ff.

Bedürftigkeit soll die Behörde, gegebenenfalls aufgrund richterlicher Anordnung eine geeignete Maßnahme zur Abwendung der akuten Notlage ergreifen können. Dieser insbesondere in der lateinamerikanischen Lehre vertretene Ansatz[35] weist eine Verwandtschaft mit der in den 50er Jahren des 20. Jahrhunderts von den deutschen Verwaltungsgerichten entwickelten Rechtsprechung auf, nach der die Operabilität verfassungsrechtlich radizierter sozialer Fürsorgeansprüche mit Hilfe der polizeilichen Generalklausel hergestellt wurde[36]. Einzelne Verfassungen sehen ein verfassungsunmittelbares subjektives Leistungsrecht jedenfalls für Notlagen vor[37].

Insgesamt lässt sich feststellen, dass die unmittelbare Herleitung konkreter Leistungsansprüche aus sozialen Grundrechten noch die Ausnahme darstellt, jedoch eine Tendenz zur Subjektivierung jedenfalls für einen Kernbereich festzustellen ist[38].

---

35 Vgl. aber auch *King* (Fn. 15), S. 102 f.

36 In der unmittelbaren Nachkriegszeit spielte insbesondere die ordnungsrechtliche Zwangseinweisung von Flüchtlingen oder anderen Personen in die Wohnung Privater zur Verhinderung von Obdachlosigkeit eine Rolle, vgl. aus der Rechtsprechung nur die Urteile des OVG Münster v. 18.3.1953, OVGE 7, 105, und v. 18.9.1953. OVGE 8, 26.

37 Vgl. etwa Art. 12 der Schweizerischen Bundesverfassung von 1999. Zur Handhabbarkeit der sozialen Grundrechte als subjektive Rechte, sofern es sich um „Minimalrechte" („‚kleine' Sozialansprüche") handelt, vgl. *Müller* (Fn. 32), S. 842 f.

38 Zu Ansätzen einer verfassungsgerichtlichen Anerkennung der Einklagbarkeit sozialer Grundrechte namentlich in osteuropäischen Ländern *D. Roman,* Les droits sociaux, entre „injusticiabilité" et „conditionalité: éléments pour une comparaison, in: Revue internationale de droit comparé Bd. 61 (2009), S. 285 (301 ff.). Wegen eines rechtsvergleichenden Überblicks über den gerichtlichen Schutz der sozialen Grundrechte in 15 europäischen Staaten (ohne Osteuropa) vgl. *Iliopoulos-Strangas* (Fn. 13), S. 986–1050 (mit Auswertung der im selben Werk vereinigten Länderberichte).

2. *Subjektivierung durch Verknüpfung mit Freiheits- und Gleichheitsrechten*

Der zweite Subjektivierungsansatz besteht in der Verknüpfung sozialer Verbürgungen mit zweifelsfrei subjektive Rechte vermittelnden Grundrechtsbestimmungen. So können etwa aus Freiheits- und Gleichheitsrechten in Verbindung mit einer Staatszielbestimmung wie dem Sozialstaatsprinzip[39] oder aus der Verbindung des Rechts auf Leben und körperliche Unversehrtheit und dem leistungsrechtlich angelegten Recht auf Gesundheit zusätzliche subjektivrechtliche Rechtspositionen erwachsen[40]. Allerdings ist auch hier die Operabilität ohne konkretisierende Regelungen begrenzt.

Eine größere subjektivrechtliche Reichweite kann aus der Verbindung sozialer Verbürgungen mit dem Recht auf Gleichbehandlung hervorgehen, wenn für eine bestimmte Personengruppe bereits konkretisierende Leistungsregelungen bestehen und eine andere Gruppe ohne rechtfertigenden Differenzierungsgrund von der Leistung ausgeschlossen bleibt. In der Rechtsprechung des Bundesverfassungsgerichts hat die Feststellung eines gleichheitswidrigen Begünstigungsausschlusses mehrfach zur Erstreckung eines bestehenden Leistungsregimes auf weitere Personengruppen geführt[41]. Obwohl es dabei häufig um die Konkretisierung eines sozialen Verfassungsauftrags geht, bleibt primärer Anknüpfungspunkt freilich eine bestehende einfachgesetzliche Regelung.

---

[39] Vgl. BVerfGE 33, 303 (331) (numerus clausus).

[40] Vgl. *Arango*, Justiciabilidad de los derechos sociales fundamentales in Colombia (Fn. 34), S. 26 f.; *Becker* (Fn. 9), S. 61 ff.; *Trilsch* (Fn. 14), S. 218 ff.

[41] Vgl. BVerfGE 18, 257 (258) (Tenor), (268 ff.); 67, 186 (195 ff.), 67, 348 (349) (Tenor), (365 ff.); 73, 40 (41 f.) (Tenor), (100 ff.); 79, 87 (88) (Tenor), (104 f.); 106, 166 (175 ff.); 130, 240 (252 ff.).

3. Soziale Grundrechte als Staatszielbestimmungen mit Subjektivierungsauftrag

Fasst man die Dimension der Subjektivierung weiter, so sind auch den sozialen Grundrechten zu entnehmende Subjektivierungsaufträge an den Gesetzgeber in die Betrachtung einzubeziehen. Soziale Verfassungsverbürgungen sind teilweise als bloße Bewirkungs- und Förderverpflichtungen *(promotional obligations)* des Staates[42], teilweise als Grundrechte formuliert[43]. Scheidet im letzteren Fall eine Subjektivierung der Grundrechtsnorm selbst aus, z.B. auch deshalb, weil die Verfassung in einer Normativitätsbestimmung eine rein objektiv-rechtliche Wirkung anordnet[44], ist eine Auslegung der Verfassungsnorm als Subjektivierungsauftrag zu erwägen. Wenn etwa ein „Recht auf soziale Sicherheit“ verankert ist, und nicht nur eine Verpflichtung des Staates, für soziale Sicherheit zu sorgen, kann diese Formulierung dadurch normativ effektuiert werden, dass man eine verfassungsrechtliche Verpflichtung des Gesetzgebers anerkennt, die bereitzustellenden sozialen Leistungen mit entsprechenden subjektivrechtlichen Positionen der potentiellen Leistungsempfänger zu verbinden[45]. Gemäß dem Grundsatz verfassungskonformer Interpretation wären die einfachgesetzlichen Vorschriften im Zweifel entsprechend auszulegen.

---

42 So beispielsweise Art. 40, 44, 46, 48 u.a. der spanischen Verfassung von 1978 und die überwiegende Zahl der „Staatsziele“ in der sachsen-anhaltinischen Verfassung von 1992 (Art. 34–40).

43 So z.B. Art. 58, 60, 63, 73 u.a. der portugiesischen Verfassung von 1976 (i.d.F. v. 2005), Art. 43, 45 u. 47 der spanischen Verfassung von 1978.

44 Vgl. beispielsweise Art. 18 Abs. 1 der portugiesischen Verfassung von 1976 (i.d.F. v. 2005), der nur die Grundrechte des Titels II (Art. 24–57) für unmittelbar anwendbar erklärt, und Art. 53 Abs. 3 der spanischen Verfassung, der den im 3. Kapitel (Art. 39–52) niedergelegten Leitprinzipien (als auch den in der vorigen Anmerkung genannten, als „Recht auf …“ formulierten Bestimmungen) lediglich orientierende Bindungswirkung gegenüber den drei Staatsgewalten zuschreibt und für die Geltendmachung von Leistungsbegehren auf die einfachen Gesetze und die einfachen Gerichte verweist.

45 Näher dazu *Sommermann* (Fn. 8), S. 418 f., 448.

III. Der neue Ansatz des Bundesverfassungsgerichts in seiner Hartz IV-Entscheidung: gestufte Subjektivierung

Das Bundesverfassungsgericht fügt den dargestellten Ansätzen ein spezifisches Konzept gestufter Subjektivierung hinzu, das materielle mit prozeduralen Elementen verbindet.

1. Anerkennung eines „Grundrechts auf Gewährleistung eines menschenwürdigen Existenzminimums“

Zunächst ist zu fragen, ob die im Hartz IV-Urteil ausgesprochene Anerkennung eines „Grundrechts auf Gewährleistung eines menschenwürdigen Existenzminimums“ in der Rechtsprechung des Bundesverfassungsgerichts überhaupt neu ist, da man bei mehreren Autoren bereits früher lesen konnte, das Bundesverfassungsgericht habe aus Art. 1 Abs. 1 GG in Verbindung mit dem Sozialstaatsprinzip des Art. 20 Abs. 1 GG ein Recht auf Existenzminimum abgeleitet[46].

In der dazu zitierten Rechtsprechung ist zwar von der Verpflichtung des Staates die Rede, das Existenzminimum zu gewähren, d.h. die Mindestvoraussetzungen für ein menschenwürdiges Dasein zu sichern[47]; an keiner Stelle wird indes ein entsprechendes subjektives Recht oder gar „Grundrecht auf Gewährleistung eines menschenwürdigen Existenzminimums“ angesprochen[48]. Eine mögliche erste Vermutung, dass die Entscheidung von 2010, einem verbreiteten internationalen Sprach-

---

46 Vgl. etwa *Däubler* (Fn. 13), S. 111 (127 f.); *L. Michael/M. Morlok*, Grundrechte, 2. Aufl. 2010, S. 260 (Rdnr. 526); *H. Wilms*, Staatsrecht I. Staatsorganisationsrecht unter Berücksichtigung der Föderalismusreform, 2007, S. 111 (Rdnr. 325); *ders.*, Staatsrecht II. Grundrechte, 2010, S. 102 (Rdnr. 319).

47 BVerfGE 40, 121 (133); 45, 187 (228); 82, 60 (85); 113, 88 (108 f.).

48 Zutreffend *C. Seiler*, Das Grundrecht auf ein menschenwürdiges Existenzminimum, in: JZ 2010, S. 500 (503); *T. Kingreen*, Schätzungen „ins Blaue hinein“: Zu den Auswirkungen des Hartz IV-Urteils des Bundesverfassungsgerichts auf das Asylbewerberleistungsgesetz, in: NVwZ 2010, S. 558; *T. Mayen*, Das Grundrecht auf Gewährleistung eines men-

gebrauch folgend, den Begriff „Grundrecht" oder „Menschenrecht" als normativitätsneutrale Bezeichnung auch für soziale Verbürgungen verwendet, ist rasch widerlegt. Der subjektivrechtliche Gehalt des neuen Grundrechts wird bestätigt, wenn es heißt, der objektiven Schutzverpflichtung aus Art. 1 Abs. 1 GG korrespondiere „ein Leistungsanspruch des Grundrechtsträgers, da das Grundrecht die Würde jedes individuellen Menschen schützt"[49]. Und weiter ist von einem „unmittelbar verfassungsrechtliche[n] Leistungsanspruch" die Rede[50].

2. *Konturen des neuen Grundrechts*

Ganz so unmittelbar, wie man zunächst annehmen mag, ist der Leistungsanspruch dann doch nicht. Er manifestiert sich in erster Linie als „Anspruch auf normative Leistung"[51]. Denn: „Die Gewährleistung eines menschenwürdigen Existenzminimums muss durch einen gesetzlichen Anspruch gesichert sein."[52] Hier wird die zweite, die einfachgesetzliche Subjektivierungsstufe des Rechts auf Existenzminimum angesprochen.

Einer näheren Erörterung bedarf allerdings der Satz: „Die verfassungsrechtliche Gewährleistung eines menschenwürdigen Existenzminimums muss durch ein Parlamentsgesetz erfolgen, das einen konkreten Leistungsanspruch des Bürgers gegenüber dem zuständigen Leistungsträger enthält"[53]. Ist damit gemeint,

---

schenwürdigen Existenzminimums, Festschr. f. Klaus Stern, 2012, S. 1451 (1453 ff.).

49 BVerfGE 125, 175 (222 f.). Wenn in der Entscheidung des BVerfG v. 18.7.2012 – 1 BvL 10/10 – davon die Rede ist, das Grundrecht auf Gewährleistung eines menschenwürdigen Existenzminimums werde durch Art. 1 GG als „Menschenrecht" begründet (Rdnr. 88), so wird dadurch lediglich klargestellt, dass der Anspruch nicht nur Deutschen, sondern jedem Menschen zustehe.

50 BVerfGE 125, 175 (223).

51 *Mayen* (Fn. 48), S. 1460.

52 BVerfGE 125, 175 (223); ebenso BVerfG, Urt. v. 18.7.2012 (Fn. 49), Rdnr. 91.

53 BVerfGE 125, 175 (223).

dass der Gesetzgeber den Umfang der *verfassungsrechtlichen* Gewährleistung bestimmt? Stimmt das Grundrecht auf Gewährleistung eines menschenwürdigen Existenzminimums insoweit strukturell mit dem Recht auf Eigentum überein, dessen Inhalt und Schranken durch die Gesetze bestimmt werden? Würde dies bedeuten, dass das konkretisierende Gesetz nicht an dem neuen Grundrecht zu messen wäre, was den späteren Ausführungen zur Justitiabilität widerspräche?

Die weiteren Ausführungen ergeben ein differenzierteres Bild. „Der Leistungsanspruch aus Art. 1 Abs. 1 GG“, so das Gericht, sei „dem Grunde nach von der Verfassung vorgegeben“; in Abhängigkeit von den „gesellschaftlichen Anschauungen über das für ein menschenwürdiges Dasein Erforderliche“, sei er „vom Gesetzgeber konkret zu bestimmen“[54]. Komme der Gesetzgeber dieser Pflicht nicht hinreichend nach, sei das einfache Recht „im Umfang seiner defizitären Gestaltung verfassungswidrig“[55].

Die Feststellung, dass es eine nicht hinreichende Bestimmung des Existenzminimums geben kann, die zur Verfassungswidrigkeit der gesetzlichen Regelung führt, zeigt bereits, dass entgegen der apodiktischen Eingangsformulierung dem Verfassungsrecht letztlich doch bestimmte materielle Maßstäbe entnommen werden. Dazu gehören auch die vom Gericht benannten, die Gewährleistungsreichweite des Grundrechts konturierenden Elemente, die „sowohl die physische Existenz des Menschen, also Nahrung, Kleidung, Hausrat, Unterkunft, Heizung, Hygiene und Gesundheit ..., als auch die Sicherung der Möglichkeit zur Pflege zwischenmenschlicher Beziehungen und zu einem Mindestmaß an Teilhabe am gesellschaftlichen, kulturellen und politischen Leben“ umfassen[56]. In seinem Urteil zum Asylbewerberleistungsgesetz vom 18. Juli 2012 hat der Erste Senat des Bundesverfassungsgerichts zudem festgestellt, dass der deutsche Gesetzgeber „das in Deutschland zu einem menschenwürdigen

---

54 BVerfGE 125, 175 (224).

55 BVerfGE 125, 175 (224).

56 BVerfGE 125, 175 (223); BVerfG, Urt. v. 18.7.2012 (Fn. 49), Rdnr. 90.

Leben Notwendige" bei Ausländern nicht „unter Hinweis auf das Existenzniveau des Herkunftslandes von Hilfsbedürftigen oder auf das Existenzniveau in anderen Ländern niedriger als nach den hiesigen Lebensverhältnissen geboten" festlegen dürfe[57].

3. *Qualifizierung als Rahmengrundrecht*

Nimmt man die in Anlehnung an frühere Judikate aufrechterhaltene materielle Evidenzkontrolle hinzu, so ergibt sich das Bild eines Rahmenrechts. Die Ausfüllung des in seinen Eckpunkten vom Bundesverfassungsgericht zu kontrollierenden Rahmens hat durch konkretisierende einfachgesetzlich bestimmte Leistungsrechte zu erfolgen. In diesem Sinne kann man von einer zweistufigen Subjektivierung oder – in Anlehnung an eine Formulierung *Hannah Arendts*[58] – von einem „Recht auf Rechte" sprechen[59].

IV. Konsequenzen für den Rechtsschutz

Die dargelegte zweistufige Konstruktion hat erhebliche Auswirkungen auf den Rechtsschutz. Das Bundesverfassungsgericht stellt zudem neue Prüfkriterien für die konkretisierenden Leistungsgesetze auf.

---

57 BVerfG, Urt. v. 18.7.2012 (Fn. 49), Rdnr. 93; zu möglichen Differenzierungen im Hinblick auf die Aufenthaltsdauer Rdnr. 99 ff.

58 Vgl. *H. Arendt,* Elemente und Ursprünge totaler Herrschaft, 1955, Neuausgabe 1986, S. 614; Hannah Arendt versteht das „Recht, Rechte zu haben" freilich als vorstaatliches Recht, dazu näher *S. Gosepath,* Hannah Arendts Kritik der Menschenrechte und ihr „Recht, Rechte zu haben", in: Deutsche Zeitschrift für Philosophie, Sonderband 16: Hannah Arendt: Verborgene Tradition – unzeitgemäße Aktualität?, 2007, S. 279 (283); *C. Enders,* Die Menschenwürde als Recht auf Rechte – die missverstandene Botschaft des Bonner Grundgesetzes, in: K. Seelmann (Hrsg.), Menschenwürde als Rechtsbegriff, 2004 (= ARSP Beiheft Nr. 101), S. 49 ff.; vgl. bereits *ders.,* Die Menschenwürde in der Verfassungsordnung, 1997, S. 501 ff.

59 So *Mayen* (Fn. 48), S. 1460; vgl. auch *M. E. Blas López,* Les droits sociaux en Espagne, in: Revue internationale de droit comparé Bd. 61 (2009), S. 275 (281) („droit aux droits sociaux").

1. Einklagbarkeit des Grundrechts auf Existenzminimum

Eine weitreichende Konsequenz der Anerkennung des neuen Grundrechts ist, dass der Einzelne, wenn er die Leistungsgesetze zur Gewährleistung des Existenzminimums für unzureichend hält, für eine verfassungsgerichtliche Kontrolle nicht mehr von einem entsprechenden Vorlagebeschluss des mit seinem Fall befassten einfachen Gerichts abhängig ist, sondern – jedenfalls nach Erschöpfung des Rechtswegs, gegebenenfalls auch unmittelbar – Verfassungsbeschwerde erheben kann. Damit besitzt der Einzelne im Bereich des Rahmengrundrechts zugleich ein Schutzinstrument gegen legislative Verfassungswidrigkeit durch Unterlassen. Diese Lösung geht hinsichtlich der Erreichbarkeit verfassungsgerichtlicher Kontrolle über diejenigen Systeme hinaus, die ein spezielles Verfahren zur Feststellung einer Verfassungswidrigkeit durch Unterlassen vorsehen, die Antragsbefugnis bislang aber auf bestimmte Staatsorgane, z.B. einen Ombudsman, beschränken[60]. Einer höheren Arbeitslast, die mit der Erleichterung des Zugangs zur verfassungsgerichtlichen Kontrolle verbunden sein könnte, will das Bundesverfassungsgericht offenbar durch Betonung der Beschränkung auf eine Evidenzkontrolle[61] vorbeugen. Bei näherer Betrachtung entsteht indes ein durchaus komplexes Bild der Verfassungskontrolle.

2. Justitiabilität des Verfahrens einfachgesetzlicher Konkretisierung

Das Bundesverfassungsgericht gibt in seiner Entscheidung vom 9. Februar 2010 zu erkennen, dass es sich bei der Überprüfung der Leistungsgesetze nicht auf eine materielle Evidenzkon-

---

60 Vgl. insbesondere Art. 283 der portugiesischen Verfassung; dazu *J. Miranda,* L'inconstitutionnalité par omission dans le droit portugais, in: Revue Européenne de droit public Bd. 4 (1992), S. 39–59. Vgl. etwa auch Art. 103 § 2 der brasilianischen Verfassung.

61 BVerfGE 125, 175 (225 f.); BVerfG, Urt. v. 18.7.2012 (Fn. 49), Rdnr. 103 ff.

trolle des Ergebnisses beschränken, sondern eine effektive verfahrensbezogene Kontrolle hinsichtlich der Bewertungsgrundlagen des Gesetzgebers ausüben will. Vor allem hat es sich Raum für eine Überprüfung der Leistungsmaßstäbe verschafft. Die vom Gericht formulierte allgemeine Anforderung lautet: „Zur Konkretisierung des Anspruchs hat der Gesetzgeber alle existenznotwendigen Aufwendungen folgerichtig in einem transparenten und sachgerechten Verfahren nach dem tatsächlichen Bedarf, also realitätsgerecht, zu bemessen …“[62]. Zudem muss der Gesetzgeber das gefundene Ergebnis immer wieder neu überprüfen und gegebenenfalls notwendige Anpassungen vornehmen.

Als schärfstes Schwert hat das Bundesverfassungsgericht die Regel entwickelt, dass dann, wenn der Gesetzgeber die nach Ansicht des Gerichts bestehende „Obliegenheit, die zur Bestimmung des Existenzminimums im Gesetzgebungsverfahren eingesetzten Methoden und Berechnungsschritte nachvollziehbar offenzulegen“[63], nicht hinreichend nachkommt, die „Ermittlung des Existenzminimums bereits wegen dieser Mängel nicht mehr mit Art. 1 Abs. 1 GG in Verbindung mit Art. 20 Abs. 1 GG in Einklang“ stehe. Daraus ist trotz der Begrenzung der Pflicht des Gesetzgebers auf eine „Obliegenheit“[64] zu folgern, dass eine nicht hinreichend nachvollziehbare Offenlegung zur Verfassungswidrigkeit des Gesetzes führt. Hier liegt vielleicht der kritischste Punkt in der Neubestimmung des Verhältnisses zwischen Bundesverfassungsgericht und Gesetzgeber.

---

62 BVerfGE 125, 175 (225); ebenso BVerfG, Urt. v. 18.7.2012 (Fn. 49), Rdnr. 95.

63 BVerfGE 125, 175 (226).

64 Zu dem im Zivilrecht, insbesondere im Versicherungsvertragsrecht entwickelten Konzept der „Obliegenheit“ und den unterschiedlichen Begriffsverwendungen eingehend *S. Hähnchen,* Obliegenheiten und Nebenpflichten, 2010 (zusammenfassend S. 312: „Viele als ‚Obliegenheiten‘ bezeichnete Tatbestände sind ‚normale‘ Nebenpflichten.“ Auf diese seien demgemäß die allgemeinen Vorschriften des Schuldrechts anwendbar.).

3. Was bleibt von der Beschränkung auf eine „Evidenzkontrolle"?

Vergleicht man die zum Grundrecht auf Gewährleistung eines menschenwürdigen Existenzminimums entwickelten Prüfmaßstäbe mit der früheren Evidenzkontrolle von Gesetzen am Maßstab der Verpflichtung des Staates zur Gewährleistung des Existenzminimums, so sieht man deutliche Abweichungen. Durch die gesteigerten Verfahrens- und Transparenzpflichten des Gesetzgebers verringert das Bundesverfassungsgericht zwar seinen eigenen Prüfungsaufwand, erweitert aber zugleich sein Prüfprogramm. Einerseits liegt die Argumentationslast für rationale, plausible Leistungsbemessung nun ganz beim Gesetzgeber, andererseits wird die materielle Evidenzkontrolle durch eine Verfahrens-, Methoden- und Transparenzkontrolle ergänzt. Darüber, ob man das neue Gesamtprüfprogramm noch als „Evidenzkontrolle" bezeichnen kann, darf man füglich streiten. Wenn man dies isoliert für die materielle Ergebniskontrolle noch bejahen mag, kann andererseits nicht bestritten werden, dass in jedem Falle eine stärkere Einengung des Gesetzgebers eingetreten ist.

V. Das grundrechtsdogmatische Potential der Hartz IV-Entscheidung

Mit seiner auf einer zweistufigen Subjektivierung beruhenden Konzeption eines sozialen Leistungsrechts besitzt die Entscheidung des Bundesverfassungsgerichts das Potential, auch in anderen Bereichen die Grundrechtsdogmatik zu verändern. Insbesondere könnte sie eine Neuinterpretation der grundrechtlichen Schutzpflichten zur Folge haben. Die bislang durch die Rechtsprechung noch nicht eindeutig beantwortete Frage, ob und in welchem Umfang den Schutzpflichten auch entsprechende subjektive Leistungsrechte gegenüberstehen[65], könnte nun einer

---

[65] Vgl. aber (einen Schutzanspruch bejahend) BVerfGE 77, 170 (214); 79, 174 (201 f.), und jüngst den Kammerbeschluss 2 BvR 1676/10 v. 23.1.2013, Rdnr. 4. Im Schrifttum wird seit längerem überwiegend vertreten, dass den Schutzpflichten entsprechende subjektive Rechte gegenüber

Klärung zugeführt werden[66]. Das Stufenverhältnis zwischen grundrechtlicher Gewährleistung und einfachgesetzlicher Konkretisierung lässt sich übertragen und selbst das Prüfkriterium des Untermaßverbots[67] lässt sich analog zu den allgemeinen Verfahrenskriterien bei der Bemessung des Existenzminimums prozeduralisieren. Im Übrigen könnten die vom Gericht aufgestellten Kriterien der Folgerichtigkeit und Transparenz immer dann besondere Bedeutung gewinnen, wenn die Überprüfung des materiellen Ergebnisses nur eingeschränkt möglich ist[68]. Hierdurch würde die bestehende Rechtsprechungslinie gestärkt, nach der „prozeduraler Grundrechtsschutz vor allem dort ge-

---

stehen, vgl. *E. Klein*, Grundrechtliche Schutzpflicht des Staates, in: NJW 1989, S. 1633 (1638 f.); *H. H. Klein*, Die grundrechtliche Schutzpflicht, DVBl. 1994, S. 489 (493); *P. Unruh*, Zur Dogmatik der grundrechtlichen Schutzpflichten, 1996; *C. Calliess*, Schutzpflichten, in: D. Merten/H.-J. Papier, Handbuch der Grundrechte in Deutschland und Europa, Bd. 2, 2006, § 44, S. 963 (984 f. Rdnr. 24).

66 Zur Herleitung eines grundrechtlichen Leistungsanspruchs auf Gesundheitsschutz vgl. etwa *Becker* (Fn. 9), S. 61 ff. (unter Auswertung der Rechtsprechung des Bundesverfassungsgerichts).

67 Vgl. dazu *D. Merten*, Grundrechtliche Schutzpflichten und Untermaßverbot, Gedächtnisschr. f. Joachim Burmeister, 2005, S. 227–244; *ders.*, Verhältnismäßigkeitsgrundsatz, in: D. Merten/H.-J. Papier, Handbuch der Grundrechte in Deutschland und Europa, Bd. 3, 2009, § 68, S. 517 (562 ff. Rdnr. 81 ff.); *C. Calliess*, Rechtsstaat und Umweltstaat, 2001, S. 460 f., 566 ff., 574 ff.; *ders.*, Gewährleistung von Freiheit und Sicherheit im Lichte unterschiedlicher Staats- und Verfassungsverständnisse, in: DVBl. 2003, S. 1096 (1102 f.); *G. Hermes*, Das Grundrecht auf Schutz von Leben und Gesundheit – Schutzpflicht und Schutzanspruch aus Art. 2 Abs. 2 Satz 1 GG, 1987, S. 253 ff.

68 Vgl. *S. Egedy*, The Fundamental Right to the Guarantee of a Subsistence Minimum in the Hartz IV Decision of the German Federal Constitutional Court, in: German Law Journal Bd. 12 (2011), S. 1961 (1981), die „a subjective right to sufficient transparency in all areas relevant to fundamental rights rooted in the principle of human dignity and the principle of the social welfare state, especially so when the legislature has wide latitude in giving effect to the fundamental right in question“ diskutiert. *Mayen* (Fn. 48), S. 1467 ff., fragt weitergehend nach einem „Grundrecht auf gute Gesetzgebung“; vgl. auch *W. Spellbrink*, Zur Bedeutung der Menschenwürde für das Recht der Sozialleistungen, in: DVBl. 2011, S. 661 (664).

boten [ist], wo die Grundrechte ihre materielle Schutzfunktion nicht hinlänglich erfüllen können"[69].

Das Bundesverfassungsgericht hat mit seiner Lösung einer gestuften Subjektivierung einen Weg gewiesen, wie die sozialen Grundrechte – bei allen Einschränkungen – als subjektive Rechte erfahrbar und in ihrer Konkretisierung Rationalitätskriterien unterworfen werden können. Damit hat es im internationalen Kontext zugleich die Diskussionsgrundlage für andere Länder erweitert. Die Spannung zwischen der Erwartung des Einzelnen, dass die Berufung auf ein soziales Grundrecht stets seiner aktuellen persönlichen Bedürftigkeit Rechnung trägt, und der Realität des gewaltenteilig arbeitenden demokratischen Staates, in dem Leistungen zunächst einer gesetzlichen Regelung bedürfen, vermag sie freilich ebenso wenig aufzuheben wie den Vorbehalt des Möglichen[70] und die Anforderungen einer nachhaltigen Haushaltspolitik[71].

---

[69] BVerfGE 90, 60 (96).

[70] Dieser gibt dem Gesetzgeber zugleich Spielräume, vgl. hierzu *R. Gaier*, Der Vorbehalt des Möglichen als Gebot richterlicher Selbstbeschränkung, Festschr. f. Brun-Otto Bryde, 2013, S. 367 ff.

[71] Vgl. dazu *A. Glaser:* Nachhaltige Entwicklung und Demokratie, 2006, S. 241 ff.; *ders.*, Nachhaltigkeit und Sozialstaat, in: W. Kahl (Hrsg.), Nachhaltigkeit als Verbundbegriff, 2008, S. 620 (630 ff.); *M. Kotzur*, Der nachhaltige Sozialstaat, in: BayVbl. 2007, S. 257 (259 ff.); *W. Kahl*, Staatsziel Nachhaltigkeit und Generationengerechtigkeit, in: DÖV 2009, S. 2 (3 f.). Vgl. auch die beiden Beiträge zum Thema „Leistungsgrenzen und Finanzierung des Sozialstaats" von *H.-J. Papier* und *F. Kirchhof*, in: S. Magiera/K.-P. Sommermann (Hrsg.), Freiheit, Rechtsstaat und Sozialstaat in Europa (Beiträge zum Forschungssymposium anlässlich der Emeritierung von Detlef Merten), 2007, S. 94 ff. bzw. 101 ff.

Die Berufs- und Eigentumsfreiheit in der Bedrängnis des Finanzmarktes

Von *Paul Kirchhof*

I. Der rechtliche Rahmen der Freiheit

Das Rechtskonzept von Staat und Europäischer Union baut auf Freiheit. Die Grundrechte gewährleisten dem Bürger Selbstbestimmung, das Recht, sein Leben in Distanz zum Staat, abgeschirmt gegen staatliche Interventionen zu gestalten. Diese Freiheit wird als Freiheitsrecht gewährleistet, also als eine definierte, begrenzte Freiheit, die auf gleichrangige Rechte anderer und der Gemeinschaft abgestimmt ist.[1] Die Selbstbestimmung des Einzelnen wirkt über die Eigensphäre des Grundrechtsträgers hinaus. Das Handeln oder Unterlassen des Grundrechtsträgers betrifft Gesellschaft und Staat. Wer sich gut oder schlecht ausbildet, schafft die Voraussetzungen für seine berufliche Leistung gegenüber anderen. Wer in der Arbeitswelt oder den Medien respektvoll oder hämisch über einen Dritten spricht, zeichnet ein Bild, das die Hörer sich von diesem Menschen machen. Wer sein Eigentum pflegt und nutzt, mehrt das volkswirtschaftliche Gesamtvermögen, wer es vernachlässigt, mindert den Bestand an eigentumsfähigen Gütern.

Freiheit ist ein Angebot, das der Berechtigte annehmen oder ausschlagen kann. Wenn die Verfassung Berufsfreiheit und Eigentümerfreiheit anbietet, erwarten wir, dass jedermann sich am Erwerbsleben beteiligt, Eigentum erwirbt und pflegt. Doch wer als Diogenes leben will, macht von seiner negativen Freiheit Ge-

---

1 Vgl. für die wirtschaftserheblichen Freiheiten: BVerfGE 30, 292 (326 ff.) – Mineralölbevorratung; BVerfGE 85, 238 (244 f.) – Taxen, Mietwagen; BVerfGE 87, 363 (387 f.) – Nachtbackverbot; BVerfGE 99, 367 (351 f.) – Mannesmann.

brauch, handelt rechtmäßig. Würde aber die Mehrzahl der Freiheitsberechtigten sich für das Modell Diogenes entscheiden, ginge der freiheitliche Staat, seine soziale Marktwirtschaft, seine Finanz- und Steuerverfasstheit an der Freiheit zugrunde.

Freiheit heißt, sich unterscheiden zu dürfen. Der eine arbeitet Tag und Nacht und wird reich an Geld. Der andere philosophiert Tag und Nacht und wird reich an Gedanken. Wenn diese beiden Grundrechtsträger ihre Entwicklung folgerichtig fortsetzen, wird der Unterschied immer größer. Diese Verschiedenheit ist in einem freiheitlichen Rechtsstaat erwünscht, wird vom Staat nicht als Umverteilungsagentur für Freiheit infrage gestellt, wohl aber in ihren Voraussetzungen – Bildung, Gesundheit, Arbeitsplatz, Starthilfen – verallgemeinert. Ein maßvoller Teil des wirtschaftlichen Freiheitserfolges wird durch die Steuer an die Allgemeinheit weitergegeben.

Freiheitsrechte handeln von der Begegnung der Menschen miteinander. Recht braucht ein Gegenüber. Dabei kann die freiheitliche Selbstbestimmung nicht garantieren, wohl aber erwarten, dass die Freiheit klug bedacht, in „Bürgerverantwortung",[2] gemeinwohlbezogen wahrgenommen wird. Die Freiheit des Berufs steht noch nicht für das gute Werk, die Freiheit des Eigentümers trotz der Sozialbindung des Art. 14 Abs. 2 GG noch nicht für gemeinschaftsverträgliche Eigentumsnutzung. Freiheit baut auf einer Kultur gegenseitiger Achtung,[3] setzt freiheitsgerechte Lebensbedingungen persönlicher Privatheit, wirtschaftlicher Arbeitsteilung, einer Friedlichkeit für Existenz und Eigentum, einer freiheitsverbürgenden Offenheit der Begegnung, des Dialogs, der öffentlichen Debatte voraus.

Das Recht hat deshalb Rahmenbedingungen der Berufs- und Eigentümerfreiheit zu schaffen, die eine Annahme des Freiheitsangebots nahelegen und die Menschen durch Erziehung und

---

2 *D. Merten,* Bürgerverantwortung im demokratischen Verfassungsstaat, in: VVDStRL 55 (1995), S. 7 (66 f.).

3 *P. Kirchhof,* Der demokratische Rechtsstaat – die Staatsform der Zugehörigen, HStR IX, 1. Aufl. 1997, § 221 Rn. 9 f.; *H. Kube,* Persönlichkeitsrecht, HStR VII, 3. Aufl. 2009, § 148 Rn. 160 f.

Ausbildung zur Erwerbs- und Eigentümerfreiheit befähigen, die unterschiedliche Wirtschafts- und Wettbewerbskraft in einer Rahmenordnung – insbesondere des Kartell-, Verbraucherschutz- und Umweltrechts – binden, den Staat und damit die Allgemeinheit steuerlich am Erfolg privaten Wirtschaftens teilhaben lassen. Die Wirtschaftsfreiheiten setzen auf eine Gerechtigkeit des Tausches, rechtfertigen den Erwerb durch die Befriedigung des Bedarfs eines anderen, erwarten von der individuellen Erwerbsanstrengung auch eine allgemeine Prosperität. Beruf und Eigentum sind auf freiheitsermöglichende und freiheitsermutigende Gesetze angewiesen.

II. Rechtliche Bedrängnisse für Beruf und Eigentum

1. Freiheit und Regulierung

Art. 12 und Art. 14 GG sowie Art. 15 und Art. 17 der Europäischen Grundrechtecharta garantieren die Freiheit des Berufs und des Eigentümers. Der AEUV regelt mit der Garantie der Grundfreiheiten und des Diskriminierungsverbotes eher die Freiheit und Gleichheit grenzüberschreitenden Wirtschaftens.[4] Stets sind diese Wirtschaftsfreiheiten auf Begegnung angelegt. Der Beruf braucht einen Nachfrager, das Eigentum öffnet sich dem Besucher, dem Kunden, den Nutzungspartner, dem Erwerber. Das Recht der Wirtschaft kennt von Anfang an[5] eine staatsintervenierende Steuerung. Auch Zeiten eines sozial definierten Marktliberalismus brauchen ein Wirtschaftsverwaltungsrecht, das die Regel der Freiheit und die Ausnahme der Staatsintervention auch einmal in ihr Gegenteil verkehren darf.[6] Insbesondere

---

4 *Th. Kingreen*, in: Calliess/Ruffert, EUV. AEUV, Kommentar, 4. Aufl. 2011, Art. 34–36 AEUV Rn. 1 f.; *A. Epiney*, a. a. O., Art. 18 AEUV Rn. 1.

5 *L. von Stein*, Die Verwaltungslehre, 8 Teile, 1865–1868, 2. Aufl., 7. Teil, 3. Hauptgebiet, S. 15.

6 *R. Schmidt*, Staatliche Verantwortung für die Wirtschaft, HStR IV, 3. Aufl. 2006, § 92 Rn. 27 f.; *E. Schmidt-Aßmann*, Verfassungsprinzipien für den europäischen Verwaltungsverbund, in: Hoffmann/Riem/Schmidt-Aßmann/Voßkuhle, Grundlagen des Verwaltungsrechts, Bd. I, 2006, § 5

eine zwischen Markt und Dirigismus schwankende staatliche Regulierung,[7] die Subventionen,[8] die Lenkungsteuern,[9] die sozialen Sicherungssysteme,[10] das Umweltrecht,[11] die europäischen Marktordnungen, vor allem für die Landwirtschaft, marktordnende Verteilungsverfahren wie Ausschreibungs- und Versteigerungsverfahren erfüllen den Auftrag zur rechtlichen Ordnung des Marktes, sind aber vielfach auch Einlasstore für Marktbevorzugungen, Branchenbegünstigung und Privilegien. Die Allgemeinheit des Gesetzes, Bedingung der Gleichheit vor dem Gesetz und letztlich der Allgemeinverbindlichkeit des Rechts,[12] droht verloren zu gehen.

2. *Übermaß und Widersprüche im Recht*

Die Überfülle von Recht bedrängt die Berufs- und Eigentümerfreiheit oft in einer Weise, die freies Denken und Handeln kaum noch zulässt. Wenn die Europäische Union dem weit mehr als hunderttausend Seiten umfassenden Rechtsbestand täglich rund acht Verordnungen oder Richtlinien hinzufügt,[13] der Rat dabei in einem sog. A-Punkte-Verfahren ohne Aussprache in einer Stunde mehr Verordnungen und Richtlinien beschließt,[14] als die Stunde Minuten hat, so drückt eine Normenflut den Adressaten nieder. Der Gesetzgeber weiß nicht, was er tut; der Gesetzesadressat nicht, was er tun soll. Das Parlament

---

Rn. 91 f.; *M. Stolleis,* Entwicklungsstufen der Verwaltungsrechtswissenschaft, a.a.O., § 2 Rn. 76 ff.

7 *M. Schmidt-Preuß,* Energieversorgung, HStR IV, 3. Aufl. 2006, § 93 Rn. 40 f.

8 Dazu *J. A. Kämmerer,* Subventionen, HStR V, 3. Aufl. 2007, § 124 Rn. 40 f., 48 f.

9 *P. Kirchhof,* Die Steuern, HStR V, 3. Aufl. 2007, § 118 Rn. 166 f.

10 *P. Axer,* Gesundheitswesen, HStR IV, 3. Aufl. 2006, § 95; *W. Rüfner,* a.a.O., Daseinsvorsorge und soziale Sicherheit, § 96.

11 *M. Kloepfer,* Umweltrecht, 1989; *ders.,* Umweltschutz als Verfassungsrecht, DVBl. 1966, S. 73 f.

12 *G. Kirchhof,* Die Allgemeinheit des Gesetzes, 2009, S. 174 f.

13 *Kirchhof* (Fn. 12), S. 39 f. m. N.

14 *Kirchhof* (Fn. 12), S. 435 f.

kann das Staatsvolk nicht im Wissen, dann wohl auch nicht im Willen vertreten. Rechtssicherheit und Planbarkeit des Rechts gehen verloren.

In Sonderfällen begegnet der Unternehmer und Marktteilhaber einem Richtlinienrecht, das Ungleichheiten schafft, die weder der Richtliniengeber noch der vollziehende nationale Gesetzgeber gewollt haben. Die Rechtsprechung beantwortet den rechtswidrig verweigerten unmittelbaren Vollzug einer noch nicht umgesetzten Richtlinie mit der These, der betroffene Bürger dürfe aus der Richtlinie schon vor der Umsetzung begünstigende subjektive Rechtspositionen ableiten, die Richtlinie entfalte aber zu seinem Nachteil keine unmittelbaren Wirkungen.[15] So trägt die rechtsprechende Gewalt eine strukturelle Ungleichheit in die Rechtsordnung, die im Steuerrecht, im Vergaberecht, im Umweltrecht zerstörende Wirkungen entfalten kann.

Das Europarecht betont mit Nachruck die kompetenzbegrenzende Funktion der Grundrechte.[16] Der Grundrechtekatalog der Grundrechte-Charta dürfe die Befugnisse des EUGH und der nationalen Gerichte nicht ausdehnen. Grundrechte beschränken staatliche Macht, begründen und erweitern sie nicht. Dennoch deutet sich gegenwärtig eine Rechtsprechung an, die aus den machtbegrenzenden Grundrechten machtbegründende

---

15 EuGHE 1990, I-825, Rs. 9/70 – Grad/Finanzamt Traunstein (Vorläuferurteil zur Handlungsform der Entscheidung); EuGHE 1982, 88, Rs. 8/81 – Becker/Finanzamt Münster-Innenstadt; EuGHE 1990, I-495, Rs. C-J022/88 – Busseni; EuGHE 1996, I-723, Rs. C-J015/84 – Marschall I; EuGHE 1989, I-4135, Rs. C-J01/89 – Marleasing; EuGHE 1987, 3969, Rs. C-008/86 – Kolpinghuis Nijmwegen; EuGHE 2005, I-03565, Rs. C-J38/02 – Berlusconi; *R. Streinz,* Europarecht, 9. Aufl. 2012, Rn. 231 f., 486 f.; *M. Ruffert,* in: Calliess/Ruffert, EUV/AEUV, Kommentar, 4. Aufl. 2011, Art. 288 AEUV Rn. 47 f.; vgl. auch BVerfGE 75, 223 (235 f.) – Umsatzsteuerlicher Kleinunternehmer, Kloppenburg.

16 Art. 51 GrCh, Protokoll Nr. 30 über die Anwendung der Charta der Grundrechte der Europäischen Union auf Polen und das Vereinigte Königreich v. 17.12.2007 (ABl. C 306, S. 156 f.); dazu *Gärditz,* Grundrechte im Rahmen der Kompetenzordnung, HStR IX, 3. Aufl. 2011, § 189 Rn. 53 m. Fn. 211; EuGHE 2005, I-6006, Rs. C-147/03 – Kommission/Österreich, Rn. 41 ff.

Grundrechte entwickelt.[17] Schließlich stünde uns eine elementare Umwälzung bevor, wenn der EUGH die Rechtsprechung des Europäischen Gerichtshofs für Menschenrechte übernähme, sie dann mit dem Anspruch auf Anwendungsvorrang auch gegen die Mitgliedstaaten durchsetzte.[18]

Doch Beruf und Eigentum brauchen angesichts der in einem Staatenverbund angelegten demokratischen Legitimationsschwäche klare, überzeugende Verhaltensregeln, die durch das Parlament und damit das demokratische Staatsvolk gerechtfertigt sind und die in ihrer gegenwärtigen Geltung und ihrer zukünftigen Entwicklung immer wieder parlamentarisch debattiert und erneuert werden.[19]

III. Die begrenzte Zugänglichkeit des Finanzmarktes für Recht

1. Wachsendes Kapital und weichende Arbeit

Die Entfaltungsbedingungen für Berufs- und Eigentümerfreiheit haben sich grundlegend verändert, seitdem der Finanzmarkt und damit die Macht des Geldes das Wirtschaftsleben dominiert. Der Markt wird gegenwärtig von den Finanziers bestimmt. Wenn die Güter immer mehr von Computern und Robotern produziert werden, spricht das Recht den Gewinn aus dieser maschinellen Produktion den Kapitalgebern zu. Die Ertragsquelle der Arbeitskraft wird verdrängt. Die Anlagemöglichkeiten am Kapitalmarkt verändern sich so, dass das Finanzierungskapital wachsende Renditen erwarten darf, der Realzins

17 EuGHE 2000, I-106, Rs. C-285/98 – Kreil, Rn. 31; EuGHE 2005, I-6006, Rs. C-147/03 – Kommission/Österreich, Rn. 41 ff.

18 EGMR, in: NJW 2004, S. 2647; BVerfGE 97, 125 – Caroline von Monaco I; BVerfGE 101, 361 – Caroline von Monaco II; EGMR, in: NJW 2004, S. 3397; BVerfGE 111, 307 – Görgülü; *P. M. Huber,* Das Verhältnis des Europäischen Gerichtshofs zu den nationalen Gerichten, HGR Bd. VI/II, 2009, § 172 Rn. 92 f.

19 BVerfGE 89, 155 (186 f.) – Maastricht; BVerfGE 123, 267 (268 f.) – Lissabon.

für das Sparkapital aber unter die Inflationsrate sinkt, Spareigentum also derzeit als Ertragsquelle ausfällt.

Diese Störung des gesamtwirtschaftlichen Gleichgewichts wird durch die Statistik von Bruttoinlandsprodukt und Wachstum kaum erfasst, weil diese abstrakten Zahlengrößen volkswirtschaftliche Gesamtrechnungen vorlegen, nicht individuelle Betroffenheiten erfassen. Zudem kann die Zahl die freiheitserheblichen Wirkungen von Beruf und Eigentum kaum ausdrücken. Zahlen über Einkommen besagen nicht, ob dieser Erwerb auf Tag- und Nachtarbeit oder einem Zufallsgewinn an der Börse beruht, ob er durch Befriedigung eines Bedarfs gerechtfertigt oder durch einen technischen Staubsauger für Gewinne am Finanzmarkt umgeleitet worden ist, ob er Überfluss mehrt oder Existenzen sichert. Zahlen über Konsum berichten nicht, ob er die Grundernährung gewährleistet, der Bildung der Kinder dient, Literatur oder Schund erwirbt. Die Bedingungen der Berufs- und Eigentümerfreiheit lassen sich nicht zählen. Wenn sodann die gesamtwirtschaftlichen Daten auch noch Prognosen für die nächsten Jahre wagen, so nähert sich die Rationalität der Zahl dem Orakel. Wer sich hier alltäglich durch die Zahl täuschen lässt, wird enttäuscht.

2. Geld und Recht

Wie sehr Beruf und Eigentum auf eine Hochkultur des Vertrauens angewiesen sind, zeigt das Geld. Wenn wir einen Schein im Wert von fünf Cent in der Tasche tragen, der – autorisiert von der EZB – einen Tauschwert von 10 Euro verheißt, so ist dieses Versprechen des Geldscheines kaum gesichert. Eine frühere Vergegenständlichung dieses Wertversprechens in Steinkeulen, Muscheln, Korallen, Silber, Gold und in Münzen war nur Konvention, bot keine realen Wirtschaftsgüter, die man essen, mit denen man sich kleiden, mit denen man Häuser bauen könnte. Heute beruht der Wert des Geldes auf einem Schein, einem Kontostand, einer selbstgefertigten Schuldverschreibung, einer Notiz in Büchern und Tabellen. Unser Vertrauen in das Geld ist kühn, fast abenteuerlich.

Geld wirkt als Passepartout für nahezu beliebiges wirtschaftliches Handeln. Geld ist geprägte Freiheit,[20] bietet aber weder durch seine Herkunft noch durch eine erkennbare Zukunft eine verlässliche Vertrauensgrundlage. Ob der Geldeigentümer seinen Zehneuroschein durch Arbeit erworben, durch Betteln empfangen oder durch Banküberfall erbeutet hat, wird in dem Schein nicht ersichtlich. Ebenso bleibt offen, ob der Eigentümer sein Geld einsetzt, um ein Glas Wein zu trinken, eine Zeitung zu erwerben oder eine Pistole zu kaufen.

Das Recht hingegen spricht den Menschen in der Rationalität des Sprachlichen an, wurzelt in der Herkunft eines Begriffes, der uns, wenn wir den Begriff Staat, Gesetz oder Recht aussprechen, in gemeinsamen Rechtsvorstellungen eint. Recht bindet sich in seinen Gestaltungswirkungen für die Zukunft, wenn es die Freiheit für morgen garantiert, die Steuerschuld des nächsten Jahres definiert, den zukünftigen Vertragsparteien oder Straftätern sagt, welche Rechtsfolge für sie gelten wird. Das Recht muss mit diesen Vorgaben von Maß und Ziel dem Geldmarkt einen verbindlichen Rahmen geben, das Geld in seiner Herkunft binden und in seiner Zukunft eingrenzen, die Macht des Geldes mäßigen.

Recht regelt klare Verhaltensvorgaben, Geld weist in die Beliebigkeit. Das Gesetz sagt dem Kraftfahrer strikt, dass er auf Straßen rechts fahren und links überholen muss, regelt für den Händler die Öffnungszeiten nach Stunden und Minuten, verbietet dem Produzenten, eine technische Anlage oder ein Arzneimittel ohne vorherige Eignungsprüfung anzubieten. Entscheidungen über Geldleistungen hingegen eröffnen so viele Kompromisse, als eine Summe in Euro teilbar ist.

---

20 Das Sprachbild, im Geld verkörpere sich „geprägte Freiheit“, verwendet das Bundesverfassungsgericht in seiner Entscheidung BVerfGE 97, 350 (371) – Euro und lehnt sich dabei an ein Wort *Fjodor Dostojewskis* aus dem Roman „Aufzeichnungen aus einem Totenhaus, 1. Teil“, übersetzt von *D. Pommerenke,* 1994, S. 25, an.

3. Verkümmern des Rechts in der Anonymität

In diesem vom Erwerbstreben getriebenen Markt verkümmert das Recht, verliert sich vielfach in der Anonymität. Bei der Anlage in einem Fonds erwartet der Anleger eine Rendite, ohne informiert zu sein, was mit dem Einsatz seines Kapitals geschieht, ob er mit seinem Geld Weizen oder Waffen produziert. Der Bankier vergibt an einen schwachen Schuldner Kredite, die er sogleich mit einem Aufschlag an eine Zweckgesellschaft veräußert, so dass sein Interesse an der Erfüllung der Kreditschuld erlischt, die Bonität des Schuldners unbedeutend wird. Schließlich vernetzen sich die Großakteure des Finanzmarktes „systemisch", beanspruchen, auch bei groben Fehlern nicht zu scheitern, deshalb Hilfe aus der Staatskasse erwarten zu dürfen. Die Grundidee der Freiheit – das Handeln auf eigene Chance und eigenes Risiko – wird zerstört. Nicht eine Ideologie, sondern eine Gewinnmaximierung ohne Verantwortung, ohne Maß gefährden Berufsfreiheit und Privateigentum.

Banken, Versicherungen, Fonds, Anleger und Spekulanten verbergen sich in der Anonymität eines „Finanzmarktes". Juristische Personen, deren Kapitalgeber in der ständig wechselnden Gruppe der Streubesitzer kaum noch erkennbar sind, verstetigen Geschäftskonzepte nach dem Prinzip von Gewinnmaximierung und Shareholder Value, verdrängen die Anliegen von Arbeitnehmern, Kunden, Umwelt, Kultur und Region, die ebenfalls auf dieses Unternehmen angewiesen sind. Diese Verfestigung bisherigen Wirtschaftsdenkens wird bei der juristischen Person nicht einmal durch einen Erbfall gelockert, bei dem der junge Erbe die Freiheitswahrnehmung mit seinen Ideen, seiner Lebenssicht und seiner Lebenserfahrung erneuert.

In diesem labilen, anonymen Marktsystem wird der Staat zum Schuldner. Die Bürger erwarten von ihrem Staat stetig höhere Leistungen, aber niedrige Steuern. Der freiheitliche Staat aber verzichtet in der Garantie der Berufs- und Eigentümerfreiheit strukturell auf Staatsdomänen und Staatsbetriebe, finanziert sich deshalb durch Teilhabe am Erfolg privaten Wirtschaftens, also durch Steuern. Der freiheitliche Staat kann dem Bürger nur das geben, was er ihm vorher steuerlich genommen hat. Dementsprechend darf der Steuerzahler – das ist die klassische Gleichheitsidee – erwarten, der Staat werde das gesamte Steueraufkommen an die Allgemeinheit des Staatsvolkes zurückgeben.[21] Doch der Staat weicht, um die überhöhten Leistungserwartungen seiner Bürger zu befriedigen, in den Staatskredit aus, gibt dem Bürger von heute mehr, als ihm gebührt, belastet aber mit den Zins- und Tilgungspflichten die nächste Generation unserer Kinder, die sich heute noch nicht dagegen wehren können, dass ihre Steuerzahlungen teilweise an den Finanzmarkt abgeführt werden müssen.

So steigen die Staatsschulden ständig, überschreiten die rechtlich gesetzten Schuldengrenzen kontinuierlich, dienen vielfach nur noch der Verlängerung der Altschulden und der Finanzierung von Zinsen. Die Bundesrepublik Deutschland hat in der Zeit von 1950–2008 1,6 Billionen Staatsschulden aufgenommen, aber 1,5 Billionen Zinsen gezahlt.[22] Das Darlehen vermittelt dem Staat kaum noch Liquidität, schwächt langfristig Finanzkraft und Finanzautonomie des Staates. Der Staat erfüllt seine Zinsverpflichtungen aus dem Darlehen, die Schulden bleiben und steigen. Die Berufs- und Eigentümerfreiheit sind in ihren als selbstverständlich gedachten Voraussetzungen bedroht. Der Kreditgeber befriedigt weniger den Investitionsbedarf der Erwerbenden und Eigentümer. Der Rechtsstaat ordnet Erwerb, Wettbewerb und Markt kaum noch nach der Idee der Freiheit, sondern im Sog von Finanzmarkt und dessen Sprecher, der Ratingagentur. Der Steuerzahler finanziert nicht seine eigenen Lebens- und Erwerbsbedingungen, sondern muss beobachten, wie ein Teil des von ihm aufgebrachten Steueraufkommens in der Anonymität des Finanzmarktes entschwindet.

---

21 Zu dem dieser Erwartung zugrundeliegenden Prinzip der Steuergleichheit BVerfGE 6, 55 (70) – Steuersplitting (bloße Zusammenrechnung der Einkommen beider Ehegatten); 8, 51 (68 f.) – Parteienfinanzierung I (1958); 55, 274 (302 f.) – Ausbildungsplatzförderungsgesetz. Vgl. auch BVerfGE 89, 155 (172) – Maastricht; 123, 267 (341, 359) – Lissabon; BVerfG, NJW 2011, S. 2946 (2949) – Euro-Rettungsschirm.

22 Institut für den öffentlichen Sektor, Runter vom Schuldenberg, 2011, S. 10.

IV. Die Verletzung der Verschuldensgrenzen als rechtlicher Auftrag

1. Missachtung des Rechts

Der verfassungsändernde Gesetzgeber in Deutschland hat 2009 aus der vorausgehenden Finanzkrise Folgerungen gezogen und Bund und Länder zu ausgeglichenen Haushalten grundsätzlich ohne Verschuldung verpflichtet.[23] Zudem fordert das Grundgesetz von den deutschen Staatsorganen mit der Autorität des deutschen Verfassungsrechts, die Rechtspflichten aus den europarechtlichen Schuldengrenzen zu erfüllen. Das Europarecht verbietet in den Art. 121–127 AEUV eine Neuverschuldung höher als drei Prozent des Bruttoinlandsprodukts, eine Gesamtverschuldung höher als 60 Prozent des Bruttoinlandsprodukts. Es garantiert die Unabhängigkeit der Europäischen Zentralbank, die vorrangig die Stabilität des Geldwertes zu sichern hat. Die Staaten müssen ihre Kredite unmittelbar am Finanzmarkt aufnehmen, um zu erfahren, dass schlechte Bonität hohe Zinsen zur Folge hat. Es gilt das Prinzip der Finanzautonomie; jeder Staat löst seine Haushaltsprobleme selbst, darf nicht auf die Hilfe anderer Staaten hoffen.

Dieses Recht wird gegenwärtig kontinuierlich missachtet. Hätten die Mitgliedstaaten des Euroverbundes die Rechtsmaßstäbe, die alle Staatsschulden begrenzen, beachtet, hätte es die Verschuldenskrise so nicht gegeben. Die Staaten wären für die Bedrängnisse des internationalen Finanzmarktes besser gerüstet.

Diese Ausgangslage drängt auf ein verlässliches Währungs- und Wirtschaftsrecht. In seiner Entscheidung über den ESM hat der EuGH[24] einen Weg gesucht, um eine Weiterentwicklung

---

23 57. Gesetz zur Änderung des Grundgesetzes v. 29.7.2009, BGBl. I, 2248. Zur Ermittlung der strukturellen Nettoneuverschuldungsgrenze in Art. 115 Abs. 2 Satz 2 GG durch das Statistische Bundesamt vgl. *H. Kube,* in: Maunz/Dürig, Grundgesetz, Kommentar, Art. 115 (Stand: Oktober 2009), Rn. 147; *G. Kirchhof,* Die Allgemeinheit des Gesetzes, 2009, S. 589; *Ch. Seiler,* JZ 2009, S. 721 f.; zur zeitlichen Anwendbarkeit vgl. Art. 143d Abs. 1 GG.

24 EuGH, Urteil vom 27.11.2012, Rs. C-370/12 – Pringle.

des Europäischen Integrationsrechts jenseits des Einstimmigkeitserfordernisses zu eröffnen, eine ausschließliche Zuständigkeit der EU-Organe zu vermeiden, das vereinfachte Vertragsänderungsverfahren nicht auszuschließen und die Vertragsmaßstäbe für die „Wirtschaftspolitik“ (Art. 120 ff. AEUV) nicht aufweichen zu müssen. Das Gericht unterscheidet zwischen währungs- und wirtschaftspolitischen Maßnahmen, ordnet den ESM in einer „finalen“ Auslegung den wirtschaftspolitischen Maßnahmen zu, weil der ESM nicht die Preisstabilität, sondern die Stabilität des Eurogebietes insgesamt gewährleisten soll. Der EuGH versteht den ESM also als Einrichtung der Mitgliedstaaten, die ihn jenseits der EU-Organisation – aber wohl in deren materieller Bindung durch die EU – errichten und betreiben dürfen.

Die Grundlinie dieser Entscheidung verfolgt folgerichtig ein verständliches Anliegen, hat aber einen beachtlichen Preis. Die Geldmengen- und Geldumlaufpolitik wird nun auf zwei Organe – eines innerhalb der EU, eines außerhalb der EU – aufgeteilt, damit die Rechtsverantwortung für das Geld- und Wirtschaftswesen vermengt, ohne dass hinreichend deutlich würde, ob die Mitgliedstaaten dabei an das materielle Unionsrecht – insbesondere die Art. 120 f. AEUV – gebunden sind. Die Bedeutung dieser Frage stellt sich insbesondere, wenn zu hoch verschuldete Mitgliedstaaten den ESM durch Eingehen weiterer Schulden stützen und finanzieren, damit gegen die Maßstäbe des AEUV handeln. Sollte der Organisationsakt, der den ESM in den Außenbereich der EU verlegt, auch die unionsvertraglichen Verschuldensgrenzen außer Wirkung setzen, stellt sich die verfassungsrechtliche Frage, ob ein so verfremdeter Vertrag noch dem entspricht, dem der deutsche Gesetzgeber durch seinen Rechtsanwendungsbefehl Wirkung in Deutschland verschafft hat.

2. *Annähernde Rückkehr zum Recht*

In der gegenwärtigen Lage auch einer vertragswidrig überhöhten Verschuldung der Bundesrepublik Deutschland stehen wir vor der Aufgabe, baldmöglichst zum Recht zurückzukehren. Dies ist allerdings nicht durch einen einmaligen Gewaltakt möglich. Wollte die Bundesrepublik ihre Gesamtverschuldung von mehr als 80 Prozent des BIP auf die rechtlich zulässige Gesamtverschuldung von 60 Prozent des BIP zurückführen, so müsste sie eine Summe zurückzahlen, die höher wäre als das jährliche Steueraufkommen. Deswegen kann die Rückkehr zum Recht nur eine entschiedene und beharrliche Annäherung an das Recht sein. Diese Rechtsfigur, die das Gute erlaubt, wenn das Bessere noch nicht möglich ist, ist dem Verfassungsrecht geläufig.[25] Die Annäherung an das Recht gestattet grundsätzlich nur vorläufige Maßnahmen, weil der Annäherungsweg zum Recht stets auf den nächsten Schritt zur Legalität angelegt ist. Der Pfad zum Recht sollte, wie es der nun bald in Kraft tretende Art. 136 Abs. 3 AEUV beabsichtigt, auch rechtlich vorgezeichnet sein. Jeder Sanierungsschritt gerät unter besonderen Rechtfertigungszwang, muss die Annäherung an die Stabilität des Rechts und damit des Geldes ersichtlich machen. Dementsprechend erlaubt Art. 136 AEUV Finanzhilfen nur, wenn dies unabdingbar ist, um die Stabilität des Euro-Währungsgebiets insgesamt zu wahren und die Gewährung der erforderlichen Finanzhilfen strengen Auflagen unterliegt.

Die Entfaltung der Berufs- und Eigentümerfreiheit braucht wieder die Stabilität des Rechts, die nicht mehr verheißt, als wirtschaftlich möglich ist, deshalb in der Verlässlichkeit des Rechts die Stabilität des Geldes garantiert.

---

25 BVerfGE 4, 294 (296) – Saarstatut; 36, 1 (18 f.) – Grundlagenvertrag; BVerfGE 77, 137 (149 f.) – Teso; vgl. auch BVerfGE 14, 1 (7) – Überleitungsvertrag; BVerfGE 15, 337 (349) – Höfeverordnung für die britische Zone (Vorrang des männlichen Geschlechts bei der gesetzlichen Erbfolge); BVerfGE 27, 253 (282) – vertraglicher Verzicht auf Entschädigungsansprüche wegen Besatzungsschäden als Bedingung, den deutschen Gesetzgeber von besatzungsrechtlichen Schranken zu befreien; BVerfGE 82, 316 (321) – Einigungsvertrag; zu der – ebenfalls diesem Gedanken dienenden – Unvereinbarkeitserklärung statt einer Nichtigerklärung durch das BVerfG vgl. BVerfGE 93, 121 (148 f.) – Vermögensteuer; BVerfGE 93, 165 (178 f.) – Erbschaftsteuer; BVerfGE 101, 158 (237 f.) – Finanzausgleich IV, Maßstäbegesetz; vgl. auch BVerfGE 54, 173 (202) – Ausbildungskapazitäten; BVerfGE 56, 54 (81 f.) – Fluglärm; BVerfGGE 85, 97 (107) – Lohnsteuerhilfevereine.

V. Praktische Schritte auf dem Sanierungspfad

1. *Haushaltsvorbehalt und Hilfe in Gegenseitigkeit*

Berufs- und Eigentümerfreiheit entfalten sich in einem klaren, stetigen Rechtsrahmen, werden diesen aber erst nach einer Zwischenphase verunsichernder Mitbetroffenheit durch die staatliche Finanznot erreichen. Der Staat sollte in der Sanierungsphase alle Staatsleistungen unter Haushaltsvorbehalt stellen, also den Menschen bewusst machen, dass er nur das leisten wird, was er nach seinem Staatshaushalt – ohne neue Schulden – finanzieren kann.

Eine Solidarität in Europa, die Frieden sichert und die Offenheit von Binnenmarkt und Erwerb fundiert, verlangt Gegenseitigkeit, setzt also voraus, dass der sanierende, aber selbst sanierungsbedürftige deutsche Staat Gegenleistungen erwarten darf, wenn er ein Unternehmen, eine Bank, einen Staat in dessen Sanierungsphase finanziell unterstützt hat. Nur diese Gegenseitigkeit überzeugt Berufstätige und Eigentümer in ihrer Erfahrung einer Tauschgerechtigkeit.

2. *Abbau der Subventionen*

Doch auch die Freiheitsidee des Berufs und des Eigentums muss erneuert werden. Beide Freiheiten organisieren den Erwerb auf eigene Chance und eigenes Risiko. Deswegen sind die Staatssubventionen – wie es bereits § 12 StabG tut – grundlegend infrage zu stellen. Die Leistungssubventionen bedürfen besonderer Rechtfertigung, weil jede Subvention zum Privileg neigt. Wenn heute 80 Millionen Euro zu verteilen wären und der Staat gäbe jedem Bürger einen Euro, wäre diese Aktion sinnlos. Gibt er aber 80 Personen je eine Millionen Euro, gewinnt er Macht über den Subventionsempfänger, dessen wirtschaftliches Verhalten und das Subventionsprogramm. Jede Subvention bevorzugt den einen vor dem anderen, trägt in sich die widerlegbare Vermutung der Gleichheitswidrigkeit.

Gänzlich abzuschaffen sind die Steuersubventionen, die vielfach den Steuerpflichtigen lenken sollen, ihm also nicht das Freiheitsvertrauen entgegenbringen, er wüsste selbst, wie er seine Berufs- und Eigentümerfreiheit nutzen soll. Außerdem weiß das Parlament bei der Steuersubvention nicht, wie hoch die Subventionssumme ist und wer sie empfängt, weil die Steuersubvention einmal durch Steuergesetz angeboten, dann aber nicht im jährlichen Budget ausgewiesen wird. Zudem bietet der Bundessteuergesetzgeber diese Steuersubventionen zu Lasten fremder Kassen an, weil sie der Landesbudgetgeber ganz oder teilweise finanzieren muss. Die einheitliche Verantwortlichkeit eines Parlaments für Ausgabeentscheidung und Finanzierung wird gespalten. Schließlich kehrt eine Steuersubvention, die bei einer progressiven Steuer einen Abzug von der Bemessungsgrundlade erlaubt, die Progression in eine Regression um. Je geringer das Einkommen, desto geringer der Subventionsbetrag – ein absurdes, gleichheitswidriges Ergebnis.

3. Konzeptionelles Sparen

Bei der Überprüfung der Staatsausgaben ist eine staatliche Aufgabenlehre zu entwickeln, die alle staatlichen Pflichtaufgaben definiert, die verzichtbaren Aufgaben kennzeichnet, im übrigen ein konzeptionelles Sparen organisiert.[26] Eine vielfach empfohlene Steuererhöhung wird das Parlament sehr kritisch prüfen, solange Deutschland im Euroverbund nicht Herr seines Budgets ist, Mehreinnahmen vielmehr Begehrlichkeiten anderer Euro-Länder wecken könnte. Eine Vermögensteuer kommt kaum in Betracht, weil bei einer Jahressteuer das Vermögen kaum gegenwarts- und realitätsgerecht bewertet werden kann.[27] Eine einmalige Vermögensabgabe nach Art. 106 Abs. 1 Nr. 5 GG steht nur zur einmaligen Finanzierung eines außerordentlichen Finanzbedarfs zur Verfügung, der mit der Abgabe befriedigt werden kann.[28] Den historischen Anlass bot der Kriegslastenausgleich, bei dem die unterschiedliche Betroffenheit durch den

---

26 *P. Kirchhof*, Deutschland im Schuldensog, der Weg vom Bürgen zurück zum Bürger, 2012, S. 107 f., 111 f.

27 BVerfGE 93, 121 (134) – Vermögensteuer.

28 *Kirchhof* (Fn. 26), S. 181 f.

Zweiten Weltkrieg – die eine Gruppe konnte ihre Häuser und Gewerbebetriebe retten, die andere hat sie verloren oder wurde vertrieben – durch einen einmaligen Finanzkraftakt ausgeglichen wurde. Die heutige Finanzkrise ist eine andere. Die in 40-jähriger Rechtsverletzung gewachsene Staatsverschuldung muss strukturell beendet, darf nicht durch einen einmaligen Finanzkraftakt finanziert werden. Schon gar nicht dient die einmalige Vermögensabgabe als Instrument, um weitere Verletzungen der Verschuldensgrenze zu finanzieren.

Allerdings drängt sich eine steuerliche Inpflichtnahme der Erwerbstätigkeit im Finanzmarkt auf.[29] Die Erwerbstätigkeit auf diesem Markt wird gegenwärtig nicht angemessen besteuert. Während grundsätzlich der Bezieher von Einkommen rund ein Fünftel seines Einkommens der indirekten Steuer unterwerfen muss (vor allem der Umsatzsteuer, den Steuern auf Energie und Genussmittel), ist derjenige, der sein Einkommen sparen und investieren kann, insoweit von jeder indirekten Steuer freigestellt. Hier ist eine indirekte Besteuerung des Finanzmarktes schon aus Gleichheitsgründen geboten. Zudem würde die Finanztransaktionssteuer den Finanzmarkt zur Krisenbewältigung heranziehen, weil er die Krise wesentlich mit veranlasst und an ihr verdient hat. Die Besteuerung wirkte wie eine Art Störerhaftung. Das Steueraufkommen allerdings müsste derzeit ausschließlich dem Staat vorbehalten sein, dessen Bürger das Aufkommen erwirtschaftet haben. Es dürfte nur der Schuldentilgung dienen.

Die Freiheit des Berufs und des Eigentums läuft gegenwärtig Gefahr, statt nach Maßstäben des Rechts nur noch nach Kriterien des ökonomisch Möglichen handeln zu müssen. Deshalb muss der Rechtsstaat und die Europäische Rechtsgemeinschaft alle Anstrengungen unternehmen, um Staat und Recht wieder zu stärken. Ist der Staat in seiner Finanzkraft und damit seiner rechtlichen Gestaltungsmacht gefährdet, brauchen wir ein Instrument der Staatenresolvenz, nicht der Staateninsolvenz. Der Staat ist „insolvenzunfähig", weil jedes Staatsvolk im Rahmen seiner Selbstbestimmung einen Anspruch auf einen eigenen

---

29 *Kirchhof* (Fn. 26), S. 170 f.

Staat hat, der Staat den Frieden sichert, ein soziales und politisches Leben gewährleistet, deswegen nicht untergehen darf.[30] Die wechselseitige Bedingtheit von Verfassungsstaat und Freiheit wird offenkundig. Der Kampf zur Wiederherstellung der Berufs- und Eigentümerfreiheit ist ein Kampf um den Verfassungsstaat, um die Rechtsgemeinschaft des Europäischen Staatenverbundes und die Verbindlichkeit von Europarecht und Völkerrecht.

30 BVerfGE 15, 126 (140 f.) – Waldenfels.

Die Unionsbürgerschaft in der jüngsten Rechtsprechung des Gerichtshofs der Europäischen Union

Von *Vassilios Skouris*

I. Einführung

Der europäische Bürger ist nunmehr erwachsen geworden. Als er mit dem Inkrafttreten des Vertrags von Maastricht am 1. November 1993 formell geboren wurde, waren die Stimmen schon laut, die das sog. demokratische Defizit der europäischen Konstruktion kritisierten. Der Vertrag von Maastricht hatte den ausgesprochenen Ehrgeiz, dass die Europäische Wirtschaftsgemeinschaft über ihr primäres, wirtschaftliches Ziel, nämlich die Gründung eines gemeinsamen Marktes hinausgeht, und sich allmählich zu einer Union mit einem stärkeren politischen und demokratischen Charakter entwickelt. Zur Schaffung dieses Ziels hat der Vertrag von Maastricht, parallel zu den Vorschriften über die Währungsunion, die gemeinsame Außenpolitik und die gerichtliche Zusammenarbeit, auch die Institute der Unionsbürgerschaft und des Unionsbürgers eingeführt. Diese Institute bedurften einer Konkretisierung, damit sie für den Unionsbürger einen praktischen und ihrer symbolischen Bedeutung entsprechenden Inhalt bekommen und ihren verdienten Platz innerhalb des Unionsrechts erlangen. Die Auffüllung dieses Inhalts betrachtet die Doktrin als eine Aufgabe des Gerichtshofs, die er übernommen und bis jetzt auch erfolgreich und konsequent erfüllt hat:[1] Die Geschichte der Unionsbürgerschaft ist demnach

---

1 *C. Barnard,* Citizenship of the Union and the Area of Justice: (Almost) The Court's Moment of Glory, in: The European Court of Justice (Hrsg.), The Court of Justice and the Construction of Europe: Analyses and Perspectives on Sixty Years of Case-law, 2013, S. 505, 506, 507, 521; *I. Ziemele,* Nationality and Third-Country Nationals, in: The European

diese des Übergangs von einem auf wirtschaftliche Ziele gerichteten Binnenmarkt zu einer eher politisch orientierten Union. Dieser Übergang erfasst auch die Umwandlung der Bürger der Mitgliedstaaten aus einfachen Akteuren eines (Binnen)Markts zu Teilhabern einer gemeinsamen europäischen Identität.

Die Rechtsprechung des Gerichtshofs der Europäischen Union zur Unionsbürgerschaft ist zwar jüngeren Datums, dennoch ist sie reichhaltig, so dass eine Beschränkung auf die neuere Rechtsprechung zweckmäßig erscheint.

Zunächst ist auf zwei historische Urteile einzugehen, welche die Grundlage für die weitere Entwicklung der Rechtsprechung darstellen. Es geht erstens um das Urteil *Grzelczyk*[2], wo der Gerichtshof zum ersten Mal anerkannt hat, dass „der Unionsbürgerstatus dazu bestimmt ist, der grundlegende Status der Angehörigen der Mitgliedstaaten zu sein, der es denjenigen unter ihnen, die sich in der gleichen Situation befinden, erlaubt, unabhängig von ihrer Staatsangehörigkeit die gleiche rechtliche Behandlung zu genießen“. Ferner hat der EuGH mit seinem Urteil in der Rechtsache *Baumbast* klargestellt, dass die Vertragsbestimmung, die die Unionsbürgerschaft vorsieht, genügend klar und präzise ist und daher unmittelbare Wirkung entfaltet:[3] Jede Person, die die Staatsangehörigkeit eines Mitgliedstaats besitzt, kann demgemäß die Rechte, die nunmehr in Art. 20 Abs. 2 des Vertrags über die Arbeitsweise der Europäischen Union (AEUV) verankert sind, ohne weiteres gerichtlich geltend machen.

II. Das Verhältnis zwischen der Unionsbürgerschaft und der Staatsangehörigkeit der Mitgliedstaaten (Rechtssache Rottmann)

Diese zwei Urteile sind kurz nach der Jahrtausendwende ergangen, also ungefähr zehn Jahre nach Einführung der Unions-

---

Court of Justice (Hrsg.), The Court of Justice and the Construction of Europe: Analyses and Perspectives on Sixty Years of Case-law, 2013, S. 471, 472, 477, 482.

2 EuGH, Rs. C-184/99 (Grzelczyk), Slg. 2001, I-06193 Rn. 31.

3 EuGH, Rs. C-413/99 (Baumbast), Slg. 2002, I-07091 Rn. 84.

bürgerschaft was darauf zurückzuführen ist, dass die Gerichte in den Mitgliedstaaten sich mit der Unionsbürgerschaft anfreunden mussten. Nachdem sie sich mit der neuen Rechtsfigur vertraut gemacht hatten, haben sich die diesbezüglichen Vorabentscheidungsersuchen vervielfacht. Eine der wichtigsten Fragen betrifft die Abgrenzung des Kreises der Personen, die die Unionsbürgerschaft und die daraus hergeleiteten Rechte genießen. Es ist nämlich nicht einfach, eine universelle Definition des Begriffs der Bürgerschaft zu finden. In vielen nationalen Rechtsordnungen koexistieren und unterscheiden sich in materieller Hinsicht die Begriffe der Bürgerschaft, der Staatsangehörigkeit und der Nationalität, wobei z.B. die Eigenschaft des französischen *citoyen,* des englischen *citizen* und des deutschen *Bürgers* nicht unbedingt mit denselben Rechtspositionen verbunden sind.

Diesem Problem ist der EU-Vertrag in der Weise ausgewichen, dass er bestimmt, dass „Unionsbürger ist, wer die Staatsangehörigkeit eines Mitgliedstaats besitzt“, Art. 20 Abs. 1 Satz 2 AEUV. Das heißt, dass der AEU-Vertrag für die Eingrenzung des Kreises der Begünstigten auf die Mitgliedstaaten verweist, die für die Anerkennung ihrer Staatsangehörigkeit allein zuständig sind. Die Unionsbürgerschaft setzt somit die Staatsangehörigkeit eines Mitgliedstaats voraus.

Theoretisch könnte man sich eine weitere Variante zum Erwerb der Unionsbürgerschaft vorstellen. Jeder, der sich im Unionsgebiet aufhält, könnte z.B. unabhängig von seiner Staatsangehörigkeit Unionsbürger werden. Auf diese Weise könnte auch ein Drittstaatsangehöriger die Unionsbürgerschaft erwerben. In einem solchen Fall könnten gleichmäßige Voraussetzungen zum Erwerb der Unionsbürgerschaft gestellt werden, wie z.B. der rechtmäßige Aufenthalt für eine bestimmte Zeit.

Aus offensichtlichen politischen Gründen hat sich jedoch der Gedanke einer solchen Verselbstständigung der Unionsbürgerschaft nicht durchgesetzt. Der klassische Grundsatz, wonach die Frage, welchem Mitgliedstaat eine Person angehört, allein durch Berufung auf das innerstaatliche Recht des betreffenden Mitgliedstaats geregelt wird, wurde auch durch die Rechtsprechung des Gerichthofs anerkannt. Der Gerichtshof hat nämlich entschieden, dass „die Festlegung der Voraussetzungen für den Erwerb und den Verlust der Staatsangehörigkeit nach dem internationalen Recht der Zuständigkeit der einzelnen Mitgliedstaaten unterliegt".[4]

Für den Erwerb des Status des Unionsbürgers ist freilich die Ausübung dieser Zuständigkeit durch die Mitgliedstaaten aus unionsrechtlicher Perspektive nicht ganz neutral: Da jeder Mitgliedstaatsangehörige gleichzeitig Unionsbürger wird, hat der Erwerb oder der Verlust der nationalen Staatsangehörigkeit zugleich den Erwerb oder den Verlust der aus der Unionsbürgerschaft ergebenden Rechte zur Folge.

Ein Fall des Verlustes der Mitgliedstaatsangehörigkeit – und infolgedessen auch der Eigenschaft des Unionsbürgers – war im Mittelpunkt der Rechtssache *Rottmann*[5]. Herr Rottmann war ursprünglich durch Geburt Staatsbürger der Republik Österreich. Als gegen ihn ein nationaler Haftbefehl wegen berufsmäßigen Betrugs erlassen wurde, hat er Österreich verlassen und seinen Wohnsitz nach Deutschland verlegt, wo er seine Einbürgerung beantragt und erreicht hat. Das in Österreich gegen ihn anhängige Ermittlungsverfahren hat er im Einbürgerungsverfahren verschwiegen. Durch seine Einbürgerung in Deutschland verlor er nach österreichischem Recht die österreichische Staatsbürgerschaft. Nachdem die deutschen Behörden von den österreichischen Behörden über den von ihnen erlassenen Haftbefehl informiert wurden, nahmen sie die Einbürgerung Rottmanns rückwirkend zurück.

Herr Rottmann hat gegen die Entscheidung der deutschen Behörden mit der Begründung geklagt, dass er durch die Rücknahme der Einbürgerung staatenlos würde. Dies hätte aber zur Folge, dass er auch die Unionsbürgerschaft verlieren würde, was gegen das Unionsrecht verstieße. In diesem Zusammenhang hat das Bundesverwaltungsgericht dem Gerichtshof zwei Fragen ge-

---

4 EuGH, Rs. C-369/90 (Micheletti u. a.), Slg. 1992, I-04239 Rn. 10.
5 EuGH, Rs. C-135/08 (Rottmann), Slg. 2010, I-01449.

stellt. Erstens hat es gefragt, ob die Rücknahme der Einbürgerung, die zum Verlust des Status des Unionsbürgers führt, mit Unionsrecht vereinbar sei. Durch seine zweite Frage wollte das Bundesverwaltungsgericht wissen, ob die Gefahr eines Verlustes der Unionsbürgerschaft Österreich dazu zwingen bzw. veranlassen könnte, die Rücknahme der österreichischen Bürgerschaft rückgängig zu machen.

Sowohl die Regierungen, die Stellungnahmen abgegeben haben, als auch die Kommission, haben wiederholt, dass die Entscheidung über den Erwerb und den Verlust der Staatsangehörigkeit ausschließlich den Mitgliedstaaten obliegt. Deswegen sollte die streitige Entscheidung über die Rücknahme der Einbürgerung als eine rein interne Angelegenheit qualifiziert werden. Rottmann sei nämlich deutscher Staatsbürger, habe seinen Wohnsitz in Deutschland und sei Adressat einer von einer deutschen Behörde erlassenen Maßnahme.

Der Gerichthof hat jedoch darauf hingewiesen, dass die Situation eines Unionsbürgers, die zum Verlust des Status des Unionsbürgers und der von diesem verliehenen Rechte führen kann, ihrem Wesen und ihren Folgen nach sehr wohl in den Anwendungsbereich des Unionsrechts fällt und einer gerichtlichen Kontrolle aus der Perspektive dieses Rechts unterliegen muss.[6] Zur Begründung hat der EuGH auf seine ständige Rechtsprechung hingewiesen, wonach die Tatsache, dass ein Rechtsgebiet in die Zuständigkeit der Mitgliedstaaten fällt, nicht ausschließt, dass die betreffenden nationalen Vorschriften in Situationen, die unter das Unionsrecht fallen, dieses Recht beachten müssen. Diese Rechtsprechung gilt u. a. im Bereich des materiellen und prozessualen Strafrechts[7] oder bei den direkten Steuern.[8]

Der Gerichtshof ist daraufhin zu der Schlussfolgerung gekommen, dass der nationale Richter in einem solchen Fall die Einhaltung des Verhältnismäßigkeitsprinzips hinsichtlich der Aus-

---

6 EuGH, Rs. C-135/08 (Rottmann) [Fn. 5], Rn. 42.

7 EuGH, Rs. C-274/96 (Bickel und Franz), Slg. 1998, I-07637 Rn. 17.

8 EuGH, Rs. C-403/03 (Schempp), Slg. 2005, I 6421 Rn. 19.

wirkungen der Rücknahmeentscheidung auf die unionsrechtliche Stellung des Betroffenen prüfen müsse. Der Gerichtshof hat den nationalen Richter aufgefordert, die Folgen zu berücksichtigen, welche die Rücknahme für den Betroffenen und seine Familienmitglieder haben könnte, soweit es um den Verlust der Rechte geht, die jedem Unionsbürger zustehen. Aus dieser Sicht ist es wichtig zu ergründen, ob dieser Verlust insbesondere in Bezug auf den ernsthaften Charakter des Verstoßes, auf die zwischen der Einbürgerungs- und der Rücknahmeentscheidung liegende Zeit, und auch in Bezug auf die Möglichkeit der betroffenen Person zur Wiedererlangung seiner ursprünglichen Staatsangehörigkeit gerechtfertigt erscheint.[9]

Was diesen letzten Punkt und die eventuelle Entscheidung der österreichischen Behörden über die Annahme oder Ablehnung des Antrags auf Wiedererlangung der österreichischen Bürgerschaft von Herrn Rottmann betrifft, hat der Gerichtshof selbstverständlich keine abschließende Stellung genommen,[10] gleichzeitig aber hervorgehoben, dass die Republik Österreich bei der Ausübung ihrer die Staatbürgerschaft betreffenden Zuständigkeit das Unionsrecht zu beachten habe.[11]

Es muss betont werden, dass der Gerichtshof die Rechtmäßigkeit der nationalen Entscheidung über die Einbürgerungsrücknahme wegen arglistiger Täuschung nicht in Frage gestellt hat. Eine solche Entscheidung dient dem Allgemeininteresse und darf nicht als eine willkürliche Handlung qualifiziert werden. Der EuGH hat ferner herausgestellt, dass es keine Verpflichtung für den Mitgliedstaat gibt, dessen Staatsangehörigkeit durch Betrug erworben worden ist, die Einbürgerung nicht zurückzunehmen, nur weil der Betroffene seine ursprüngliche Staatsangehörigkeit nicht wiedererlangen kann.[12] Jedoch muss das nationale Gericht feststellen, inwieweit der Grundsatz der Verhältnismäßigkeit erfordert, dass dem Betroffenen eine zumutbare Zeit ein-

---

9 EuGH, Rs. C-135/08 (Rottmann) [Fn. 5], Rn. 55, 56, 58, 59.

10 EuGH, Rs. C-135/08 (Rottmann) [Fn. 5], Rn. 61, 63.

11 EuGH, Rs. C-135/08 (Rottmann) [Fn. 5], Rn. 62, 63.

12 EuGH, Rs. C-135/08 (Rottmann) [Fn. 5], Rn. 50–54.

geräumt wird, innerhalb welcher er versuchen soll, seine ursprüngliche Staatsangehörigkeit zurückzubekommen, bevor die Entscheidung zur Rücknahme der Einbürgerung anfängt, ihre Wirkungen zu entfalten.[13]

Es handelt sich m. E. um ein ausgewogenes Urteil des Gerichthofs, das die Kompetenzen der Mitgliedstaaten respektiert und sie zugleich anmahnt, den Unionsbürgern nicht ihre aus der Unionsbürgerschaft ergebenden Rechte vorzuenthalten, bevor zunächst eine Abwägung zwischen den Ursachen und den Folgen eines solchen Verlustes stattfindet – und dies auch in den Fällen, wo der Erwerb der Staatsangehörigkeit durch Betrug ermöglicht wurde.[14]

III. Der Ausschluss der Ausübung der mit der Unionsbürgerschaft verbundenen Rechte (Rechtsachen Ruiz Zambrano und Dereci)

Die Rechtssache *Ruiz Zambrano,* die der Gerichtshof ein Jahr nach *Rottmann* entschieden hat, zeigt, dass der Verlust der Staatsangehörigkeit eines Mitgliedstaates nicht der einzige Fall ist, der zum Verlust der mit der Unionsbürgerschaft verbundenen Rechte führen kann.[15]

Herr Ruiz Zambrano, seine Frau und ihr Kind, alle drei kolumbianische Bürger, beantragten Asyl in Belgien. Die Anträge wurden abgelehnt, aber die belgischen Behörden hatten die Ausweisung nach Kolumbien wegen der dort herrschenden politischen Situation aufgeschoben. Ohne Aufenthalts- oder Arbeitserlaubnis hatte Herr Ruiz Zambrano für mehrere Jahre in einer belgischen Firma gearbeitet und die gesetzlichen Sozialversicherungsbeiträge korrekt entrichtet. In der Zwischenzeit hat das Ehepaar Ruiz Zambrano noch zwei Kinder bekommen, die nach belgischem Recht die belgische Bürgerschaft erlangt haben und dadurch Unionsbürger geworden sind. Als Herr Ruiz Zambra-

13 EuGH, Rs. C-135/08 (Rottmann) [Fn. 5], Rn. 55, 56, 58, 59.

14 *Ziemele* (Fn. 1), S. 471, 474, 477, 481.

15 EuGH, Rs. C-34/09 (Ruiz Zambrano), Slg. 2011, I-01177.

no arbeitslos wurde und einen Antrag auf Arbeitslosengeld stellte, wurde dieser Antrag mit der Begründung abgelehnt, dass sein Aufenthalt in Belgien illegal war und dass er zudem über keine Arbeitserlaubnis verfügte.

Herr Ruiz Zambrano hat gegen diese Entscheidung geklagt und der belgische Richter hat dem Gerichtshof folgende Fragen gestellt: Hat der Unionsbürger ein Aufenthaltsrecht im Hoheitsgebiet des Mitgliedstaats, dessen Staatsbürgerschaft er besitzt, unabhängig davon, ob er zuvor von seinem Recht, sich im Hoheitsgebiet der Mitgliedstaaten frei zu bewegen, Gebrauch gemacht hat? Und, wenn dieser Unionsbürger minderjährig ist, hat sein Vater, der ein Drittstaatsangehöriger ist und das Sorgerecht über das Kind ausübt, ebenfalls ein Aufenthaltsrecht?

Die Regierungen, die sich an dem Verfahren beteiligt haben, haben vorgetragen, dass insoweit die Kinder von Herrn Ruiz Zambrano in einem Mitgliedstaat lebten, den sie nie verlassen hatten, der Sachverhalt kein grenzüberschreitendes Element aufwies und deswegen außerhalb des Anwendungsbereichs des Unionsrechts lag.

Für den Gerichtshof war jedoch folgende Überlegung entscheidend: Wenn Herr Ruiz Zambrano über keine Aufenthaltserlaubnis verfügte, obwohl er das Sorgerecht seiner minderjährigen Kinder hatte, wären in der Tat diese Kinder – die aber Unionsbürger sind – in Wirklichkeit gezwungen, das Gebiet der Europäischen Union zusammen mit ihrem Vater zu verlassen. Desgleichen, wenn Herrn Ruiz Zambrano keine Arbeitserlaubnis erteilt würde, hätte er keine Mittel für den Unterhalt seiner Kinder, was wiederum zur Folge hätte, dass diese Unionsbürger das Hoheitsgebiet der Union verlassen müssten.[16] Unter diesen Umständen wäre es den genannten Unionsbürgern de facto unmöglich, den Kernbestand der Rechte, die ihnen der Unionsbürgerstatus verleiht, in Anspruch zu nehmen.[17] Der Gerichtshof stellte also fest, dass die Unionsbürgerschaft nationalen

16 EuGH, Rs. C-34/09 (Ruiz Zambrano) [Fn. 15], Rn. 44.

17 EuGH, Rs. C-34/09 (Ruiz Zambrano) [Fn. 15], Rn. 42, 45.

Maßnahmen entgegensteht, die den betroffenen Unionsbürgern den tatsächlichen Genuss des Kernbestands der Unionsbürgerrechte verwehren. Für Herr Ruiz Zambrano bedeutet dies, dass er in Belgien eine Aufenthalts- und Arbeitserlaubnis erlangen müsste, damit seine minderjährigen Kinder ihre unionsrechtliche Stellung genießen können.

Über das Urteil *Ruiz Zambrano,* das eine virulente Debatte in den Mitgliedstaaten verursacht hat, sind m. E. zwei Bemerkungen zu machen. Erstens ist dieses Urteil nicht aus heiterem Himmel gefallen. Es beruht sowohl auf dem bereits genannten Urteil in der Rechtssache *Rottmann* als auch auf der Rechtsprechung *Zhu und Chen.*[18] Der Gerichtshof hat damals entschieden, dass die Tatsache, dass ein Unionsbürger das Recht auf freien Verkehr noch nie ausgeübt hat, nicht genügt, um diese Situation einem rein internen Sachverhalt gleichzustellen.[19] Diesen Grundsatz hat der Gerichtshof auch in anderen Urteilen wiederholt.[20] Ferner hat der EuGH ausgeführt, dass auch ein minderjähriges Kind sich auf das Unionsrecht berufen kann. Letztlich bedeutet die Möglichkeit zur Ausübung des Aufenthaltrechts zwangsläufig, dass dem Kind das Recht zusteht, von der das Sorgerecht ausübenden Person begleitet zu werden; deswegen muss es auch dieser Person erlaubt werden, sich zusammen mit dem Kind im Empfangsmitgliedstaat aufzuhalten.[21]

Die zweite Bemerkung bezieht sich auf die Behauptung der Mitgliedstaaten, dass die Rechtsprechung des Gerichtshofs zu einer missbräuchlichen Geltendmachung der Rechte der Unionsbürger führen könnte, mit dem Hintergedanken, dass Mitgliedern der Familie eines Unionsbürgers, die Drittstaatsangehörige sind, ebenfalls ein Aufenthaltsrecht zusteht. Dazu muss aber gesagt werden, dass weder die Rechtmäßigkeit des Erwerbs der irischen Staatsangehörigkeit des Kindes von Frau Chen, noch

18 EuGH, Rs. C-200/02 (Zhu und Chen), Slg. 2004, I-09925.

19 EuGH, Rs. C-200/02 (Zhu und Chen) [Fn. 18], Rn. 19.

20 EuGH, Rs. C-356/11 und C-357/11 (O. und S.), noch nicht in der Slg. veröffentlicht, Rn. 42, 43.

21 EuGH, Rs. C-200/02 (Zhu und Chen) [Fn. 18], Rn. 45, 47.

diese des Erwerbs der belgischen Staatsangehörigkeit für die Kinder von Ruiz Zambrano bezweifelt wurde.

Darüber hinaus ist m. E. die geäußerte Befürchtung unbegründet, dass das Urteil *Ruiz Zambrano* zu einer massiven Welle von Einbürgerungen in einem Mitgliedstaat führen könnte, die sich durch die Unionsbürgerschaft in die ganze Union ausbreiten würde. Es ist zwar richtig, dass die Ausführungen dieses Urteils die Existenz eines Verbindungselements mit der Unionsbürgerschaft auch in Fällen, wo die Freizügigkeit tatsächlich nicht ausgeübt wurde, impliziert – die aus der Unionsbürgerschaft hervorgehenden Rechte stehen den Unionsbürgern unabhängig davon zu, ob sie die Freizügigkeit in Anspruch genommen haben oder nicht.[22] Das Urteil *Ruiz Zambrano* betrifft jedoch lediglich den speziellen Fall von Drittstaatsangehörigen, die kein Aufenthalts- und Arbeitsrecht haben, obwohl sie das Sorgerecht über minderjährige Kinder haben, die Unionsbürger sind. Wenn ich mich nicht irre, gibt es zurzeit keinen Mitgliedstaat, der einen strengen jus soli anwendet. Irland hat durch ein Referendum, das in der Zeit vor dem *Zhu und Chen* Urteil stattgefunden hat, den automatischen Erwerb der irischen Staatsangehörigkeit von in Irland geborenen Kindern abgeschafft. Seit 2006 ist es für ein Kind, das von Ausländern in Belgien geboren ist, nicht mehr möglich, die belgische Staatsangehörigkeit zu erwerben, wenn das Kind durch einen Verwaltungsprozess in seinem Herkunftsland eine andere Staatsangehörigkeit erlangen kann. Ähnliches gilt auch in Frankreich, ein Land das traditionell das jus soli angewendet hat.

Darüber hinaus bestätigen zwei neuere Urteile des Gerichthofs, dass die Erweiterung des Begriffs der Unionsbürgerschaft kein Ziel an sich darstellt. Mit seinem Urteil in der Rechtssache *McCarthy*[23] hat der Gerichtshof entschieden, dass ein Unionsbürger, der noch nie von seinem Recht auf Freizügigkeit Ge-

22 *K. Lenaerts*, „Civis Europeus Sum“: From the Cross-border Link to the Status of the Citizen of the Union, in: Festschr. f. P. Lindth, 2012, S. 213, 226.

23 EuGH, Rs. C-434/09, (McCarthy), Slg. 2011, I-03375.

brauch gemacht hat, der sich stets in einem Mitgliedstaat, dessen Staatsangehörigkeit er besitzt, aufgehalten hat und der sich im Übrigen im Besitz der Staatsangehörigkeit eines anderen Mitgliedstaats befindet, von den Freizügigkeitsvorschriften des AEUV nicht erfasst wird, „sofern seine Situation nicht von der Anwendung von Maßnahmen eines Mitgliedstaats begleitet ist, die bewirkten, dass ihm der tatsächliche Genuss des Kernbestands der durch den Unionsbürgerstatus verliehenen Rechte verwehrt oder die Ausübung seines Rechts, sich im Hoheitsgebiet der Mitgliedstaaten frei zu bewegen und aufzuhalten, behindert würde“[24]. Die Freizügigkeitsvorschriften des AEUV greifen also entweder beim Entzug eines Teils des Status des Unionsbürgers („deprivation effect“) oder beim Vorliegen von Hindernissen bezüglich der Freizügigkeit („impending effect“) ein.[25]

Ferner hat der Gerichtshof in der Rechtssache *Dereci u. a.*[26] klargestellt und in der Rechtssache *O. und S.*[27] bestätigt, dass die Ruiz Zambrano-Formel, d.h. die Verwehrung des tatsächlichen Genusses des Kernbestandes der Unionsbürgerrechte, in Fällen anwendbar ist, die dadurch gekennzeichnet sind, dass sich der Unionsbürger praktisch gezwungen sieht, nicht nur den Mitgliedstaat zu verlassen, dessen Bürger er ist, sondern die Union als solche. Diese Formel hat also eine ganz besondere und auf ganz bestimmte Fälle begrenzte Funktion.[28] Die bloße Tatsache, dass es für den Bürger eines Mitgliedstaates aus finanziellen Gründen oder mit dem Ziel der Erhaltung des gemeinsamen Familienlebens innerhalb der Union wünschenswert wäre,

---

24 EuGH, Rs. C-434/09, (McCarthy) [Fn. 23], Rn. 56.

25 *Lenaerts* (Fn. 22), S. 213, 230, 231.

26 EuGH, Rs. C-256/11 (Dereci u. a.), 2011, noch nicht in der Slg. veröffentlicht.

27 EuGH, C-356/11 und C-357/11 (O. und S.) [Fn. 20].

28 EuGH, Rs. C-256/11 (Dereci u. a.) [Fn. 26], Rn. 66, 67; verb. Rs. C-356/11 und C-357/11 (O. und S.) [Fn. 20], Rn. 47, 48; *C. Calliess*, The Dynamics of European Citizenship: From Bourgeois to Citoyen, in: The European Court of Justice (Hrsg.), Court of Justice of the European Union, The Court of Justice and the Construction of Europe: Analyses and Perspectives on Sixty Years of Case-law, 2013, S. 425, 432.

dass seinen Familienmitgliedern aus Drittstatten erlaubt wird, sich mit ihm in der Union aufzuhalten, genügt nicht allein, um anzunehmen, dass der Unionsbürger im Falle der Nicht-Gewährung dieses Aufenthaltsrechts gezwungen wäre, das Hoheitsgebiet der Union zu verlassen.[29]

Dass diese Prinzipien auch in Fällen Anwendung finden können, wo die Beziehung zwischen dem Kind, das Unionsbürger ist, und dem Drittstaatsangehörigen, für den ein Aufenthaltsrecht beantragt wird, nicht biologisch ist, d.h. wenn der Drittstaatsangehörige nicht der leibliche Vater ist, hat der Gerichtshof in der Rechtssache *O. und S* nicht ausgeschlossen; das Abhängigkeitsverhältnis zwischen dem minderjährigen Unionsbürger und dem Drittstaatsangehörigen, dem ein Aufenthaltsrecht verweigert wird, sollte nämlich für die Bestimmung der Folgen der Verweigerung berücksichtigt werden.[30] Der Gerichtshof hat aber ein Abhängigkeitsverhältnis im relevanten Fall *(O. und S.)* nicht als gegeben angesehen.[31]

Somit kann der Fall der minderjährigen Kinder des türkischen Staatsangehörigen Herrn Dereci, die die österreichische Staatsangehörigkeit haben und in Österreich mit ihrer österreichischen Mutter leben, nicht mit dem Fall der Kinder von Herrn Ruiz Zambrano gleichgestellt werden, weil die Kinder Dereci nicht gezwungen sind, die Union komplett zu verlassen, wenn ihrem türkischen Vater kein Aufenthaltsrecht gewährt wird.

Manche Kommentatoren betrachten diese Position des Gerichtshofs als zu streng und starr, verkennen aber die Tatsache, dass der EuGH im gegenwärtigen Stand der Entwicklung des Unionsrechts keine für die Unionsbürger günstigere Lösung entwickeln konnte, ohne das Risiko zu laufen, wegen einer Auslegung beschuldigt zu werden, die über den Sinn der primär-

---

29 EuGH, Rs. C-256/11 (Dereci u.a.) [Fn. 26], Rn. 68; verb. Rs. C-356/11 und C-357/11 (O. und S.) [Fn. 20], Rn. 52.

30 EuGH, verb. Rs. C-356/11 und C-357/11 (O. und S.) [Fn. 20], Rn. 55, 56.

31 EuGH, verb. Rs. C-356/11 und C-357/11 (O. und S.) [Fn. 20], Rn. 58.

rechtlichen Vorschriften über die Unionsbürgerschaft hinausginge.

IV. Schlussbemerkungen

Aus den vorausgegangenen Ausführungen geht hervor, dass es weder unnötig noch abträglich ist, Grenzen zur Unionsbürgerschaft zu stellen. Alle Mitgliedstaatsangehörigen leiten aufgrund ihrer nationalen Staatsangehörigkeit eine Reihe von Rechten aus den Gründungsvertägen ab, welche den Status des Unionsbürgers ergänzen bzw. vervollständigen. Es wäre nicht unbedingt vorteilhaft, die Unionsbürgerschaft als eine Zentripetalkraft zu betrachten oder ihr eine „passe-partout" Funktion anzuerkennen, die ihr nicht zukommt.

Es trifft zwar zu, dass die vorsichtige, kasuistische Vorgehensweise des Gerichtshofs nicht von allen Seiten begrüßt wird. Man muss aber in diesem Zusammenhang insbesondere zwei Gesichtspunkte berücksichtigen. Erstens ergeht die diesbezügliche Rechtsprechung des Gerichtshofs in einem Bereich, der sehr stark von der mitgliedstaatlichen Kompetenz geprägt ist.[32] Zweitens bedürfte ein anderes Prozedere eine grundlegend neue Dogmatik, die im Wesentlichen den Verzicht auf die Voraussetzung der vorherigen Grenzüberschreitung im freien Personenverkehr als Folge hätte. Statt diesen nicht unumstrittenen Sprung zu wagen, ist es wohl besser, mit kleinen Schritten voranzugehen.[33]

Jedenfalls ist die Unionsbürgerschaft ein sich ständig weiterentwickelnder Bereich, der noch nicht alle seine Besonderheiten und Möglichkeiten hat erkennen lassen. Auch die sekundärrechtliche Verankerung der Freizügigkeitsrechte der Unionsbürger wirft interessante bzw. dringende Fragen auf. Dies gilt insbesondere für die Richtlinie 2004/38/EG des Europäischen Parlaments und des Rates[34] über das Recht der Unionsbürger und

32 *Barnard* [Fn. 1], S. 509, 511; *Ziemele* [Fn. 1], S. 471, 481.

33 Siehe auch die Schlussanträge der GA *Sharpston* v. 30.9.2010 in der Rs. C-34/09 (Ruiz Zambrano) [Fn. 15], Rn. 171, 172, 175, 176, 177.

34 Richtlinie 2004/38/EG des Europäischen Parlaments und des Rates v. 29.4.2004, ABl. L 158/77 ff.

ihrer Familienangehörigen, sich im Hoheitsgebiet der Mitgliedstaaten frei zu bewegen und aufzuhalten. Diese Richtlinie regelt sowohl Fragen, die mit dem Aufenthalt von aus einem Drittstaat stammenden Familienmitgliedern eines Unionsbürgers zusammenhängen, als auch Fragen, die direkt mit der Situation des Unionsbürgers zu tun haben, wie z.B. die heikle Problematik, unter welchen Voraussetzungen ein Unionsbürger in einen anderen Mitgliedstaat ausgewiesen werden darf.

Der Gerichtshof wird also auch in der näheren Zukunft genügend Gelegenheit haben, seine Rechtsprechung zu vertiefen. Die grundlegende Herausforderung, vor welcher die Europäische Union und der Gerichtshof standen, lag darin, dass der Begriff der Unionsbürgerschaft über seinen symbolischen Charakter hinaus einen angemessenen materiellen Inhalt bekommt. Und diese Herausforderung ist bis heute nicht ohne Resonanz geblieben.

Freizügigkeit und ihre Grenzen in der Europäischen Union

Von *Siegfried Magiera*

I. Einleitung

In seinen Beiträgen zur Freizügigkeit und zur Bewegungsfreiheit in dem von ihm mitherausgegebenen Handbuch der Grundrechte hat Detlef Merten, dem dieses Deidesheimer Kolloquium in Dankbarkeit gewidmet ist, die deutsche Verfassungsrechtslage in hervorragender Weise verdeutlicht.[1] Wie danach alle Deutschen Freizügigkeit im ganzen Bundesgebiet genießen, so haben nach dem Recht der Europäischen Union alle Unionsbürger das Recht auf Freizügigkeit und Aufenthaltsfreiheit im Hoheitsgebiet aller Mitgliedstaaten der Union.[2] Dieses Recht kann nach Maßgabe der Unionsverträge auch Drittstaatsangehörigen gewährt werden, die sich rechtmäßig im Hoheitsgebiet eines Mitgliedstaats aufhalten.[3] Neben der Differenzierung zwischen Unionsbürgern und Drittstaatsangehörigen unterscheidet das Unionsrecht bei der näheren Ausgestaltung des Freizügigkeits- und Aufenthaltsrechts weiter zwischen wirtschaftlich tätigen und sonstigen Unionsbürgern[4] sowie zwischen Drittstaatsange-

---

1 *D. Merten*, Freizügigkeit, in: D. Merten/H.-J. Papier (Hrsg.), Handbuch der Grundrechte, Band IV/1, 2011, § 94; Bewegungsfreiheit, ebd., § 95.

2 Art. 20 Abs. 2 lit. a, Art. 21 AEUV; Art. 45 Abs. 1 EU-GRCh. – Vgl. dazu auch *S. Magiera*, Bürgerrechte und justitielle Grundrechte, in: Merten/Papier (Hrsg.), Handbuch der Grundrechte, Band VI/1, 2010, S. 1031 (1033 ff.); *ders.*, in: Meyer (Hrsg.), Charta der Grundrechte der Europäischen Union, 4. Aufl. 2014, Art. 45 EU-GRCh; *ders.*, in: Streinz (Hrsg.), EUV/AEUV, 2. Aufl. 2012, Art. 20 und 21 AEUV; jeweils mit weiteren Nachweisen, insbesondere aus dem Schrifttum.

3 Art. 45 Abs. 2 EU-GRCh.

4 Unten, Abschnitt II.

hörigen, die Familienangehörige eines Unionsbürgers sind, und sonstigen Drittstaatsangehörigen.[5] Die verschiedenen Freizügigkeitsrechte unterliegen darüber hinaus allgemeinen und im Einzelnen differenzierten Grenzen.[6]

II. Freizügigkeit der Unionsbürger

1. Wirtschaftsbezogene Freizügigkeit

Der Begriff „Freizügigkeit" fand sich von Anfang in den Gründungsverträgen der Europäischen Gemeinschaften. Er bezog sich ausdrücklich zunächst auf die Arbeitnehmer in den Bereichen Kohle und Stahl[7] und anschließend auf sämtliche Arbeitskräfte sowie mittelbar auf selbständig Erwerbstätige und Beteiligte am Dienstleistungsverkehr in der Europäischen Wirtschaftsgemeinschaft.[8] Die Formulierungen, wonach sich die Mitgliedstaaten verpflichteten, jede auf die Staatsangehörigkeit gegründete Beschränkung der Beschäftigungsbedingungen der Kohle- und Stahlfacharbeiter zu beseitigen,[9] oder später, dass innerhalb der Gemeinschaft die Freizügigkeit der Arbeitnehmer hergestellt wird[10] bzw. gewährleistet ist,[11] führten dazu, allgemein nicht von Rechten oder gar Grundrechten der wirtschaftlich Tätigen zu sprechen, sondern von Grundfreiheiten, obwohl dieser Begriff im Vertragsrecht auf die Niederlassungsfreiheit beschränkt ist, die zudem im Kapitel „Das Niederlassungsrecht" geregelt ist.[12]

---

5 Unten, Abschnitt III.

6 Unten, Abschnitt IV.

7 „Löhne und Freizügigkeit der Arbeitnehmer" (Überschrift von Kapitel VIII EGKSV).

8 „Die Freizügigkeit, der freie Dienstleistungs- und Kapitalverkehr" (Überschrift von Titel III des Zweiten Teils EWGV).

9 Art. 69 EGKSV.

10 Art. 48 EWGV.

11 Art. 39 EGV (Amsterdam); Art. 45 AEUV.

12 Art. 49 ff. AEUV.

In der Grundrechtecharta, die dem Vertragsrecht gleichrangig ist, wird die nicht wirtschaftsbezogene allgemeine Freizügigkeit ausdrücklich als Bürgerrecht bezeichnet[13] und ist zudem ein wirtschaftsbezogenes „Recht zu arbeiten" verankert worden.[14] Insgesamt erscheint die Differenzierung zwischen Grundfreiheiten und Grundrechten wenig ertragreich, wenn insoweit für die Abgrenzung der Grundfreiheiten lediglich auf den zusätzlichen Binnenmarktnutzen oder das Erfordernis eines grenzüberschreitenden Sachverhalts abgestellt wird.[15]

Der Rat bezeichnete die Arbeitnehmerfreizügigkeit schon in seiner Ausführungsverordnung von 1968 als ein Grundrecht der Arbeitnehmer und ihrer Familien.[16] Dieses sollte es den Arbeitnehmern ermöglichen, ihre Arbeits- und ihre Lebensbedingungen zu verbessern sowie ihren sozialen Aufstieg zu erleichtern. Um die Freizügigkeit in Freiheit und Menschenwürde wahrnehmen zu können, müsse sich die Gleichbehandlung mit den inländischen Arbeitnehmern tatsächlich und rechtlich auf alles erstrecken, was mit der Arbeitsausübung und den Lebensverhältnissen im Aufnahmeland zusammenhänge, insbesondere die Beschaffung einer Wohnung und die Anwesenheit der Familienangehörigen. Damit war zum Ende der Übergangszeit für die Errichtung des Binnenmarktes klargestellt, dass die Freizügigkeit die Staatsangehörigen der Mitgliedstaaten nicht lediglich als Wirtschaftsfaktoren erfasst, sondern als Träger von Grundrechten, wie es anschließend vom Europäischen Gerichtshof in seiner Rechtsprechung[17] und vom Unionsgesetzgeber in der 2011

---

13 Art. 45 und Überschrift von Titel V EU-GRCh.

14 Art. 15 EU-GRCh.

15 Vgl. vertiefend *J. Gebauer,* Die Grundfreiheiten des EG-Vertrags als Gemeinschaftsgrundrechte, 2004, S. 333 ff., der eine „Doppelfunktionalität der Grundfreiheiten" annimmt.

16 Verordnung (EWG) Nr. 1612/68 über die Freizügigkeit der Arbeitnehmer innerhalb der Gemeinschaft, ABl. 1968 L 257/2 (Erwägungsgründe 3 und 5).

17 EuGH, Rs. 222/86 (Heylens), Slg. 1987, 4097 Rn. 14; Rs. C-415/93 (Bosman), Slg. 1995, I-4921 Rn. 129; Schlussanträge GA *C. O. Lenz,* ebd., Nr. 203 ff.

konsolidierten Verordnung über die Freizügigkeit der Arbeitnehmer bestätigt wurde.[18]

2. *Allgemeine Freizügigkeit*

Neben den näher ausgeformten wirtschaftsbezogenen Freizügigkeitsrechten enthielt schon der Vertrag über die Europäische Wirtschaftsgemeinschaft als weiter gefasste Aufgabenbestimmung die Beseitigung der Hindernisse für den freien Personenverkehr im Allgemeinen.[19] Die anfängliche Begrenzung der Freizügigkeit auf wirtschaftlich tätige Personen wurde zunächst im Rahmen der Rechtsprechung durch eine weite Auslegung der Einzeltatbestände, insbesondere durch Einbeziehung auch der Empfänger von Dienstleistungen, gemildert, aber nicht gänzlich beseitigt.[20] Letzteres zeigte sich etwa bei der Einbeziehung von Arbeitssuchenden in die Freizügigkeit von Arbeitnehmern[21] oder bei der Bestimmung der zulässigen Aufenthaltsdauer im Rahmen des freien Dienstleistungsverkehrs.[22]

Zur Einführung eines allgemeinen, nicht wirtschaftsbezogenen, Freizügigkeitsrechts aller Staatsangehörigen der Mitgliedstaaten kam es zunächst auf Sekundärrechtsebene durch drei Richtlinien von 1990[23] und sodann auf Primärrechtsebene – zu-

---

18 Verordnung (EU) Nr. 492/2011 des Europäischen Parlaments und des Rates über die Freizügigkeit der Arbeitnehmer in der Europäischen Union, ABl. 2011 L 141/1 (Erwägungsgründe 4 und 6).

19 Art. 3 lit. c EWGV.

20 Vgl. insbesondere EuGH, Rs. 286/82 (Luisi und Carbone), Slg. 1984, 377 Rn. 16; Schlussanträge GA *G. F. Mancini,* ebd., Nr. 5 ff.

21 Vgl. dazu unten, Abschnitt IV. 3.

22 EuGH, Rs. 196/87 (Steymann), Slg. 1988, 6159 Rn. 15 f.; Rs. C-70/95 (Sodemare), Slg. 1997, I-3395 Rn. 38; Rs. C-215/01 (Schnitzer), Slg. 2003, I-14847 Rn. 31 ff.

23 Richtlinie 90/364/EWG, 90/365/EWG und Richtlinie 90/366/EWG des Rates über das Aufenthaltsrecht, über das Aufenthaltsrecht der aus dem Erwerbsleben ausgeschiedenen Arbeitnehmer und selbständig Erwerbstätigen sowie über das Aufenthaltsrecht der Studenten, ABl. 1990 L 180/26, 28 und 30; die Richtlinie 90/366 wurde infolge ihrer umstrittenen Rechtsgrundlage nach einer Entscheidung des Gerichtshofs (EuGH,

sammen mit der Einführung der Unionsbürgerschaft[24] – durch den EU-Vertrag von Maastricht 1992.[25] Das Vertragsrecht gewährleistet den Unionsbürgern das Recht, sich im Hoheitsgebiet der Mitgliedstaaten frei zu bewegen und aufzuhalten, jedoch nur vorbehaltlich der in den Verträgen und in den Durchführungsvorschriften vorgesehenen Beschränkungen und Bedingungen.[26] Einzelheiten dazu sind in der Freizügigkeits-Richtlinie von 2004 festgelegt, die die drei Richtlinien von 1990 und weitere Sekundärrechtsakte abgelöst sowie die Freizügigkeitsverordnung von 1968 geändert hat.[27]

Die allgemeine Freizügigkeit gewährleistet den Unionsbürgern nicht nur das schlichte Recht, sich in einen anderen Mitgliedstaat zu begeben und dort aufzuhalten. Auch sie fällt in den sachlichen Anwendungsbereich des Vertragsrechts und verbietet damit jede Diskriminierung aus Gründen der Staatsangehörigkeit.[28] Damit gewährleistet sie den Angehörigen der Mitgliedstaaten, die sich in der gleichen Situation befinden, unbeschadet der vertraglich vorgesehenen Ausnahmen, die gleiche rechtliche Behandlung in allen Mitgliedstaaten.[29] Darüber hinaus schützt

---

Rs. C-295/90 (Parlament/Rat), Slg. 1992, I-4193) ersetzt durch die Richtlinie 93/96/EWG des Rates, ABl. 1993 L 317/59.

24 Art. 8, später Art. 17 EGV; nunmehr Art. 20 AEUV, Art. 9 EUV.

25 Art. 8a, später Art. 18 EGV; nunmehr Art. 21 AEUV.

26 Art. 21 AEUV; Art. 45 Abs. 1 in Verbindung mit Art. 52 Abs. 2 EU-GRCh.

27 Richtlinie 2004/38/EG des Europäischen Parlaments und des Rates über das Recht der Unionsbürger und ihrer Familienangehörigen, sich im Hoheitsgebiet der Mitgliedstaaten frei zu bewegen und aufzuhalten, zur Änderung der Verordnung (EWG) Nr. 1612/68 und zur Aufhebung der Richtlinien 64/221/EWG, 68/360/EWG, 72/194/EWG, 73/148/EWG, 75/34/EWG, 75/35/EWG (betreffend die wirtschaftsbezogene Freizügigkeit), 90/364/EWG, 90/365/EWG u. 93/96/EWG (betreffend die allgemeine Freizügigkeit), ABl. 2004 L 158/77, in der berichtigten Fassung, ABl. 2004 L 229/35.

28 Art. 18 AEUV.

29 EuGH, Rs. C-184/99 (Grzelczyk), Slg. 2001, I-6193 Rn. 31 f.; Rs. C-403/03 (Schempp), Slg. 2005, I-6421 Rn. 15; Rs. C-544/07 (Rüffler), Slg. 2009, I-3389 Rn. 62; std. Rspr.

sie auch vor Benachteiligungen, die – ohne Differenzierung nach der Staatsangehörigkeit – an die Wahrnehmung des Rechts auf allgemeine Freizügigkeit anknüpfen.[30]

Dementsprechend können den Unionsbürgern im Aufnahmemitgliedstaat vielfältige Ansprüche auf Gleichbehandlung immaterieller wie materieller Art zustehen, etwa im Hinblick auf Ausweispflichten oder die Bestimmung des Familiennamens, auf Erziehungsgeld, Studienbeihilfen oder sonstige soziale Leistungen.[31] Der erforderliche Bezug zum Unionsrecht entfällt nicht dadurch, dass der Regelungsbereich zur Zuständigkeit der Mitgliedstaaten gehört. Die Mitgliedstaaten müssen vielmehr bei der Ausübung ihrer Zuständigkeiten das Unionsrecht, insbesondere auch die Freizügigkeitsrechte, beachten.[32]

Im Verhältnis der Freizügigkeitsrechte zum allgemeinen Diskriminierungsverbot aus Gründen der Staatsangehörigkeit[33] stellt – entsprechend den wirtschaftsbezogenen Freiheitsrechten[34] – auch das allgemeine Freizügigkeitsrecht, da es in den sachlichen Anwendungsbereich des Vertragsrechts fällt, eine besondere Ver-

---

30 EuGH, Rs. C-224/98 (D'Hoop), Slg. 2002, I-6191 Rn. 30; Rs. C-224/02 (Pusa), Slg. 2004, I-5763 Rn. 18; Rs. C-33/07 (Jipa), Slg. 2008, I-5157 Rn. 17; std. Rspr.

31 EuGH, Rs. C-378/97 (Wijsenbeek), Slg. 1999, I-6207 Rn. 42 (Ausweispflicht); Rs. C-148/02 (Garcia Avello), Slg. 2003, I-11613 Rn. 45 (Familienname); Rs. C-85/96 (Martínez Sala), Slg. 1998, I-2691 Rn. 57 (Erziehungsgeld); Rs. C-209/03 (Bidar), Slg. 2005, I-2119 Rn. 30 ff. (Studienbeihilfen); Rs. C-184/99 (Grzelczyk) [Fn. 29], Rn. 46 (Sozialhilfe); Rs. C-152/05 (Kommission/Deutschland), Slg. 2008, I-39 Rn. 14 ff. (Eigenheimzulage); Rs. C-353/06 (Grunkin und Paul), Slg. 2008, I-7639 Rn. 21 ff. (Nachname); Rs. C-75/11 (Kommission/Österreich), 2012, noch nicht in Slg. veröffentlicht, Rn. 36 ff. (Fahrpreisermäßigung).

32 EuGH, Rs. C-148/02 (Garcia Avello) [Fn. 31], Rn. 25; Rs. C-11/06 u. a. (Morgan u. a.), Slg. 2007, I-9161 Rn. 24; Rs. C-221/07 (Zablocka-Weyhermüller), Slg. 2008, I-9029 Rn. 27 f.; std. Rspr.

33 Art. 18 AEUV.

34 EuGH, Rs. 8/77 (Sagulo), Slg. 1977, 1495 Rn. 11; Rs. C-387/01 (Weigel), Slg. 2004, I-4981 Rn. 57 ff.; Rs. C-341/01 (Laval), Slg. 2007, I-11767 Rn. 54; Rs. C-240/10 (Schulz-Delzers u. a.), Slg. 2011, I-8531, Rn. 29; Rs. C-367/11 (Prete), 2012, noch nicht in Slg. veröffentlicht, Rn. 19.

tragsbestimmung dar, die dem allgemeinen Diskriminierungsverbot in dessen Anwendungsbereich vorgeht.[35] Im Verhältnis der Freizügigkeitsrechte untereinander sind die wirtschaftsbezogenen Freizügigkeitsrechte die spezielleren Ausprägungen, so dass das allgemeine Freizügigkeitsrecht nur, aber auch immer – subsidiär – als Hauptfreizügigkeitsrecht zur Anwendung gelangt, wenn ein wirtschaftsbezogenes Freizügigkeitsrecht nicht oder nur begrenzt eingreift.[36] Dies kann etwa bei aus dem Berufsleben ausgeschiedenen Arbeitnehmern[37] oder bei Arbeitssuchenden[38] der Fall sein.

III. Freizügigkeit von Drittstaatsangehörigen

Drittstaatsangehörigen, zu denen in Abgrenzung zu den Unionsbürgern auch Staatenlose gehören, kann nach Maßgabe der Unionsverträge, wie eingangs festgestellt, Freizügigkeit und Aufenthaltsfreiheit in der Union gewährt werden, wenn sie sich im Hoheitsgebiet eines Mitgliedstaats rechtmäßig aufhalten.[39] Die Union, die mit dem Vertrag von Lissabon einen Raum der Freiheit, der Sicherheit und des Rechts bildet, entwickelt u. a. eine gemeinsame Politik in den Bereichen Asyl und Einwanderung, die sich auf die Solidarität der Mitgliedstaaten gründet und gegenüber Drittstaatsangehörigen angemessen ist.[40] Dazu soll u. a. im Bereich Außengrenzen ein integriertes Grenzschutz-

---

35 EuGH, Rs. C-200/02 (Zhu und Chen), Slg. 2004, I-9925 Rn. 24 ff.; Rs. C-152/05 (Kommission/Deutschland) [Fn. 31], Rn. 14 ff.; die Rechtsprechung ist jedoch nicht einheitlich und stützt sich teilweise zusätzlich auf Art. 18 AEUV [ex-Art. 12 EGV]; u. a. EuGH, Rs. C-456/02 (Trojani), Slg. 2004, I-7573 Rn. 30 ff.; Rs. C-75/11 (Kommission/Österreich) [Fn. 31], Rn. 36 ff.

36 EuGH, Rs. C-193/94 (Skanavi), Slg. 1996, I-929 Rn. 22; Rs. C-258/04 (Ioannidis), Slg. 2005, I-8275 Rn. 37; Rs. C-520/04 (Turpeinen), Slg. 2006, I-10685 Rn. 13; Rs. C-152/05 (Kommission/Deutschland) [Fn. 31], Rn. 18; std. Rspr.

37 EuGH, Rs. C-413/99 (Baumbast), Slg. 2002, I-7091 Rn. 49 ff.

38 Vgl. dazu unten, Abschnitt IV.3.

39 Oben, Abschnitt I.

40 Art. 3 Abs. 2 EUV; Art. 67 Abs. 1 und 2 AEUV.

system eingeführt werden[41] und können im Bereich Asyl und Flüchtlingsschutz Maßnahmen in Bezug auf ein gemeinsames europäisches Asylsystem und nicht nur Mindestnormen erlassen werden.[42] Im Hinblick auf das den Drittstaatsangehörigen in der Union eingeräumte Freizügigkeitsrecht unterscheidet das Unionsrecht weiterhin zwischen Familiengehörigen von Unionsbürgern und sonstigen Drittstaatsangehörigen.

1. Familienangehörige von Unionsbürgern

Wie schon das ursprüngliche Ausführungsrecht zum wirtschaftsbezogenen und zum allgemeinen Freizügigkeitsrecht der Unionsbürger hebt die konsolidierende Freizügigkeits-Richtlinie von 2004[43] ausdrücklich hervor, dass dieses Recht, wenn es in Freiheit und Würde ausgeübt werden soll, ebenso den Familienangehörigen – ungeachtet ihrer Staatsangehörigkeit, also auch Staatsangehörigen von Drittstaaten – gewährt werden sollte.[44] Dies steht im Einklang mit der ständigen Rechtsprechung der europäischen Gerichtsbarkeit[45] sowie mit den Erfordernissen eines wirksamen Grundrechtsschutzes, wie sie sich aus den gemeinsamen Verfassungsüberlieferungen der Mitgliedstaaten, der Europäischen Konvention zum Schutz der Menschenrechte und Grundfreiheiten und der Grundrechtecharta der Europäischen Union[46] ergeben. Danach hat jede Person insbesondere das Recht auf Achtung ihres Familienlebens.[47] Für die Familien-

41 Art. 77 Abs. 1 lit. c und Abs. 2 lit. d AEUV.

42 Art. 78 Abs. 2 AEUV.

43 Oben, Abschnitt I.2.

44 Erwägungsgrund 5 Richtlinie 2004/38 (Fn. 27).

45 Vgl. u. a. EuGH, Rs. 249/86 (Kommission/Deutschland), Slg. 1989, 1263 Rn. 10; Rs. C-370/90 (Singh), Slg. 1992, I-4265 Rn. 18; Rs. C-60/00 (Carpenter), Slg. 2002, I-6279 Rn. 38 ff.; Rs. C-459/99 (MRAX), Slg. 2002, I-6591 Rn. 53 f.; Rs. C-157/03 (Kommission/Spanien), Slg. 2005, I-2911 Rn. 26 f.; Rs. C-540/03 (Parlament/Rat), Slg. 2006, I-5769 Rn. 52 ff.; Rs. C-34/09 (Ruiz Zambrano), Slg. 2011, I-1177 Rn. 40 ff.

46 Art. 6 EUV.

47 Art. 8 EMRK; Art. 7 EU-GRCh.

angehörigen, die in der Richtlinie näher definiert werden,[48] handelt es sich jedoch im Rahmen des Unionsrechts nicht um ein originäres, sondern um ein an die Freizügigkeit des Unionsbürgers anknüpfendes und davon abgeleitetes Recht.[49] Dementsprechend ist auch insoweit zwischen Familienangehörigen von wirtschaftlich tätigen und von sonstigen Unionsbürgern, die von ihrer Freizügigkeit Gebrauch machen, zu unterscheiden.

2. *Sonstige Drittstaatsangehörige*

Für die Freizügigkeit von Drittstaatsangehörigen, die nicht Familienangehörige von Unionsbürgern sind, bestehen zahlreiche im letzten Jahrzehnt erlassene detaillierte Sekundärrechtsakte. Dazu gehören Richtlinien zur Familienzusammenführung, zur langfristigen Aufenthaltsberechtigung, zum Schutz von Opfern des Menschenhandels, zu Ausbildungsmaßnahmen, zu Forschungszwecken und zur Ausübung einer hochqualifizierten Beschäftigung.[50] Der wesentliche Regelungsgehalt der Richtlinien betrifft die Bedingungen, unter denen Drittstaatsangehörige

---

48 Art. 2 Richtlinie 2004/38 (Fn. 27).

49 EuGH, Rs. C-10/05 (Mattern), Slg. 2006, I-3145 Rn. 25; Rs. C-291/05 (Eind), Slg. 2007, I-10719 Rn. 23; Rs. C-434/09 (McCarthy), Slg. 2011, I-3375 Rn. 42; Rs. C-256/11 (Dereci u.a.), Slg. 2011, I-11315 Rn. 55; Rs. C-40/11 (Iida), 2012, noch nicht in Slg. veröffentlicht, Rn. 66 ff.

50 Richtlinie 2003/86/EG des Rates betreffend das Recht auf Familienzusammenführung, ABl. 2003 L 251/12; Richtlinie 2003/109/EG des Rates betreffend die Rechtsstellung der langfristig aufenthaltsberechtigten Drittstaatsangehörigen, ABl. 2004 L 16/44; Richtlinie 2004/81/EG des Rates über die Erteilung von Aufenthaltstiteln für Drittstaatsangehörige, die Opfer des Menschenhandels sind oder denen Beihilfe zur illegalen Einwanderung geleistet wurde und die mit den zuständigen Behörden kooperieren, ABl. 2004 L 261/19; Richtlinie 2004/114/EG des Rates über die Bedingungen für die Zulassung von Drittstaatsangehörigen zur Absolvierung eines Studiums oder zur Teilnahme an einem Schüleraustausch, einer unbezahlten Ausbildungsmaßnahme oder eines Freiwilligendienstes, ABl. 2004 L 375/12; Richtlinie 2005/71/EG des Rates über ein besonderes Zulassungsverfahren für Drittstaatsangehörige zum Zwecke der wissenschaftlichen Forschung, ABl. 2005 L 289/15; Richtlinie 2009/50/EG des Rates über die Bedingungen für die Einreise und den Aufent-

in einen der Mitgliedstaaten der Europäischen Union einreisen und sich dort aufhalten können. Dabei werden im Vergleich zu den Regelungen für Drittstaatsangehörige, die Familienangehörige von Unionsbürgern sind, differenziertere Anforderungen an die einzelnen Bedingungen gestellt. Sie belassen den Mitgliedstaaten zudem einen erheblich weiteren Entscheidungsspielraum bei der Einräumung von Freizügigkeitsrechten. Allgemein sollen die Regelungen nach den Vorgaben des Europäischen Rates bewirken, dass die Rechtsstellung von Drittstaatsangehörigen derjenigen der Unionsbürger angenähert wird, wenn sich die Drittstaatsangehörigen rechtmäßig und langfristig in einem Mitgliedstaat aufgehalten haben.[51]

IV. Grenzen der Freizügigkeit

1. Grenzüberschreitender Sachverhalt

Eine allgemeine Begrenzung der wirtschaftsbezogenen wie der allgemeinen Freizügigkeit in der Union folgt aus dem Ziel der damit verbundenen Rechte, die Hindernisse für den grenzüberschreitenden Personenverkehr zwischen den Mitgliedstaaten zu beseitigen,[52] nicht jedoch die unterschiedlichen Rechtsordnungen insgesamt zu vereinheitlichen. Dementsprechend erstreckt sich der sachliche Anwendungsbereich der Freizügigkeitsrechte auf grenzüberschreitende, nicht auf rein innerstaatliche Sachverhalte, die keinerlei Bezug zum Unionsrecht aufweisen und mit keinem relevanten Element über die Grenzen eines Mitgliedstaats hinausweisen.[53] Grundsätzlich muss ein Unions-

---

halt von Drittstaatsangehörigen zur Ausübung einer hochqualifizierten Beschäftigung, ABl. 2009 L 155/17.

51 Vgl. u.a. Europäischer Rat, Tagung v. 10./11.12.2009, Schlussfolgerungen, EUCO 6/09, Ziff. 25 ff.; Stockholmer Programm, ABl. 2010 C 115/27, Ziff. 6; Kommission, Aktionsplan zur Umsetzung des Stockholmer Programms v. 20.4.2010, KOM (2010) 171, Ziff. 6 in Verbindung mit Anhang S. 47 ff.

52 Art. 3 Abs. 2 EUV; Art. 26 Abs. 2, Art. 67 Abs. 2 AEUV.

53 EuGH, Rs. 175/78 (Saunders), Slg. 1979, 1129 Rn. 11; Rs. C-332/90 (Steen), Slg. 1992, I-341 Rn. 9; Rs. C-212/06 (Gouvernement de la Com-

bürger deshalb von seinem Freizügigkeitsrecht tatsächlich Gebrauch gemacht haben, um in den Genuss der damit verbundenen Rechte zu kommen.[54]

Macht ein Unionsbürger von diesem Recht keinen Gebrauch, so kann seine Lage jedoch nicht allein aus diesem Grund einem rein innerstaatlichen Sachverhalt gleichgestellt werden. Der Unionsbürgerstatus ist nicht nur eine inhaltsleere Zusatzbezeichnung der Staatsangehörigen der Mitgliedstaaten. Er ist vielmehr dazu bestimmt, der grundlegende Status der Unionsbürger zu sein, der auch von ihrem Heimatstaat zu achten ist.[55] Dementsprechend steht er mitgliedstaatlichen Maßnahmen entgegen, die den Unionsbürgern den tatsächlichen Genuss des Kernbestandes ihrer Statusrechte verwehren[56] oder die Ausübung ihres Rechts, sich im Hoheitsgebiet der Mitgliedstaaten frei zu bewegen und aufzuhalten, behindern.[57] Dies ist beispielsweise der Fall, wenn sich ein Unionsbürger aufgrund der staatlichen Maßnahme faktisch gezwungen sieht, nicht nur das Gebiet seines eigenen Mitgliedstaats, sondern das der ganzen Union zu verlassen.[58] Nicht ausreichend hingegen ist allein der Wunsch eines Unionsbürgers, sich aus wirtschaftlichen oder familiären Gründen zusammen mit Familienangehörigen aus Drittstaaten in der Union aufzuhalten, sofern nicht andere Gründe, insbesondere

---

munauté française und Gouvernement wallon), Slg. 2008, I-1683 Rn. 33; Rs. C-434/09 (McCarthy) [Fn. 49], Rn. 45; Rs. C-256/11 (Dereci u.a.) [Fn. 49], Rn. 60; std. Rspr.

54 Art. 3 Abs. 1 Richtlinie 2004/38 (Fn. 27); EuGH, Rs. C-34/09 (Ruiz Zambrano) [Fn. 45], Rn. 39; Rs. C-434/09 (McCarthy) [Fn. 49], Rn. 30 ff.; Rs. C-256/11 (Dereci u.a.) [Fn. 49], Rn. 54.

55 EuGH, Rs. C-184/99 (Grzelczyk) [Fn. 29], Rn. 31 f.; Rs. C-413/99 (Baumbast) [Fn. 37], Rn. 82; Rs. C-34/09 (Ruiz Zambrano) [Fn. 45], Rn. 41; Rs. C-434/09 (McCarthy) [Fn. 49], Rn. 46 ff.; Rs. C-256/11 (Dereci u.a) [Fn. 49], Rn. 62 f.

56 EuGH, Rs. C-34/09 (Ruiz Zambrano) [Fn. 45], Rn. 42; Rs. C-434/09 (McCarthy) [Fn. 49], Rn. 49; Rs. C-256/11 (Dereci u.a.) [Fn. 49], Rn. 64 ff.

57 EuGH, Rs. C-434/09 (McCarthy) [Fn. 49], Rn. 50 ff.; Rs. C-40/11 (Iida) [Fn. 49], Rn. 70.

58 EuGH, Rs. C-34/09 (Ruiz Zambrano) [Fn. 45], Rn. 43 f.

das Recht auf Schutz des Familienlebens,[59] ein Aufenthaltsrecht gewährleisten.[60] Ebenso unzureichend für eine Anwendung des Unionsrechts ist die rein hypothetische Aussicht auf die Ausübung des Freizügigkeitsrechts oder einer Beeinträchtigung dieses Rechts.[61]

2. *Öffentliche Interessen der Mitgliedstaaten*

Darüber hinaus enthält das Unionsrecht ausdrücklich spezifische Grenzen für die einzelnen Freizügigkeitsrechte zum Schutz öffentlicher Interessen der Mitgliedstaaten. Im Bereich der wirtschaftsbezogenen Freizügigkeit bestehen Ausnahmebestimmungen für Arbeitnehmer in der öffentlichen Verwaltung sowie für selbständig Erwerbstätige und im Dienstleistungsverkehr bei Ausübung öffentlicher Gewalt.[62] Vorbehalten bleiben ferner mitgliedstaatliche Regelungen für Ausländer, die aus Gründen der öffentlichen Ordnung, Sicherheit oder Gesundheit gerechtfertigt sind[63] und in der Freizügigkeits-Richtlinie von 2004 für die Unionsbürger und ihre Familienangehörigen eine nach der Aufenthaltsdauer im Aufnahmemitgliedstaat differenzierende Ausgestaltung erfahren haben.[64]

Grenzen für die Freizügigkeit zugunsten öffentlicher Interessen ergeben sich auch aus dem Zusammenhang des Unionsrechts. Insoweit erscheint die Gewährleistung der Teilnahme von Unionsbürgern an den Europa- und Kommunalwahlen in ihrem Aufenthaltsstaat, dessen Staatsangehörigkeit sie nicht be-

---

59 Art. 7 EU-GRCh; Art. 8 EMRK.

60 EuGH, Rs. C-256/11 (Dereci u.a.) [Fn. 49], Rn. 59 ff.; Schlussanträge GA *V. Trstenjak*, Rs. C-40/11 (Iida), v. 15.5.2012 Nr. 60 ff.; Rs. C-356/11 und C-357/11 (O. und S.), 2012, noch nicht in Slg. veröffentlicht, Rn. 52, 59.

61 EuGH, Rs. C-40/11 (Iida)) [Fn. 49], Rn. 77.

62 Art. 45 Abs. 4, Art. 51, Art. 62 AEUV.

63 Art. 45 Abs. 3, Art. 52, Art. 62 AEUV.

64 Art. 27 ff. RL 2004/38 (Fn. 27); vgl. dazu u.a. EuGH, Rs. C-348/09 (P. I.), 2012, noch nicht in Slg. veröffentlicht, Rn. 11 ff.; Rs. C-249/11 (Byankov), 2012, noch nicht in Slg. veröffentlicht, Rn. 29 ff.

sitzen,[65] als eine Sonderregelung, die sich nicht auf andere Wahlen übertragen lässt. Auch das Völkerrecht, das Bestandteil des Unionsrechts ist, kann zu einer Beschränkung des Freizügigkeitsrechts in der Union führen, etwa wenn ein Unionsbürger das Amt eines Staatsoberhaupts bekleidet.[66]

Der den Mitgliedstaaten zustehende Gestaltungsspielraum wird zudem nicht über die Erfordernisse der vertraglich gewährleisteten Freizügigkeitsrechte hinaus begrenzt. Zulässig bleiben danach freizügigkeitsbeschränkende Maßnahmen der Mitgliedstaaten, wenn sie auf objektiven, von der Staatsangehörigkeit der Betroffenen unabhängigen Erwägungen des Allgemeininteresses beruhen und in einem angemessenen Verhältnis zu dem mit dem nationalen Recht legitimerweise verfolgten Zweck stehen.[67]

3. Finanzielle Belastbarkeit der Mitgliedstaaten

Spezifische Grenzen bestehen ferner für die allgemeine, nicht jedoch für die wirtschaftsbezogene Freizügigkeit aufgrund der zusätzlichen Erfordernisse einer umfassenden Krankenversicherung und ausreichender Existenzmittel, deren Höhe eine Inanspruchnahme von Sozialhilfeleistungen des Aufnahmemitgliedstaats grundsätzlich ausschließt.[68] Die zusätzlichen Erfordernisse sollen sicherstellen, dass die allgemein Freizügigkeitsberechtigten die öffentlichen Finanzen des Aufnahmemitgliedstaats nicht unangemessen belasten.[69] Dies erscheint bei wirtschaftlich Freizügigkeitsberechtigten dadurch gewährleistet, dass sie die für ih-

---

65 Art. 22 AEUV, Art. 39 und 40 EU-GRCh.

66 EuGH, Rs. C-364/10 (Ungarn/Slowakei), 2012, noch nicht in Slg. veröffentlicht, Rn. 40 ff.

67 EuGH, Rs. C-224/98 (D'Hoop) [Fn. 30], Rn. 36; Rs. C-406/04 (De Cuyper), Slg. 2006, I-6947 Rn. 40; Rs. C-11/06 u.a. (Morgan u.a.), Slg. 2007, I-9161 Rn. 33; Rs. C-353/06 (Grunkin und Paul) [Fn. 31], Rn. 29; Rs. C-544/07 (Rüffler) [Fn. 29], Rn. 74; Rs. C-269/09 (Kommission/Spanien), 2012, noch nicht in Slg. veröffentlicht, Rn. 92; std. Rspr.

68 Art. 6 in Verbindung mit Art. 14 Abs. 1, Art. 7 Abs. 1 lit. b, c und d RL 2004/38 (Fn. 27).

69 Art. 14 Abs. 1, Erwägungsgründe 10 und 16 RL 2004/38 (Fn. 27).

ren Lebensunterhalt und ihren Gesundheitsschutz notwendigen Mittel aus ihrer Erwerbstätigkeit erzielen.[70]

Die zusätzlichen Erfordernisse entfallen auch für die allgemein Freizügigkeitsberechtigten mit Erwerb des Rechts auf Daueraufenthalt, das jedem Unionsbürger nach einem fünfjährigen, rechtmäßigen und ununterbrochenen Aufenthalt in einem anderen Mitgliedstaat zusteht.[71] Zuvor kann die Inanspruchnahme von Sozialhilfeleistungen zur Ausweisung führen, die jedoch nicht automatisch, sondern nur aufgrund einer Einzelfallprüfung unter Beachtung des Grundsatzes der Verhältnismäßigkeit erfolgen darf.[72]

Sonderregelungen bestehen für Arbeitssuchende und für Studierende. Im Zusammenhang mit der Unionsbürgerschaft steht den Arbeitssuchenden ein Recht auf Gleichbehandlung in einem anderen Mitgliedstaat nicht mehr nur im Hinblick auf den Zugang zur Beschäftigung zu,[73] sondern auch im Hinblick auf finanzielle Leistungen, die ihnen den Zugang zum Arbeitsmarkt erleichtern sollen, wenn zwischen ihnen und dem Arbeitsmarkt eine tatsächliche Verbindung, etwa durch Wohnsitznahme, besteht.[74] Bei vertragskonformer Auslegung muss die Bestimmung der Freizügigkeits-Richtlinie von 2004, die den Aufnahmemitgliedstaat nicht verpflichtet, Arbeitssuchenden vor Erwerb eines Daueraufenthaltsrechts Sozialhilfe zu gewähren,[75] dahin verstanden werden, dass sich dieser Ausschluss nicht auf finanzielle

---

70 Schlussanträge GA *L. A. Geelhoed,* Rs. C-456/02 (Trojani) [Fn. 35], Rn. 9 ff.

71 Art. 16 Richtlinie 2004/38 (Fn. 27); vgl. dazu EuGH, Rs. C-162/09 (Lassal), Slg. 2010, I-9217 Rn. 29 ff.

72 Art. 14 Abs. 3, Erwägungsgrund 16 Richtlinie 2004/38 (Fn. 27).

73 EuGH, Rs. C-292/89 (Antonissen), Slg. 1991, I-745 Rn. 13 ff.; Rs. C-171/91 (Tsiotras), Slg. 1993, I-2925 Rn. 8 ff.; Rs. C-344/95 (Kommission/Belgien), Slg. 1997, I-1035 Rn. 15 ff.

74 EuGH, Rs. C-138/02 (Collins), Slg. 2004, I-2703 Rn. 63 ff.; Rs. C-258/04 (Ioannidis) [Fn. 36], Rn. 22 ff.; Rs. C-367/11 (Prete) [Fn. 34], Rn. 21 ff.

75 Art. 24 Abs. 2 Richtlinie 2004/38 (Fn. 27).

Leistungen bezieht, die den Arbeitssuchenden den Zugang zum Arbeitsmarkt erleichtern sollen.[76]

Studierende, die nach der früheren Studenten-Richtlinie[77] von Unterhaltsstipendien ausgeschlossen werden konnten, wenn sie sich zur Studienaufnahme in einen anderen Mitgliedstaat begaben, haben nunmehr aufgrund ihrer Unionsbürgerschaft nicht mehr nur, wie schon zuvor, im Aufnahmemitgliedstaat einen Anspruch auf gleichberechtigten Zugang zum Studium,[78] sondern auch einen Anspruch auf Gleichbehandlung bei der Stipendienvergabe, wenn sie sich dort im Rahmen ihrer allgemeinen Freizügigkeit für eine gewisse Zeit aufgehalten und zu einem gewissen Grad in dessen Gesellschaft integriert haben.[79] Ein Anspruch auf Gleichbehandlung bei der Stipendienvergabe für ein Studium in einem anderen Mitgliedstaat besteht auch gegenüber dem Heimatstaat, soweit dieser entsprechende Studienbeihilfen im Inland gewährt.[80]

Nach der Freizügigkeits-Richtlinie von 2004 sind die Mitgliedstaaten demgegenüber allgemein nicht verpflichtet, Studierenden aus anderen Mitgliedstaaten vor Erwerb des Daueraufenthaltsrechts Studienbeihilfen „in Form eines Stipendiums oder Studiendarlehens“ zu gewähren.[81] Das Vertragsrecht lässt Ausführungsvorschriften jedoch insoweit nur zur Erleichterung der allgemeinen Freizügigkeit zu.[82] Deshalb ist die betreffende Be-

76 Vgl. auch EuGH, Rs. C-22/08 (Vatsouras u.a.), Slg. 2009, I-4585 Rn. 33 ff., und dazu Schlussanträge GA *D. Jarabo-Ruiz Colomer,* ebd., Nr. 44 ff.

77 Art. 3 RL 93/96 (Fn. 23).

78 EuGH, Rs. 293/83 (Gravier), Slg. 1985, 593 Rn. 25 f.; Rs. C-147/03 (Kommission/Belgien), Slg. 2005, I-5969 Rn. 31 ff.; Rs. C-73/08 (Bressol u.a.), Slg. 2010, I-2735 Rn. 30 ff.; std. Rspr.

79 EuGH, Rs. C-184/99 (Grzelczyk) [Fn. 29], Rn. 34 ff.; Rs. C-209/03 (Bidar) [Fn. 31], Rn. 44 ff., 56 ff.

80 EuGH, Rs. C-11/06 (Morgan u.a.) [Fn. 32], Rn. 22 ff.; vgl. auch Rs. C-542/09 (Kommission/Niederlande), 2012, noch nicht in Slg. veröffentlicht, Rn. 47 ff.; Rs. C-523/11 und C-585/11 (Prinz und Seeberger), Schlussanträge GA *E. Sharpston* v. 12.2.2013 Nr. 47 ff.

81 Art. 24 Abs. 2 RL 2004/38 (Fn. 27).

82 Art. 21 Abs. 2 AEUV.

stimmung der Freizügigkeits-Richtlinie von 2004 im Hinblick auf Studierende, die sich im Rahmen ihres allgemeinen Freizügigkeitsrechts in einen anderen Mitgliedstaat begeben und dort integriert haben, nicht unproblematisch, wenn sie dahin zu verstehen sein müsste, dass die für den Daueraufenthalt erforderliche Mindestfrist von fünf Jahren als ausschließlicher Maßstab für das Integrationserfordernis gelten soll.[83] Vielmehr ist der erforderliche Grad der Verbundenheit mit dem Aufnahmemitgliedstaat auch anhand anderer geeigneter Merkmale zu prüfen; zudem muss er in einem angemessenen Verhältnis zu der konkret beanspruchten Leistung stehen.[84]

4. Grenzkontrollen

Das Ziel eines freien Personenverkehrs zwischen den Mitgliedstaaten wurde schon mit dem Abschluss des EWG-Vertrags angestrebt[85] und anschließend dahin präzisiert, dass der Binnenmarkt als Raum ohne Binnengrenzen auch den freien Personenverkehr gewährleistet.[86] Seit dem Vertrag von Amsterdam hat die Union die Aufgabe sicherzustellen, dass Personen unabhängig von ihrer Staatsangehörigkeit beim Überschreiten der Binnengrenzen nicht und flankierend dazu beim Überschreiten der Außengrenzen wirksam kontrolliert werden.[87] Die näheren Regelungen finden sich – nach der Einbeziehung des sog. Schengen-Besitzstands in das Unionsrecht[88] – in der Verordnung 562/2006 über den Schengener Grenzkodex.[89]

---

83 So EuGH, Rs. C-158/07 (Förster), Slg. 2008, I-8507 Rn. 51 ff.; a. A. Schlussanträge GA *J. Mazák*, ebd., Nr. 129 ff.

84 EuGH, Rs. C-224/98 (D'Hoop) [Fn. 30], Rn. 39; Rs. C-503/09 (Stewart), Slg. 2011, I-64971 Rn. 95; Rs. C-75/11 (Kommission/Österreich) [Fn. 31], Rn. 59 ff.

85 Art. 3 lit. c EWGV.

86 Art. 8a EWGV (idF der Einheitlichen Europäischen Akte); später Art. 14 EGV.

87 Art. 3 Abs. 2 EUV; Art. 67 Abs. 2, Art. 77 Abs. 1 EUV; zuvor Art. 61 lit. a, Art. 62 EGV.

88 Protokoll Nr. 2 zur Einbeziehung des Schengen-Besitzstandes in den Rahmen der Europäischen Union, ABl. 1997 C 340/93; vgl. auch

Grenzkontrollen an den Binnengrenzen der Europäischen Union[90] sind danach grundsätzlich abgeschafft[91] und können nur ausnahmsweise und zeitlich begrenzt bei einer schwerwiegenden Bedrohung der öffentlichen Ordnung oder inneren Sicherheit unter Einhaltung geregelter Verfahren wieder eingeführt werden.[92] Unberührt bleiben Personenkontrollen und sonstige Polizeibefugnisse innerhalb des staatlichen Hoheitsgebiets, sofern ihre Ausübung nicht die gleiche Wirkung wie Grenzübertrittskontrollen hat.[93] Drittstaatsangehörige unterliegen bei Einreise in einen Mitgliedstaat ebenfalls keinen Binnengrenzkontrollen, jedoch den dortigen Meldepflichten.[94]

(15.) Erklärung zur Bewahrung des durch den Schengen-Besitzstand gewährleisteten Maßes an Schutz und Sicherheit sowie (46.) und (47.) Erklärung zu Art. 5 und 6 des Protokolls zur Einbeziehung des Schengen-Besitzstandes in den Rahmen der Europäischen Union, ABl. 1997 C 340/134, 141; ferner Beschluss 1999/435/EG des Rates, ABl. 1999 L 176/1; Beschluss 1999/436/EG des Rates zur Festlegung der Rechtsgrundlagen für die einzelnen Bestimmungen und Beschlüsse, die den Schengen-Besitzstand bilden, nach Maßgabe der einschlägigen Bestimmungen des Vertrags zur Gründung der Europäischen Gemeinschaft und des Vertrags über die Europäische Union, ABl. 1999 L 176/17. – Mit Inkrafttreten der Verträge von Lissabon ist die Differenzierung zwischen den verschiedenen „Säulen" des Unionsvertrags von Maastricht infolge der nunmehr einheitlichen Rechtspersönlichkeit der Europäischen Union (Art. 47 EUV) entfallen; vgl. auch das den Verträgen beigefügte Protokoll (Nr. 19) über den in den Rahmen der Europäischen Union einbezogenen Schengen-Besitzstand, ABl. 2012 C 326/290.

89 Verordnung (EG) Nr. 562/2006 des Europäischen Parlaments und des Rates über einen Gemeinschaftskodex für das Überschreiten der Grenzen durch Personen (Schengener Grenzkodex), ABl. 2006 L 105/1.

90 Darunter sind die gemeinsamen (mitgliedstaatlichen) Landgrenzen, einschließlich der Fluss- und Binnenseegrenzen, die Flughäfen für Binnenflüge sowie die See-, Flussschifffahrts- und Binnenseehäfen für regelmäßige Fährverbindungen zu verstehen, Art. 2 Nr. 1 VO (EU) 562/2006 (Fn. 89).

91 Art. 1 Abs. 1, Art. 20 VO 562/2006 (Fn. 89).

92 Art. 23 ff. VO 562/2006 (Fn. 89).

93 Art. 2 Nr. 10, Art. 21 f. VO 562/2006 (Fn. 89).

94 Art. 21 lit. d VO 562/2006 (Fn. 89). – Die Wirksamkeit der Bestimmung bezweifelnd und für deren Abschaffung Kommission, Bericht über

Die Abgrenzung zwischen unzulässigen Personenkontrollen an den Binnengrenzen und weiterhin zulässigen Personenkontrollen auf staatlichem Gebiet, insbesondere im grenznahen Bereich, wurde für die Praxis der Mitgliedstaaten durch ein Grundsatzurteil des Europäischen Gerichtshofs weitgehend geklärt. Danach darf eine Identitätskontrolle von Personen im grenznahen Bereich unabhängig von deren Verhalten und unabhängig von besonderen Umständen, aus denen sich eine Gefahr für die öffentliche Ordnung ergibt, nur durchgeführt werden, wenn die Regelung dafür den erforderlichen Kontrollrahmen vorgibt und gewährleistet, dass die Ausübung der Befugnis nicht die gleiche Wirkung wie Grenzkontrollen haben kann.[95]

Die vorübergehende Wiedereinführung von Binnengrenzkontrollen ist von den Mitgliedstaaten bisher nur geringfügig und zurückhaltend wahrgenommen worden, typischerweise und jeweils von kurzer Dauer aus Sicherheitsgründen anlässlich von großen Sportereignissen, politischen Demonstrationen und hochrangigen politischen Treffen.[96] Neuere Entwicklungen, insbesondere im Hinblick auf Terrorismus, organisierte Kriminalität und Sicherung der EU-Außengrenzen, haben jedoch den Wunsch nach einer Rückkehr zu vermehrten Binnengrenzkontrollen aufkommen lassen. Der Europäische Rat hat den hohen Wert des freien Personenverkehrs in der Union und zugleich die Schengen-Pflichten der Mitgliedstaaten sowie den wirksamen Schutz der EU-Außengrenzen hervorgehoben. Als allerletzte Möglichkeit könnten jedoch ausnahmsweise auch vorübergehende Binnengrenzkontrollen wieder eingeführt werden, wenn ein Mitgliedstaat seine Schengen-Pflichten nicht mehr erfüllen kann.[97]

---

die Anwendung von Titel III (Binnengrenzen) der Verordnung (EG) Nr. 562/2006, KOM (2010) 554, S. 7.

95 EuGH, Rs. C-188/10 (Melki), Slg. 2010, I-5667 Rn. 70 ff.; vgl. dazu auch Kommission, Bericht über die Anwendung von Titel III (Binnengrenzen) der VO (EU) 562/2006 (Fn. 89), KOM (2010) 554, S. 3 ff.

96 Kommission, Wahrung des Schengen-Systems – Stärkung des Raums ohne Kontrollen an den Binnengrenzen, KOM (2011) 561, S. 5; Kommission, Halbjahresbericht über das Funktionieren des Schengen-Raums: 1.11.2011–30.4.2012, KOM (2012) 230, S. 5 f.

Diese Zurückhaltung ist gerechtfertigt nicht nur, weil die Freizügigkeit zu den sichtbarsten Errungenschaften der europäischen Integration gehört, sondern weil Grenzkontrollen unter den Bedingungen heutiger Mobilität die genannten Gefahren kaum wirksam bekämpfen können. Dementsprechend sollen zur Gefahrenabwehr in erster Linie andere Instrumente eingesetzt werden, insbesondere ein Evaluierungs- und Überwachungsmechanismus für die Überprüfung der Anwendung des Schengen-Besitzstands,[98] ein intelligentes System zur Überschreitung der Außengrenzen[99] sowie ein Europäisches [Außen-]Grenzüberwachungssystem (EUROSUR).[100]

V. Ergebnis

Die Freizügigkeit in der Europäischen Union ist ein Grundrecht, das den Unionsbürgern und nach Maßgabe der Unionsverträge auch Drittstaatsangehörigen zusteht. Auch das gegenwärtige Unionsrecht unterscheidet weiterhin zwischen wirtschaftsbezogener und allgemeiner Freizügigkeit der Unionsbürger. Beide Grundrechte gewährleisten den Unionsbürgern grundsätzlich Gleichbehandlung mit den Angehörigen des Aufnahmemitgliedstaats nach einem rechtmäßigen Aufenthalt von fünf Jahren. Zu-

---

97 Europäischer Rat, Tagung v. 23./24.6.2011, Schlussfolgerungen, EUCO 23/11; Verordnung (EU) Nr. 1051/2013 des Europäischen Parlaments und des Rates zur Änderung der Verordnung (EG) Nr. 562/2006 zwecks Festlegung einer gemeinsamen Regelung für die vorübergehende Wiedereinführung von Kontrollen an den Binnengrenzen unter außergewöhnlichen Umständen, ABl. 2013 L 295/1.

98 Verordnung (EU) Nr. 1053/2013 des Europäischen Parlaments und des Rates zur Einführung eines Evaluierungs- und Überwachungsmechanismus für die Überprüfung der Anwendung des Schengen-Besitzstands und zur Aufhebung des Beschlusses vom 16. September 1998 bezüglich der Errichtung des Ständigen Ausschusses Schengener Durchführungsübereinkommen, ABl. 2013 L 295/27.

99 Kommission, Intelligente Grenzen: Optionen und weiteres Vorgehen, KOM (2011) 680.

100 Verordnung (EU) Nr. 1052/2013 des Europäischen Parlaments und des Rates zur Errichtung eines Europäischen Grenzüberwachungssystems (EUROSUR), ABl. 2013 L 295/11.

vor müssen die Unionsbürger dort entweder einer wirtschaftlichen Tätigkeit nachgehen oder über eine umfassende Krankenversicherung und ausreichende Existenzmittel verfügen, um nicht auf Sozialhilfe des Aufnahmemitgliedstaats angewiesen zu sein. Binnengrenzkontrollen und vergleichbare Personenkontrollen in den Mitgliedstaaten sind grundsätzlich untersagt und nur vorübergehend unter strengen sachlichen und verfahrensrechtlichen Voraussetzungen als allerletztes Mittel bei einer schwerwiegenden Bedrohung der öffentlichen Ordnung oder inneren Sicherheit zulässig.

Die *margin of appreciation* – insbesondere im Zusammenhang mit der negativen Religionsfreiheit

Von *Georg Ress*

I. Ursprung und Grundgedanke der *margin of appreciation*

Die sogenannte *margin of appreciation* wurde vom Europäischen Gerichtshof für Menschenrechte schon frühzeitig angesprochen, wahrscheinlich schon im Fall *Lawless v. Ireland.*[1] Es handelt sich um die Bezeichnung des Entscheidungsspielraums, der den Vertragsstaaten überlassen ist und vom Gerichtshof in der Regel angesichts völliger divergierender Auffassungen in den Vertragsstaaten nicht näher überprüft werden soll.[2] Diese

---

1 EGMR v. 1.7.1961, no. 332/57. So auch *R. Bernhardt,* Nationale Gestaltungsmöglichkeiten bei dem Schutz und der Einschränkung international geschützter Menschenrechte, in: FS für E. Riedel, 2013, S. 95 (97 f.). Später insbesondere auch im Fall Handyside v. UK, GH 24.22 Ziff. 48 ff., bei der Auslegung des Begriffs „notwendig" in den Absätzen 2 der Art. 8–11 EMRK. Siehe auch jüngst im Fall Lautsi et al. v. Italy (GC), no. 30814/06, Urt. v. 18.3.2011, wo die Große Kammer die Frage, ob Kruzifixe in Klassenräumen aufgehängt werden dürfen oder ob dies mit der Religionsfreiheit unvereinbar sei, auf die *margin of appreciation* der Vertragsstaaten verweist. Hier kommt die Rechtsvergleichung bzw. Staatenpraxis ins Spiel: „Moreover, the fact that there is no European consensus on the question if the presence of religious symbols in state schools speaks in favour of that spproach." Vgl. dazu *G. Ress,* La liberté negative de la religion et des autres libertés, in: Liber amicorum J.-F. Flauss, 2013.

2 *G. Ress,* Rechtstheoretische Fundierung der Menschenrechte-Thema: Überlegungen zur Reichweite der Garantie der Europäischen Menschenrechtskonvention, in: L'Europe des Droits Fondamentaux, Mélanges en Hommage à A. Weitzel, 2013, S. 375 (380).

Sphärentheorie hat sich im Laufe der Rechtsprechung[3] zu einer entscheidenden Abgrenzung des Jurisdiktionsraums des Gerichtshofs von dem Jurisdiktionsraum der Gerichte der Vertragsstaaten entwickelt, auch wenn diese Entscheidungsgrundlage alles andere als unbestritten ist und vom Vizepräsidenten des EGMR *Christos Rozakis* erst jüngst in der Festschrift für den scheidenden Präsidenten *Jean-Paul Costa* als überflüssig oder nahezu überholt dargestellt worden ist.[4] Ein wenn auch unvollkommener Vergleich zu der Rechtsprechung des Bundesverfassungsgerichts mag in der Abgrenzung des Jurisdiktionsbereichs des Bundesverfassungsgerichts von dem Entscheidungsbereich des staatlichen Gesetzgebers liegen. Auch diese Abgrenzung ist im Laufe der Rechtsprechung des Bundesverfassungsgerichts vielen Variationen ausgesetzt gewesen, die hier nicht im Einzelnen auszubreiten sind.[5]

---

[3] Vgl. jüngst die Entscheidung zum Geschwisterinzest Stübing v. Germany, Urt. v. 12.4.2012, no. 4354/08. Siehe *H. Jung*, Das Inzestverbot oder der EGMR auf den Spuren des BVerfG, Goltdammer's Archiv für Strafrecht 10/2012, S. 617 (619 f.): „Das Gericht zieht sich letztlich darauf zurück, dass die ‚margin of appreciation' sich in Ermangelung eines Konsenses ausweite mit der Konsequenz, dass nur noch eine Art Plausibilitätskontrolle der (amtlichen) mitgliedstaatlichen Argumentation zur Rechtsfertigung des Einsatzes von Strafrecht stattfindet."

[4] *C. L. Rozakis*, Through the looking Glasses: An „Insiders" View of the margin of appreciation, in: P. Titium (Hrsg.), La Conscience des droits. Mélanges J.-P. Costa, 2011, S. 527 ff.; dazu auch *L. Wildhaber*, Recent Criticism of the European Court of Human Rights, in: Hafner et al. (Hrsg.), Völkerrecht und die Dynamik der Menschenrechte, Liber amicorum W. Karl, 2012.

[5] Das Bundesverfassungsgericht hat dem deutschen Gesetzgeber in vergleichbarer Weise einen weiten Einschätzungs-, Wertungs- und Gestaltungsspielraum eingeräumt, nur ist die methodische Konstellation hier eine andere, da der Rückgriff auf die Rechtsvergleichung unter den Vertragsstaaten ausscheidet. Eine Verletzung der Schutzpflicht liegt nur vor, wenn Schutzvorkehrungen überhaupt nicht getroffen werden oder die Maßnahmen gänzlich ungeeignet sind, um das Schutzziel zu erreichen. Der Umfang des Spielraums hänge von der Eigenart des Sachbereichs und der Bedeutung der betroffenen Rechtsgüter ab, vgl. BVerfGE 88, 203 (262). Bei der Umsetzung der Entscheidungen des BVerfG (insbes. Abtreibungsverbot) gibt es Schwachstellen bei fehlendem gesellschaftlichen Konsens.

II. Variationen der *margin of appreciation* in der EGMR-Rechtsprechung

Die *margin of appreciation* ist je nach Menschenrecht und Grundrecht in der Rechtsprechung variiert worden.[6] Als gemeinsamen Nenner kann man festhalten, dass der Gerichtshof davon ausgeht, dass der Beurteilungsspielraum der Staaten in dem Maße schwindet, in dem sich die Interpretation des betreffenden Menschenrechts bzw. Grundrechts in der Praxis der Mitgliedstaaten annähert. Die *margin of appreciation* ist Ausdruck der Subsidiarität des Rechtsschutzes durch den EGMR, denn nach Art. 1 EMRK sind in erster Linie die nationalen Behörden und die staatlichen Gerichte für die Anwendung und Durchsetzung der Konvention verantwortlich (Art. 13 EMRK). Der EGMR legt die Konvention (als *living instrument*) im Hinblick auf das Ziel aus, einen wirksamen Menschenrechtsschutz zu gewährleisten, also sicherzustellen, dass die Rechte nicht theoretisch oder nur scheinbar, sondern praktisch und wirksam sind. Der den Staaten eingeräumte Beurteilungsspielraum spielt naturgemäß vor allem bei den Ausnahmeregelungen in Abs. 2 der Art. 8–11 („was in einer demokratischen Gesellschaft notwendig ist“) eine Rolle, was dazu führt, dass geprüft wird, ob nach den Umständen des Falles die vom Staat angeführten Gründe stichhaltig und ausreichend sind, wobei der Gerichtshof die Verhältnismäßigkeit des Eingriffs prüft.

Das bekannteste Beispiel ist die Interpretation des Respekts des Privatlebens nach *Art. 8 EMRK* im Hinblick auf die Akzeptanz und die Rechtsfolgen einer Geschlechtsumwandlung.[7] Die-

---

6 Siehe Urteil Konstantin Markin v. Russie (GC), no. 30078/06. Siehe auch Stec and others v. UK (GC), no. 65731/01 and 65900/01. Im Urteil Konstantin Markin heißt es, dass der Umfang der margin variiere je nach den Umständen, dem Sachbereich und dem Kontext, aber die genaue Kontrolle hänge vom Gerichtshof am Maßstab der Konvention ab. Siehe dazu auch *M. Enrich-Mas*, Le droit comparé dans la cohérence interne du système de la Convention européenne des droits de l'homme, in: Cohérence et impact de la jurisprudence de la Cour européenne des droits de l'homme, Liber amicorum V. Berger, 2013, S. 151 ff.

se Fälle der sogenannten Transsexualität haben den Gerichtshof mehrfach beschäftigt,[8] immer mit dem Begehren, dass die Geschlechtsumwandlung im nationalen Recht eines Mitgliedstaates durch Anerkennung der Namensänderung im Geburtenregister[9] und auch der Folgen der Geschlechtsumwandlung in der sonstigen Rechtsordnung[10] akzeptiert werden sollte. Der Gerichtshof hat lange gezögert, einem solchen Begehren stattzugeben, bis er schließlich im Fall *Christine Goodwin*[11] *gegen Großbritannien* auf der Grundlage einer gewandelten Praxis in den Vertragsstaaten[12] entschieden hat, dass sich aus Art. 8 EMRK die Verpflichtung der Staaten ergebe, die Geschlechtsumwandlung in der innerstaatlichen Rechtsordnung anzuerkennen. Die Konsequenzen daraus sind vielfältig. Nicht nur im Hinblick auf Ergänzung der Eintragung in den Geburtsregistern, sondern im Hinblick auf die familienrechtliche Stellung,[13] die sozialrechtlichen Ansprüche und zum Beispiel auch im Hinblick auf die Frage, ob und unter welchen Umständen ein Anspruch gegen die Krankenkassen auf Übernahme der Kosten für eine geschlechtsumwandelnde Operation besteht.[14] Methodisch wird diese *margin of appreciation* durch den Rückgriff auf die Rechtsvergleichung abgesi-

---

7 Siehe dazu *M. R. Will,* Europarat und Transsexuelle – Mühselige europäische Privatrechtsangleichung am Beispiel des Menschenrechts auf Geschlechtsidentität, in: Jürgen Bröhmer (Hrsg.), The Protection of Human Rights at the Beginning of the 21st Century, 2012, S. 179 ff.

8 Nachweise bei *J. A. Frowein,* in: Frowein/Peukert, Europäische Menschenrechtskonvention, EMRK-Kommentar, 3. Aufl. 2012, Art. 8 Rn. 10. Siehe auch Rees v. UK, Vol. 106,24; Cossey, Vol. 184 – ÖJZ 1991, 173.

9 Rees v. UK, ebd.

10 B v. France, Vol. 232-C – ÖJZ 1992, 625; siehe auch Kutzner v. Germany, no. 46544/99, ECHR 2002-I, Urt. v. 26.2.02 (Sect.4).

11 Christine Goodwin v. UK (GC), no. 28957/95, ECHR 2002-VI, Urt. v. 11.7.02.

12 Bemerkenswert ist auch, dass der Gerichtshof auf gewandelte neuere wissenschaftliche Erkenntnisse über das Phänomen der Transsexualität zurückgreift. So kann es sein, dass ein Kind plötzlich zwei „Mütter“ hat, wenn der Vater sich zu einer Frau umbildet.

13 Siehe zum Entstehen sozialrechtlicher Ansprüche die obiter dicta im Fall Goodwin v. UK (Fn. 11).

14 Kutzner v. Germany (Fn. 10).

chert, die bei der Ermittlung der rechtlichen Situation in den Vertragsstaaten bei der Vorbereitung der Entscheidung des Gerichtshofs eine erhebliche Rolle spielt.[15] Um nur ein Beispiel zu nennen: Bei der Frage, ob eine anonyme Geburt so, wie sie in Frankreich gesetzlich geregelt ist, mit dem Respekt der Privatsphäre, d.h. dem Recht auf Kenntnis der Abstammung vereinbar ist, hat der Gerichtshof – wie auch in anderen Fällen – eine genaue Übersicht über die Praxis in den anderen Konventionsstaaten erhoben und um ein weniger spektakuläres Beispiel zu erwähnen: auch bei der Frage,[16] ob juristische Personen einen Ersatzanspruch wegen immaterieller Schäden durch überlange Verfahrensdauer haben können, hat der Gerichtshof auf die Praxis in den Vertragsstaaten rekurriert.[17]

III. Aktuelle Problematik: Schutz der negativen Religionsfreiheit

Eines der jüngsten Beispiele betrifft die negative Religionsfreiheit, die im Fall *Lautsi gegen Italien* im Mittelpunkt stand. In diesem Fall hatte eine Kammer des Gerichtshofs in dem Schulunterricht in Klassenräumen mit einem Kruzifix eine Verletzung der negativen Religionsfreiheit und des Erziehungsrechts der Eltern gesehen – ähnlich wie die Mehrheitsentscheidung des Bundesverfassungsgerichts[18]. Die Kammer hat die *margin of ap-*

---

15 Siehe *L. Wildhaber*, The Role of Comparative Law in the Case Law of the European Court of Human Rights, in: Internationale Gemeinschaft und Menschenrechte, in: FS für Georg Ress, 2005, S. 1101.

16 Zur anonymen Geburt siehe Odièvre v. France (GC), no. 42326/98, ECHR 2003-III, Urt. v. 13.2.03. Zum Schmerzensgeld für juristische Personen siehe meinen Beitrag in: FS für A. Ishikawa, 2001 S. 429 ff.

17 Nachweise bei *G. Ress*, in FS für A. Ishikawa, ebd.

18 Vgl. BVerfGE 93, 1 ff. Vgl. dazu das Urt. der 2. Sektion des EGMR v. 3.11.2009, no. 30814/06 im Fall Lautsi et al. v. Italy und das Urt. der Großen Kammer des EGMR v. 18.3.2011. Vgl. dazu auch die *concurring opinion* des Richters *Bonello*: „The crucifix-purge promoted by Ms. Lautsi would not in any way be a measure to ensure neutrality in the classroom. It would be an imposition of a crucifix-hostile philosophy of the parent of one pupil over the crucifix-receptive philosophy of the parents

preciation mit keinem Wort erwähnt und festgestellt, dass die Anwesenheit eines Kruzifix von Schülern allen Alters als religiöses Zeichen verstanden werden kann. „Sie werden sich in einer Umgebung erzogen fühlen, die durch eine bestimmte Religion geprägt ist. Die negative Freiheit ist nicht auf die Abwesenheit von religiösen Gottesdiensten oder Religionsunterricht beschränkt. Sie erstreckt sich auch auf Gebräuche und Symbole, die entweder konkret oder allgemein einen Glauben, eine Religion oder den Atheismus ausdrücken." Demgegenüber hat die von Italien angerufene Große Kammer angesichts der höchst unterschiedlichen Praxis in den Vertragsstaaten die Entscheidung dieses Problems in die *margin of appreciation* verwiesen, zumal insbesondere Russland und andere osteuropäische Staaten zusammen mit der orthodoxen Kirche gegenüber dieser Präponderanz der Ausschlusswirkung der so interpretierten negativen Religionsfreiheit eines einzelnen Schülers bzw. von dessen Eltern gegenüber der Mehrheitsmeinung ganz erhebliche Bedenken angemeldet hatten. Eine derartige Ikonoklastik durch Verfassungsinterpretation ist nicht nur von *Josef Isensee*[19], sondern besonders intensiv von *Detlef Merten*[20] kritisiert und untersucht worden. Auch im Europäischen Gerichtshof sind schon frühzeitig Zweifel daran geäußert worden, ob wirklich jedes positive Grund- und Menschenrecht negativ zu interpretieren bzw. wie weit die negative Dimension des positiven Rechts reiche (zuerst bei der sogenannten negativen Koalitionsfreiheit im Closed Shop-Streit). Besonders wichtig ist in diesem Zusammenhang die von *Merten* hervorgehobene Unterscheidung zwischen den Handlungsfreiheiten und den Schutzfreiheiten. So ist umstritten, ob die negative Religionsfreiheit mehr aussagt, als dass man

---

of all other 29. If the parents of one pupil claim the right to have their child raised in the absence of a crucifix, the parents of all other 29 should be able to claim the equal right to its presence whether as a traditional Christian emblem or even solely as a cultural souvenir."

19 *J. Isensee,* Bildersturm durch Grundrechtsinterpretation, ZRP 1996, S. 10 (12).

20 *D. Merten,* Negative Grundrechte, in: HGR, Bd. II, 2006, § 42 Rn. 75.

nicht zu einem bestimmten Bekenntnis gezwungen werden dürfe. Während die Große Kammer sich angesichts der vielfältigen Praxis in den Vertragsstaaten auf die *margin of appreciation* zurückzog und die Lösung dieses Problems den Vertragsstaaten überließ – mit der Folge, dass gegenüber Italien keine Vertragsverletzung festgestellt werden konnte,[21] haben mehrere Richter in *concurring opinions* festgehalten, dass der Säkularismus, d.h. eine agnostische Weltsicht, eine philosophische Weltanschauung darstellt, die nicht einen höheren Schutz im Verhältnis zu anderen Weltanschauungen oder religiösen Glaubensrichtungen verdient. Sie sei nicht etwa neutral, sondern müsse im Verhältnis zu anderen Glaubensrichtungen und Weltanschauungen in ihrem relativen Platz eingeordnet werden,[22] was zur Folge habe, dass sie nicht allein im Hinblick auf die Ausstattung von Klassenzimmern dominieren dürfe.

Gerade *Merten* hat sich mit der Frage intensiv beschäftigt, wieweit aus Grundrechten (Menschenrechten) auch negative Rechte folgen, also aus der Koalitionsfreiheit z.B. das Recht, einer Gewerkschaft nicht anzugehören, oder aus der Meinungsfreiheit das Recht, nichts zu sagen, zu schweigen, oder aus der Religionsfreiheit das Recht, einer Religion nicht anzugehören oder eine Religion zu verlassen. Ein wesentliches Ergebnis seiner Überlegungen bezieht sich auf die Reichweite dieser negativen Seite der Grundrechte, wozu er im Hinblick auf die Religionsfreiheit und das Urteil des BVerfG zum Unterricht in Klassenräumen „unter dem Kreuz" festgestellt hat: „Die negative Seite des Grundrechtsschutzes besagt nur, dass man nicht zu gewissen positiven Handlungen gezwungen werden darf, aber nicht, dass man einen Anspruch darauf hat, dass sich alle dieser negativen Sicht anschließen." Die negative Seite der Bekenntnisfreiheit

21 Vgl. das zitierte Urt. der Großen Kammer v. 18.3.2011. Vgl. dazu *G. Ress*, Die freiheitliche Gesellschaft und das Zeichen des Kreuzes. Das religiöse Symbol in der Kultur des säkularen Staates, in: C. Böhr (Hrsg.), Die Verfassung der Freiheit und das Sinnbild des Kreuzes. Das religiöse Symbol und seine Anthropologie in der Kultur des säkularen Staates, 2013.

22 Siehe Richter *Bonello* (Fn. 18).

gibt nach dieser Sicht kein Recht darauf, von fremden Glaubensbekundungen, kultischen Handlungen und religiösen Symbolen verschont zu bleiben. Sie sei eine Entsagungs- und Verneinungsfreiheit, aber keine Untersagungsfreiheit. Aus Art. 4 Abs. 1 GG lasse sich nur die Freiheit ableiten, an religiöse Symbole nicht zu „glauben" und sich zu ihnen nicht zu „bekennen", was eine Entscheidung mit Wirkung für den einzelnen, nicht aber mit Wirkung für oder gegen andere bedeutet.

Ein jüngstes Beispiel aus dem Bereich der Religionsfreiheit betrifft die Frage, wie weit es zulässig ist, dass Priester und Laien (im Rahmen der orthodoxen Kirche) Gewerkschaften zur Wahrnehmung ihrer wirtschaftlichen und beruflichen Rechte gegenüber der Kirche (der jeweiligen Gemeinde, der Kirchenleitung) und dem staatlichen, für kirchliche Angelegenheiten zuständige Ministerium gründen und betreiben dürfen. Eine Kammer des Gerichtshofs[23] hat, gestützt auf die Koalitionsfreiheit in Art. 11 EMRK, eine solche Gründung für zulässig gehalten, ohne näher auf die Aspekte der Religionsfreiheit nach Art. 9 EMRK einzugehen. Wenn man sich vorstellt, dass eine solche Gewerkschaft innerhalb einer Kirche (sozusagen als Kirche von unten) Fragen der hierarchischen Kirchengliederung, der Beförderungen von Priestern und in der Kirche beschäftigten Laien, deren Bezahlung, die Ernennung von Bischöfen und die Organisation und Finanzierung von kirchlichen Veranstaltungen zum Gegenstand hat, dann ist offensichtlich, dass damit Fragen des *Selbstorganisationsrechts der Kirchen* und religiöser Verbände berührt werden. Der Gerichtshof hat in einem jüngsten Urteil gegen Spanien[24] die aus der Religionsfreiheit abgeleitete Autonomie der Kirchen anerkannt und eine Überprüfung von Entscheidungen der Kirchen nach ihrem eigenen Recht nur im Hinblick auf die Verletzung der Menschenwürde und grundlegende Prinzipien, wie etwa das Willkürverbot, anerkannt. Auch insofern wäre es

---

23 Sindicatul „Pastorul cel Bun" v. Roumania, no. 2330/09, Urt. v. 31.1. 2012. Vgl. dazu *G. Ress,* Le problème de l'autonomie de l'Eglise: les aspects dans la jurisprudence de la Cour européenne des droits de l'homme, in: Cohérence et impact (Fn. 6), S. 333.

24 Fernandez Martinez v. Espagne, no. 56030/07, Urt. v. 15.5.2012.

wahrscheinlich sinnvoll, auf die unterschiedliche Praxis der einzelnen Staaten und der einzelnen Kirchen zurückzugreifen und eine relativ weite *margin of appreciation* anzuerkennen.[25]

IV. Zu weit gehende Souveränitätseingriffe des EGMR? – Insbesondere: Die Position Großbritanniens

Im Fall *Hirst/Großbritannien* (Urt. v. 6.10.2005 der Großen Kammer, Newsletter Menschenrechte 2005, 236)[26] hatte der Gerichtshof festgestellt, dass ein dauerhafter Entzug des Wahlrechts mit Art. 3 des 1. Zusatzprotokolls zur EMRK unvereinbar sei. Für die (konservative) Regierung in Großbritannien war die damit verknüpfte Verpflichtung, ihr Gesetz zu ändern und das Wahlrecht für Gefangene einzuführen, ein unerhörter Eingriff in die staatliche Souveränität, der zu einer Art Aufstand gegen den Gerichtshof führte. Da Großbritannien keine dem deutschen oder amerikanischen Rechtssystem vergleichbare Verfassungsgerichtsbarkeit kennt, sei eine gerichtlich ausgesprochene Verpflichtung zur Gesetzesänderung ein Eingriff in die Parlamentssouveränität und inakzeptabel.[27]

Verglichen mit den in sonstigen Urteilen des Gerichtshofs ausgesprochenen Verletzungen der Konvention, die eine Verpflichtung zur Änderung der Gesetze in den betroffenen Staaten zur Folge haben, ist dieses Urteil gegen Großbritannien im

25 Siehe dazu *Ress* (Fn. 23), S. 338.

26 Vgl. dazu die kritische Analyse von *M. Kaiser,* Le droit des élections libre. L'application timide d'une disposition ambitieuse, in: Mélanges en hommage à P. Lambert, 2000, S. 435 ff.

27 Vgl. die Diskussion dieser Position bei *P. Lambert,* Le Royaume-Uni à l'épreuve de la Convention des droits de l'homme, in: Cohérence et impact (Fn. 6), S. 245 ff. Mitglieder der konservativen Partei betreiben die Kündigung der EMRK durch Großbritannien und die Annahme eines neuen Zusatzprotokolls (Nr. 15) zur Konvention, in dem in der Präambel auf die *margin of appreciation* der Vertragsstaaten als verpflichtende Auslegungshilfe für den Gerichtshof hingewiesen wird.. Damit würde sich Großbritannien aus dem europäischen Grundrechtsstandard endgültig verabschieden.

Grunde indes keine Sensation, sondern gerichtlicher Alltag.[28] Da das Straßburger System eine vertraglich geregelte Urteilsvollstreckung durch das Ministerkomitee kennt, ist auch die an die Urteile anknüpfende Verpflichtung zur Gesetzesänderung nichts Neues. Nur für Großbritannien und die Niederlande, die keine in die Gesetzgebung direkt oder mittelbar eingreifende Verfassungsgerichtsbarkeit kennen, erhebt sich gegen diese Art der Rechtsprechung erheblicher Widerstand. Großbritannien hat seinen Vorsitz im Ministerkomitee jüngst dazu benutzt, durch eine auf der Konferenz in Brighton[29] verabschiedete Resolution eine vertragliche Verankerung der bisher nur in der Rechtsprechung entwickelten *margin of appreciation* zu fordern (mit dem Hintergrund ihrer potentiellen Ausdehnung) sowie der Forderung nach Zurückhaltung des Gerichtshofes, falls die nationalen Höchstgerichte sich eingehend mit einer möglichen Verletzung der EMRK auseinandergesetzt haben.

Es liegt auf der Hand, dass die Vertragsstaaten dem Gerichtshof keine Weisungen erteilen dürfen und dass der Gerichtshof weit davon entfernt ist, solchen „Wünschen“ einzelner Vertragsstaaten, selbst wenn es sich um wichtige Vertragsstaaten handelt, zu folgen. Es wird immer Urteile des Gerichtshofs zur Interpretation der EMRK geben, mit denen Vertragsstaaten nicht einverstanden sind. Auch Deutschland gehört in diesen Kreis. Mit dem Drehen an der Schraube der *margin of appreciation* lässt sich dem Problem schon deshalb nicht beikommen, weil es immer einzelne Staaten gibt, die aus einer durch Rechtsverglei-

---

28 Siehe die Diskussion dieser Praxis bei *Lambert* (Fn. 27), S. 247 ff. Siehe auch *L. López Guerra*, The spill-over effect of Article 3 of Protocol Nr. 1: from parlamentary to local elections, in: Cohérence et impact (Fn. 6), S. 269 ff.

29 Vgl. dazu *E. Fribergh/R. Liddell*, The Interlakn process and the Jurisconsult, in: Coéherence et impact (Fn. 6), S. 177 (186). Die Brighton Declaration wurde auf der 74. Sitzung (7.–10.2.2012) angnommen: „It invited the Court to have regard to the importance of consistency where judgments related to aspects of the same issue, so as to ensure their cumulative effect continued to afford States Parties an appropriate margin of appreciation.“

chung[30] ermittelten Mehrheitsmeinung der Vertragsstaaten ausbrechen. Dann kann man sich letztlich nur die Frage stellen, ob es einer derartigen regionalen internationalen Menschenrechtsgerichtsbarkeit bedarf, die *à la longue* einheitliche Standards in zentralen Grundrechtsfragen der Mitgliedstaaten entwickeln und durchsetzen soll.

V. Resümee und Ausblick: Die verbleibende „Doppelgesichtigkeit" der *margin of appreciation*

Die *margin of appreciation* hat ein doppeltes Gesicht. Einerseits gibt es Fälle, in denen man eine stärkere Zurückhaltung, d.h. Respektierung der innerstaatlichen Verfassungskultur erwartet hätte. Andererseits gibt es Fälle, in denen der Gerichtshof, wie im Fall der Berücksichtigung einer Geschlechtsumwandlung *(Christine Goodwin v. UK)*, sehr viel früher eine einheitliche Linie und eine Berücksichtigung in den staatlichen Rechtsordnungen erwartet hätte. Eine stärkere Zurückhaltung wäre im Fall des polnischen Abtreibungsrechts, wie er kürzlich entschieden wurde, wohl angebracht gewesen, wo eine Kammer des Gerichtshofes die Versuche staatlicher und kirchlicher Stellen die 14jährige Beschwerdeführerin und ihre Eltern zur Austragung eines Kindes (aus einer Vergewaltigung) zu bewegen, was dem Willen der Mutter, nicht aber der Tochter entsprach, die das Kind austragen wollte. Dem Mädchen war die Abtreibung in einer Lubliner Klinik verweigert worden, obwohl die gesetzlich erforderliche Genehmigung vorlag. Die Kammer sah im Verhalten der polnischen Behörden eine Verletzung des Privat- und Familienlebens (Art. 8 EMRK), der Freiheit und Sicherheit (Art. 5 EMRK) sowie des Verbots unmenschlicher und entwürdigender Behandlung. In Polen ist eine Abtreibung bei schweren Gefahren für die Gesundheit oder das Leben der Mutter, bei schweren Missbildungen des Fötus sowie nach einer Vergewaltigung zulässig. Im Parlament war kürzlich der Versuch, die Erlaubnis bei schweren Missbildungen zu streichen, gescheitert.

30 Siehe dazu *Wildhaber* (Fn. 15).

Darum ging es aber im Urteil nicht, sondern nur um die Weigerung einer Klinik, eine an sich erlaubte Abtreibung vorzunehmen, die später dann tatsächlich in einer Klinik in Danzig erfolgte. Hätte es in dieser Situation nicht nahe gelegen, die polnischen Entscheidungen zu respektieren? Genau wie im österreichischen Fall vom 3.11.2011, in dem der Gerichtshof (Große Kammer) das österreichische Verbot, Sperma und Ovodonationen für eine in-vitro-Befruchtung zu nutzen, als innerhalb der *margin of appreciation* liegend angesehen hat, wobei es hier eine sehr sorgfältige Abwägung der rechtlichen und praktischen Konsequenzen gab. Hier hat der Gerichtshof festgestellt: „The Court further observed that all relevant legal instruments at European level were either silent on the question of ovodonation or – as in the case of the European Union Directive on Safeguard Standards for the donation of human cells is allowed – expressly left the decision on whether or not to use germ cells to the state concerned. As regards the prohibition of sperm donation for in-vitro-fertilization, it was true that that type of artificial proceration combined two technics which taken alone, were allowed under Austrian legislation. Furthermore some of the Government's arguments in defence of the prohibition of gamet donation, for in-vitro-fertilization could only be applied to the prohibition of ovodonation. However, there remained the basic concerns that the donation of gamets involving the intervention of third persons in a highly technical medical process was a controversial issue in Austrian society, raising complex ethical questions on which there was not yet a consensus. The Court pointed out that the Austrian constitutional Court, in its 1999 decision upholding the prohibition in question had held that the legal regime reflected the state of medical research and a consensus in society at the time. Those criteria might be subject to developments which a legislator according to the domestic Court's decision, would have to take into account in the future while not finding a violation in the applicant's case, the Court underlined that the field of artificial procreation, being subject to a particularly dynamic development in science and law had to be kept under review by the member states.“

Die Beispiele ließen sich vervielfältigen. Sie zeigen, dass nach der Rechtsprechung des Gerichtshofs für die Abgrenzung der *margin of appreciation* von der umfassenden Kontrolle anhand der EMRK der Konsens innerhalb der Vertragsstaaten und, wenn es sich um medizinische oder sonstige wissenschaftliche Probleme handelt, der Stand der Forschung (und damit die Beseitigung von Unsicherheiten) maßgeblich ist. Man mag diese Abgrenzung für unbefriedigend halten – oder wie es seinerzeit einmal *Kay Hailbronner* formuliert hat: Was die *margin of appreciation* ist, stellt jeweils die entsprechende Entscheidung des Europäischen Gerichtshofs für Menschenrechte fest, ohne dass es sich genau voraussagen ließe.

Grundrechtsschutz in Zeiten der globalen Terrorbekämpfung: Der Fall Kadi und seine Folgen

Von *Kirsten Schmalenbach*

I. Einleitung

Die Vereinten Nationen (UN) wurden 1945 als universelle politische Organisation[1] in den Dienst des Friedens und der internationalen Sicherheit gestellt, um künftige Generationen vor der Geißel des Krieges zu bewahren.[2] Ein Mittel zur Friedenssicherung ist dabei die Förderung der Menschenrechte in den Mitgliedstaaten (Art. 55 lit. c UN-Charta), was ein erklärtes Ziel und vornehme Aufgabe der Vereinten Nationen ist (Art. 1 Ziff. 3 UN-Charta). Diese Aufgabe haben die Vereinten Nationen scheinbar aus den Augen verloren, seit der internationale Terrorismus als globale Friedensbedrohung identifiziert wurde. Mit gezielten Individualsanktionen – auch *smart sanctions*[3] genannt –

---

1 *K. Schmalenbach,* International Organisations and Instititutions, General Aspects, in: Wolfrum (Hrsg.), Max Planck Encyclopedia of International Law, 2006, Rn. 14–15.

2 1. Erwägungsgrund in der Präambel der Charta der Vereinten Nationen v. 26.6.1945.

3 *M. Kotzur,* Bewährungsprobe für die Europäische Grundrechtsgemeinschaft/Zur Entscheidung des EuG in der Rs. Yussuf u.a. gegen Rat, EuGRZ 2006, S. 19; *K. Schmalenbach,* Normentheorie vs. Terrorismus: Der Vorrang des UN-Rechts vor EU-Recht, JZ 2006, S. 349; *dies.* in: Schroeder (Hrsg.), Europa als Mehrebenensystem, 2008, S. 67 (83); *U. Haltern,* Rechtsschutz in der dritten Säule der EU, JZ 2007, S. 537; *S. Steinbarth,* Individualrechtsschutz gegen Maßnahmen der EG zur Bekämpfung des internationalen Terrorismus, ZEuS 2006, S. 269; *H. Aust/ N. Naske,* Rechtsschutz gegen den UN-Sicherheitsrat durch europäische Gerichte, ZÖR 2006, S. 587; *A. von Arnauld,* UN-Sanktionen und gemeinschaftsrechtlicher Grundrechtsschutz. Die „Soweit-Rechtsprechung“

versucht der Sicherheitsrat seit 1999[4] und verstärkt seit 2001 dem Terrornetzwerk *Al-Qaida* und seinen Helfershelfern beizukommen.[5] Es brauchte über ein Jahrzehnt, bis europäische Gerichte diese Sanktionen im Lichte der Menschenrechte gewogen und für rechtswidrig befunden haben.[6]

II. Das UN-System der gezielten Sanktionen

Die gezielten Individualsanktionen der Vereinten Nationen sind nicht, wie vor 1999 noch gängige Praxis, gegen Staaten und deren Organe gerichtet,[7] sondern gegen Einzelpersonen oder Unternehmen, die im Annex der Resolution namentlich genannt werden.[8] Das Sanktionsregime verpflichtet die UN-Mitgliedsstaaten, den in der SR-Resolution genannten Personen weder

---

des Europäischen Gerichts Erster Instanz, AVR 2006, S. 201; *C. Feinäugle,* Die Terrorlisten des Sicherheitsrats – Endlich Rechtsschutz des Einzelnen gegen Terroristenlistungen?, ZRP 2007, S. 75; *T. Meerpohl,* Individualsanktionen des Sicherheitsrates der Vereinten Nationen, in: Nolte/Streinz (Hrsg.): Europäisches und Internationales Recht, 2008, S. 185, C. *Tietje/S. Hamelmann,* Gezielte Finanzsanktionen der Vereinten Nationen im Spannungsverhältnis zum Gemeinschaftsrecht und zu den Grundrechten, JuS 2006, S. 209; *M. Payandeh,* Rechtskontrolle des UN-Sicherheitsrates durch staatliche und überstaatliche Gerichte, ZaöRV 2006, S. 52.

4 SR-Resolutionen 1267 (1999) v. 15.10.1999.

5 SR-Resolutionen 1373 (2001) v. 28.9.2001 und in der Folge 1390 (2002) v. 16.1.2002, 1455 (2003) v. 17.1.2003, 1526 (2004) v. 30.1.2004, 1617 (2005) v. 29.7.2005, 1735 (2006) v. 22.12.2006, 1822 (2008) v. 30.6. 2008, 1904 (2009) v. 17.12.2009, 1989 (2011) v. 17.6.2011 und 2083 (2012), v. 17.12.2012.

6 Erstmals in der Entscheidung des EuGH zur verbundenen Rs. C-402/05 P *(Yassin Abdullah Kadi und Al Barakaat International Foundation v. Rat der Europäischen Union und Europäische Kommission),* Slg. 2008, I-6351.

7 Z.B. SR-Resolutionen 733 (1992) v. 23.1.1992 und 751 (1992) v. 24.4.1992 betreffend Somalia.

8 Vgl. z.B. Sanktionsliste des Sicherheitsratsausschusses gemäß SR-Resolution 1267 (1999) v. 15.10.1999 und SR-Resolution 1989 (2011) v. 17.6. 2011 betreffend *Al-Qaida* sowie assoziierte Individuen und juristische Personen. http://www.un.org/sc/committees/1267/, abgerufen am 27.08. 2013.

die Einreise zu erlauben noch Visa auszustellen.[9] Zudem müssen die UN-Mitgliedsstaaten alle erforderlichen Maßnahmen ergreifen, um sicherzustellen, dass die genannten Personen keinen Zugriff auf ihre Vermögenswerte haben.[10] Von dem einzufrierenden Vermögen sind nur die Mittel ausgenommen, die für die Lebenshaltung auf niedrigem Niveau erforderlich sind, inklusive des Mietzinses.[11] Derzeit gibt es insgesamt 13 aktive UN-Sanktionsregime.[12] Das bekannteste Sanktionsregime ist gegen das globale Terrornetzwerk *Al-Qaida* und assoziierte Personen gerichtet sowie – seit 2011 in einer gesonderten Sanktionsresolution erfasst – gegen die afghanischen Taliban.[13] Im Anhang dieser beiden Resolutionen finden sich ca. 500 Namen[14] von natürlichen und juristischen Personen.

Die gezielten UN-Sanktionen gegen *Al-Qaida*- bzw. *Taliban*-Mitglieder stehen seit Anbeginn im Zentrum harscher Menschenrechtskritik. Dabei lässt sich mit Fug und Recht sagen, dass die Sanktionen auch im Dienste der Menschenrechte stehen: Zum einen liegen der Zielrichtung der Sanktionen menschenrechtliche Erwägungen zugrunde, da flächendeckende Sanktionen gegen den Staat undifferenziert die gesamte Zivilbevölkerung belasten.[15] Zum anderen kommen die Vereinten Nationen

9 SR-Resolution 1333 (2000) v. 19.12.2000, S. 5 Z 14.

10 SR-Resolution 1267 (1999) v. 15.10.1999, S. 2 Z 4; 1333 (2000) v. 19.12.2000, S. 3, Z 5 – 13.

11 SR-Resolution 1452 (2002) v. 20.12.2002, § 1 a)–b); VO (EG) Nr. 2580/2001, über spezifische, gegen bestimmte Personen und Organisationen gerichtete restriktive Maßnahmen zur Bekämpfung des Terrorismus, ABl. L 344, S. 70.

12 Es gibt z.Z. 14 etablierte Sicherheitsratskomitees: http://www.un.org/sc/committees/, abgerufen am: 27.8.2013.

13 SR-Resolution 1989 (2011) v. 17.6.2011.

14 Auf der *Al-Qaida*-Sanktionsliste befinden sich z.Z. 350 natürliche und juristische Personen. http://www.un.org/sc/committees/1267/information.shtml, abgerufen am 27.8.2013. Auf der Taliban-Sanktionsliste befinden sich z.Z. 135 Gelistete. Liste der Individuen und juristischen Personen, begründet gemäß SR-Resolution 1988 (2011) v. 17.6.2011.

15 SR-Resolution 1333 (2000) v. 19.12.2009, Präambel, S. 2, 16. Erwägungsgrund.

und ihre Mitgliedsstaaten bei der Bekämpfung des internationalen Terrorismus ihrer Schutzverantwortung aus den internationalen Menschenrechten nach. Es sollte nämlich nicht vergessen werden, dass terroristische Aktionen auch gegen Zivilisten gerichtet sind und deren Menschenrechte wie das Recht auf Leben und körperliche Unversehrtheit beeinträchtigen. Dem steht aber das schlagende Argument gegenüber, dass das UN-Sanktionssystem selbst erhebliche menschenrechtliche Schwächen aufweist. Das augenfälligste Defizit ist das Fehlen eines unabhängigen Sanktionsgerichts auf UN-Ebene, das die Rechtmäßigkeit der Listung im Einzelfall überprüfen könnte. Die UN-Sanktionsausschüsse, die die Sanktionslisten verwalten, sind politische Organe und Spiegelbild des Sicherheitsrats in der aktuellen mitgliedstaatlichen Zusammensetzung.[16] Die gelisteten Personen haben vor diesen Sanktionsausschüssen kein Anhörungsrecht. Die Gremien gewähren ihnen auch keinen Einblick in belastende Beweise, die von nationalen Geheimdiensten erhoben und den jeweilig zuständigen Sanktionsausschüssen mitgeteilt werden.[17] Nicht zu leugnen ist, dass das gezielte UN-Sanktionssystem in den letzten 10 Jahren Rechtsschutzverbesserungen erfahren hat, nicht zuletzt aufgrund der anhaltenden Menschenrechtskritik. Nachdem ursprünglich nur der Heimatsstaat der gelisteten Person die Streichung im Rahmen einer klassischen diplomatischen Schutzausübung beantragen konnte,[18] gibt es seit 2000 graduelle Systemverbesserungen, die auch dem Gelisteten die Möglichkeit eines Streichungsantrages einräumen.[19] Für sämtliche Sanktionsregime der Vereinten Nationen wurde 2006 ein sog. *Delisting*-Verfahren im Rahmen eines *UN-focal point* eingeführt.[20] Das Verfahren läuft zwei- bzw. dreistufig ab, wo-

---

16 Z.B. SR-Resolution 1267 (1999) v. 15.10.1999, S. 3 Z 6 *(Al-Qaida)*; SR-Resolution 751 (1992) v. 24.4.1992, S. 58 Z 11.

17 Z.B. Richtlinien des Sicherheitsratsausschusses gemäß SR-Resolution 1267 (1999) v. 15.10.1999 und SR-Resolution 1989 (2011) v. 17.6. 2011, S. 2–7 Z 4, 6, 7.

18 Z.B. Richtlinien des Sicherheitsratsausschusses (Fn. 17), Z 7.

19 Vgl. z.B. SR Presseaussendung SC/7571 v. 15.11.2002.

20 SR Resolution 1730 (2006) v. 19.12.2006.

bei entweder der die Person ursprünglich benennende Staat oder sein Heimat- bzw. Aufenthaltsstaat die Streichung von der Liste beantragen muss (sog. *reviewing States*).[21] Sodann wird dieser Antrag den Mitgliedern des zuständigen Sanktionsausschusses zur Diskussion vorgelegt.[22] Werden keine Einwände gegen die Streichung erhoben, wird durch den Vorsitzenden des Ausschusses die Streichungsentscheidung an den *focal point* weitergeleitet.[23] Es gibt keine Frist, innerhalb derer der *focal point* das Ergebnis der Beratungen dem Antragssteller mitzuteilen hat.[24] Zudem gilt das Verstreichen der einmonatigen Bearbeitungsfrist automatisch als Antragsablehnung des Sanktionsausschusses.[25] Die Negativentscheidung durch Passivität ist bedenklich, weil eine erneute Antragsstellung nur möglich ist, wenn neue entlastende Beweise vorgebracht werden können.[26] Als Reaktion auf die nicht verebbende Menschenrechtskritik richtete der Sicherheitsrat für die *Al-Qaida*-Sanktionsliste im Dezember 2009 – nicht aber für die übrigen Sanktionslisten – die Stelle einer Ombudsperson bei der UN ein,[27] die derzeit durch die kanadische Richterin *Kimberley Prost* besetzt ist.[28] Der Anhang II der SR-Resolution 2083 (2012) legt das Verfahren des durch die Ombudsperson initiierten *Delisting*-Verfahrens fest: Die Ombudsperson, deren Hauptaufgabe in der Sachverhaltserforschung liegt,[29] kommuniziert mit dem Antragssteller, bearbeitet seine

21 SR-Resolution 1730 (Fn. 20), Z 5.

22 SR-Resolution 1730 (Fn. 20), Z 6 a)–b).

23 SR-Resolution 1730 (Fn. 20), Z 7–8.

24 SR-Resolution 1730 (Fn. 20), Z 8.

25 SR-Resolution 1730 (Fn. 20), Z 6 c).

26 SR-Resolution 1730 (Fn. 20), Z 3.

27 SR-Resolutionen 1904 (2009) v. 17.12.2009, 1989 (2011) v. 17.6. 2011, 2083 (2012) v. 17.12.2012, S. 6, Z 16.

28 UN-Generalsekretär *Ban Ki-moon* an den Präsidenten des Sicherheitsrates: Ernennung der Ombudsperson, S/2010/282, Brief v. 3.6.2010.

29 Ihr steht dazu ein Monitoring Team zur Seite, das durch SR-Resolution 1526 (2004) v. 30.1.2004 eingerichtet wurde und vorrangig die Aufgabe hat, mit den staatlichen Geheimdiensten und INTERPOL zwecks Informationsaustausches zu kooperieren. Das Monitoring Team unter-

Vorbringen und teilt das Ergebnis dem Sanktionskomitee und den Staaten, die zum Verfahren beigetragen haben, mit.[30] Der von der Ombudsperson geführte Dialog mit der gelisteten Person erschöpft sich faktisch in der Annahme von Erklärungen, der Befragung des Betroffenen und der Entgegennahme von Beweismittelanträgen. Der endgültige Ombudsbericht enthält eine Empfehlung an den Sanktionsausschuss für oder gegen eine Streichung,[31] der dann einstimmig eine politische Entscheidung darüber zu treffen hat.[32] Wird im Sanktionsausschuss keine Einigung erzielt, kann dieser die Sache dem Sicherheitsrat zur Entscheidung vorlegen.[33] Die gelistete Person erhält zu keinem Zeitpunkt des Verfahrens Einblick in den Bericht der Ombudsperson oder in die Beweismittellage; ihm wird nur die begründete Entscheidung des Sanktionsausschusses bzw. Sicherheitsrates mitgeteilt.[34] Die Dauer des Verfahrens ist ab Einreichen des Antrages auf maximal 16 Monate begrenzt.[35] Bemerkenswert ist im Rahmen des Ombudsverfahrens der diffizile Informationsaustausch:[36] Es liegt auf der Hand, dass für die Beurteilung der Sachlage Einblick in geheimdienstliche Verschlusssachen erforderlich ist, wobei dem oft nationale Regelungen entgegenstehen. Deshalb hat das Ombudsbüro Informationszugangsvereinbarungen mit einigen Staaten geschlossen, z.B. mit Österreich und Deutschland. Die USA haben lediglich ihre Bereitschaft signalisiert, als vertraulich klassifizierte Informationen an die Om-

---

stützt nicht nur die Ombudsperson, sondern auch das CTED (United Nations Counter Terrorism Committee) und CTITF (Counter-Terrorism Task Force). Vgl. SR-Resolution 2083 (2012) v. 17.12.2012, Z 60 ff. und Annex I.

30 SR-Resolution 2083 (2012) v. 17.12.2012, Annex II, Z 1–3.

31 SR-Resolution 2083 (Fn. 30), Z 7.

32 SR-Resolution 2083 (Fn. 30), Z 8–12.

33 SR-Resolution 2083 (Fn. 30), Z 13–17.

34 SR-Resolution 2083 (Fn. 30), Z 14.

35 SR-Resolution 2083 (Fn. 30), Z 3, 4, 5, 8, 10, 13, 15.

36 Vgl. Schlussanträge GA *Yves Bot,* verb. Rs. C-584/10 P, C-593/10 P, C-595/10 P (Kommission, Rat v. Kadi), v. 19.3.2013 noch nicht in Slg. veröffentlicht, Rn. 90.

budsperson *ad hoc* zu übermitteln, was in der Praxis auch durchaus vorkommt.[37]

Die Verbesserungen des Ombudssystems gegenüber dem *focal point*-Verfahren sind evident: Erstens gibt es eine fixe Verfahrensdauer und zweitens stärkt die Unabhängigkeit der Ombudsperson die Verteidigungsrechte der gelisteten Personen. Auf der anderen Seite ist es nicht die unparteiische Ombudsperson, sondern der politisch agierende Sanktionsausschuss, der die Listenstreichung verbindlich beschließt. Insofern kann es nicht überraschen, dass der Britische Supreme Court in der Rechtssache *Mohammed Jabbar Ahmed* (2010)[38] und das EuG in der Rechtssache *Kadi II* (2010)[39] die Einrichtung der Ombudsperson als nicht ausreichend erachtet haben, um einen effektiven Rechtsschutz auf UN-Ebene bejahen zu können.

III. Die gezielten UN-Sanktionen im Lichte der Judikatur der EU-Gerichte

Mittlerweile ist der Name *Jassin Abdullah Kadi* zum Symbol des gerichtlich geführten Kampfes gegen die UN-/EU-Sanktionssysteme gegen *Al-Qaida*-Mitglieder geworden. In insgesamt vier Verfahren vor EU-Gerichten hat Herr Kadi seine Namensnennung in diversen EU-Verordnungen bekämpft. Die ihn betreffenden EU-Verordnungen setzen dabei wortgetreu die SR-Resolutionen zu den *Al-Qaida* Sanktionen um, in deren Annex sich eben auch der Name Kadi findet.[40] Ob sich Herr Kadi vor

37 Website des Büros der Ombudsperson, http://www.un.org/en/sc/ombudsperson/accessinfo.shtml, abgerufen am 27.8.2013.

38 Supreme Court, Vereinigtes Königreich, UKSC 2/2010 (Her Majesty's Treasure vs. Mohammed Jabar Ahmed and others) v. 27.1.2010, S. 33 Z 78.

39 EuG, Rs. T-85/09 (Kadi v. Kommission), Slg. 2010, II-5177 Rn. 187.

40 *K. Schmalenbach*, Bedingt kooperationsbereit: Der Kontrollanspruch des EuGH bei gezielten Sanktionen der Vereinten Nationen, in: JZ 2009, S. 36; Gemeinsamer Standpunkt 1999/727/GASP, ABl. 1999 Nr. L 294/1 i.V.m. VO (EG) Nr. 337/2000, über ein Flugverbot und das Einfrieren von Geldern und anderen Finanzmitteln betreffend die Taliban von Afghanistan, ABl. 2000 Nr. L 43/1; zuletzt geändert durch Ge-

EU-Gerichten effektiv wegen der Verletzungen von EU-Grundrechten durch die EU-Sanktionsverordnung beschweren konnte, war lange nicht sicher. Den Keim der Unsicherheit hatte 2005 das EuG in erster Instanz gesät *(Kadi I),*[41] indem es die umfassende Justitiabilität der EU-Verordnung aufgrund der wortgleichen SR-Resolution verneinte. Die damalige richterliche Argumentation ging von einem vertikalen Verhältnis zwischen UN-Recht und EU-Recht aus, das heißt von einer monistischen Völkerrechtsordnung[42], in der das UN-Recht bis zur *ius cogens*-Grenze[43] Anwendungsvorrang vor anderen völkerrechtlichen Subsystemen hat, also auch vor dem EU-Recht. Das EuG-Urteil hatte in vielerlei Hinsicht die Wirkung eines justiziellen Erdrutsches: Es konterkarierte die ausgeprägte Tendenz des EuGH, das Europarecht von seinen völkerrechtlichen Wurzeln zu kappen. Während dieser Aspekt des EuG-Urteils allenfalls in akademischen Kreisen Wellen schlug, sorgten die verheerenden menschenrechtlichen Folgen des Urteils für laute Kritik: Die unmittelbare Folge der EuG-Auffassung war es nämlich, dass den gelisteten Personen weder auf UN-Ebene noch auf EU-Ebene ein gerichtlicher Rechtsbehelf zur Verfügung stand, und auch die mitgliedstaatlichen Gerichte im Lichte des EuG-Urteils keine andere europarechtliche Wertung treffen konnten.

Die nicht zu leugnenden menschenrechtlichen Schwachstellen des EuG-Urteils erhöhten die Chancen von Herrn Kadi, im Be-

---

meinsamen Standpunkt 2003/140/GASP, ABl. 2003 Nr. L 53/62 i.V.m. VO (EG) Nr. 561/2003, über die Anwendung bestimmter spezifischer restriktiver Maßnahmen gegen bestimmte Personen und Organisationen, die mit Osama bin Laden, dem *Al-Qaida*-Netzwerk und den Taliban in Verbindung stehen, im Hinblick auf Ausnahmen vom Einfrieren von Geldern und wirtschaftlichen Ressourcen, ABl. 2003 Nr. L 82/1.

41 Ambivalente Rezeption in der Literatur, vgl. neben den Nachweisen in Fn. 1 auch *G. Della Cananea,* Return to due process of law, ELR 2007, S. 869; *C. Eckes,* Judicial review of European anti-terrorism measures, ELJ 2008, S. 74; *N. Lavranos,* Judicial Review of UN sanctions by the court of first instance, EFAR 2006, S. 471.

42 Vgl. *Schmalenbach,* (Fn. 40) S. 352–353; EuG, Rs. T-315/01 *(Kadi v. Kommission),* Slg. 2005 II-03649 Rn. 181–185.

43 EuG, Rs. T-315/01 (Kadi v. Kommission) [Fn. 42], Rn 231.

rufungsverfahren vor dem EuGH Erfolg zu haben. Der EuGH vollführte dann auch in seinem Urteil *Kadi I* (P) von 2008 eine menschenrechtliche 180-Grad Wendung: Die Sanktionsverordnung der EU sei umfassend vor EU-Gerichten justiziabel, wobei Prüfungsmaßstab allein das EU-Recht sei,[44] weil es keine vorrangigen Verpflichtungen aus der UN-Charta für die Union gäbe, die die Unionsgrundrechte unanwendbar werden lassen. Im Hinblick auf das Verhältnis UN-Recht zu EU-Recht sieht der EuGH die Rechtsordnungen in einem horizontalen Verhältnis zueinander und nähert sich damit explizit einer dualistischen Sichtweise an, wie sie typischerweise Nationalstaaten zu eigen ist.[45] Dieser Eindruck wird dadurch bestärkt, dass der EuGH auf die Autonomie und unberührbare Verfassungswerte der Union verweist:[46] Die Unionsverträge seien zwar völkerrechtsfreundlich, aber die Rechtskontrolle von EU-Akten sei Ausdruck einer Verfassungsgarantie in einer Rechtsgemeinschaft und Bestandteil des autonomen Rechtssystems der Union.[47] Obwohl sich der EuGH für die „grundsätzlich umfassende“[48] Kontrolle

44 *Schmalenbach* (Fn. 40), S. 36.

45 *A. von Arnauld,* Der Weg zu einem Solange 2 1/2 in: Europarecht, 2013, S. 238; *B. Fassbender,* Triepel in Luxemburg – Die dualistische Sicht des Verhältnisses zwischen Europa- und Völkerrecht in der „Kadi-Rechtsprechung“ des EuGH als Problem des Selbstverständnisses der Europäischen Union, Die öffentliche Verwaltung, 2010, S. 337; *S. Griller,* Die Bindung der Europäischen Union an das Recht der Vereinten Nationen unter besonderer Berücksichtigung der Rechtswirkungen von Beschlüssen des Sicherheitsrates im Unionsrecht, in: Europarecht, 2012, S. 103; *J. Kokott/C. Sobotta,* The *Kadi* Case – Constitutional Core Values and International Law – Finding the Balance? in: The European Journal of International Law, 2012, S. 1017–1018; *Schmalenbach* (Fn. 40), S. 37; *I. Österdahl,* Defer and rule: The relationship between the EU, The European Convention on Human Rights and the UN, Uppsala Faculty of Law Working Paper 2012:5, S. 9.

46 EuGH, Rs. C-402/05 P (Kadi und Al Barakaat/Rat), Slg. 2008, I-06351 Rn. 285–290.

47 EuGH, Rs. C-402/05 P (Kadi und Al Barakaat/Rat) [Fn. 46], Rn. 300–309.

48 EuGH, Rs. C-402/05 P (Kadi und Al Barakaat/Rat) [Fn. 46], Rn. 326 f., 330.

der Sanktionsverordnung ausspricht, hob er die Verordnung im Ergebnis bereits deshalb auf, weil Herrn Kadi die Gründe seiner Listung von EU-Organen nicht mitgeteilt worden waren; darin erblickte der EuGH eine Verletzung von Herrn Kadis Verteidigungsrechten.[49] Auf Basis dessen konnten sich Wissenschaft, Mitgliedstaaten und EU-Organe trefflich darüber streiten, ob der EuGH sich mit einer mehr oder weniger ausführlichen Auskunft über die Gründe der UN-Listung (die ja der unmittelbare Grund der Sanktionsverordnung ist) zufrieden geben würde.

Im Anschluss an das bahnbrechende EuGH-Urteil erbat Frankreich beim zuständigen UN-Sanktionsausschuss eine Zusammenfassung der geheimdienstlichen Erkenntnisse, warum Herr Kadi auf der Liste sei. Diese wurden Frankreich auch übermittelt, in Form einer zweiseitigen summarischen Darstellung von Herrn Kadis Aktivitäten und der daran anknüpfenden Vorwürfe. Diese Zusammenfassung wurde in der Folge an Herrn Kadi weitergeleitet, der gegenüber der Kommission zu den Vorwürfen Stellung bezog. Die Kommission beschied ihm gleichwohl, dass seine Nennung auf der Liste gerechtfertigt sei. Herr Kadi blieb damit auf der Namenliste der EU-Sanktionsverordnung, wurde aber belehrt, dass er gegen die Verordnung vor dem EuG klagen könne. Und genau das tat Herr Kadi dann auch und gab damit dem EuG die Möglichkeit, sein *Kadi I*-Urteil zu überdenken.[50]

Die erste Feststellung, die das EuG 2010 im *Kadi II*-Urteil mit trotzigem Tonfall trifft, ist seine fehlende Rechtsbindung an die EuGH-Beurteilung nach Art. 61 Abs. 1 VerfO EuGH.[51] Es weist zudem darauf hin, dass einige nationale Gerichte seiner *Kadi I*-Argumentation gefolgt seien, so das Bundesgericht der Schweiz in Fall *Nada*[52] und der britische Supreme Court im

---

49 EuGH, Rs. C-402/05 P (Kadi und Al Barakaat/Rat) [Fn. 46], Rn. 346 ff.

50 EuG, Rs. T-85/09 (Kadi v. Kommission) [Fn. 39], Rn. 49–62.

51 EuG, Rs. T-85/09 (Kadi v. Kommission) [Fn. 39], Rn. 112.

52 Schweizerisches Bundesgericht BGE 133 II 450 (Nada vs. Staatssekretariat für Wirtschaft) v. 14.11.2007, Erwägungsgründe 1, 5, 6 und 7.

Fall *Al Jedda*[53]. Andere nationale Gerichte haben freilich auf Linie des EuGH geurteilt, wie z.B. das kanadische Bundesgericht im Fall *Abdel Raziq*[54] und der britische Supreme Court 2010 im Fall *Jabar*.[55] In Anerkennung der bipolaren richterlichen Bewertung des Sanktionsrechtsschutzes kam das EuG letztlich zu dem Schluss, dass der EuGH in der Besetzung der Großen Kammer mit dem *Kadi I* (P)-Urteil ein Grundsatzurteil fällen wollte. Daher sei es auch allein Sache des EuGH, seine Rechtsprechung zu überdenken, insbesondere im Lichte der kritischen völkerrechtlichen Literatur.[56]

Unter Zugrundelegung des vom EuGH vorgegebenen dualistischen Verhältnisses zwischen Unionsrecht und UN-Recht wendet das EuG im *Kadi II*-Urteil akribisch die Grundsätze des *Kadi I* (P)-Urteils an und versucht, die vom EuGH dort lediglich in den Raum gestellte, aber nicht näher konkretisierte „grundsätzlich umfassende Kontrolle" der implementierten UN-Sanktionen mit Leben zu füllen: Eine „grundsätzlich umfassende Kontrolle" – so das EuG – beschränke sich nicht auf die Überprüfung der Frage, ob der angefochtene Rechtsakt begründet wurde, sondern umfasse auch die Kontrolle der Beweise und Angaben, auf denen die in dem Rechtsakt enthaltenen Feststellungen beruhen.[57] Auf Basis dessen kam das EuG zu dem Schluss, dass die Herrn Kadi mitgeteilten Listungsgründe für eine sinnvolle Verteidigung zu vage seien. Die Verteidigungsrechte könnten nur dann gewährleistet werden, wenn sich die richterliche Kontrolle auch auf die dem UN-Sanktionsausschuss vorliegenden Beweise erstrecken kann.[58]

---

53 Urteil des House of Lords, Vereinigtes Königreich, Rs. UKHL 58 (Al-Jedda/Secretary of State for Defense), v. 12.12.2007.

54 Supreme Court of Canada, Rs. T-727-08 (Abdelrazik vs. Canada – Minister of Foreign Affairs), v. 4.6.2009, S. 20 Rn. 51.

55 Supreme Court, Vereinigtes Königreich, UKSC 2 (2010), (Her Majesty's Treasure vs. Mohammed Jabar Ahmed and others), v. 27.1.2010, S. 33 Rn. 78.

56 EuG, Rs. T-85/09 (Kadi v. Kommission) [Fn. 39], Rn. 115 und 122.

57 EuG, Rs. T-85/09 (Kadi v. Kommission) [Fn. 39], Rn. 119, 126–127, 135.

Gegen das *Kadi II*-Urteil des EuG legte die Kommission und das Vereinigte Königreich Rechtsmittel vor dem EuGH ein, was am 18. Juli 2013 zum *Kadi II* (P)-Urteil führte. Dabei durften die Rechtsmittelführer im Verfahren hoffen, dass der EuGH seine *Kadi I* (P)-Rechtsprechung überdenken würde: Im Schlussantrag des *Kadi II* (P)-Verfahrens sprach sich Generalanwalt *Bot* für eine Einschränkung der materiellen Rechtmäßigkeitskontrolle durch die EU-Gerichte aus, sofern Grundlage der strittigen Unionsakte eine Entscheidung des UN-Sicherheitsrates sei.[59] Die Aufgabe der Sicherung des Internationalen Friedens, insbesondere der Terrorismusbekämpfung, sei, so *Bot*, von der Staatengemeinschaft ausschließlich dem UN-Sicherheitsrat übertragen worden und stelle dessen vordringlichste Aufgabe dar.[60] Die Verpflichtung der Union zur effektiven und konfliktvermeidenden Zusammenarbeit mit den Vereinten Nationen ergebe sich aus Art 3 Abs. 5, Art. 21 EUV und Art. 220 AEUV.[61] Aufgrund der Präventionsfunktion der Sicherheitsratsmaßnahmen sieht *Bot* weder das Verfahren des UN-Sanktionsausschusses noch der Ombudsperson als unangemessen an.[62] Der EuGH habe in *Kadi I* (P) zwar eine grundsätzlich umfassende Rechtskontrolle auf EU-Ebene verlangt, jedoch nicht deren Modalitäten festgelegt. Folge man dagegen der Ansicht des EuG in *Kadi II,* würden sich die EU-Organe zur Überprüfungsinstanz der Entscheidungen des UN-Sanktionsausschusses aufschwingen.[63] Eine gerichtliche Überprüfung der dem Sanktionsausschuss vorliegenden Beweise lehnt *Bot* daher ab.

---

58 EuG, Rs. T-85/09 (Kadi v. Kommission) [Fn. 39], Rn. 171.

59 Schlussanträge GA *Yves Bot,* verbundene Rs. C-584/10 P, C-593/10 P, C-595/10 P (Kommission, Rat/Kadi), v. 19.3.2013, noch nicht in Slg. veröffentlicht, Rn. 90.

60 Schlussanträge GA *Yves Bot* (Kommission, Rat/Kadi) [Fn. 59], Rn. 69 und 78.

61 Schlussanträge GA *Yves Bot* (Kommission, Rat/Kadi) [Fn. 59], Rn. 73.

62 Schlussanträge GA *Yves Bot* (Kommission, Rat/Kadi) [Fn. 59], Rn. 81.

63 Schlussanträge GA *Yves Bot* (Kommission, Rat/Kadi) [Fn. 59], Rn. 112.

Obwohl der EuGH regelmäßig den Schlussanträgen der Generalanwälte folgt, wollte er sich im *Kadi II* (P)-Verfahren nicht belehren lassen und stützte das EuG-Urteil *Kadi II* im Ergebnis, wenn auch nicht in allen Entscheidungsgründen.[64] Um einen höheren Grad an Rechtssicherheit für alle Beteiligten – inklusive der Unionsrichter – herzustellen, entwickelt der EuGH konkrete Maßstäbe der Überprüfungsdichte, die die EU-Gerichte im Lichte der grundrechtlich verbürgten Verteidigungsrechte der gelisteten Person in allen künftigen Fällen anzuwenden haben. Der EuGH lässt keinen Zweifel daran, dass der Unionsrichter sich im Lichte der grundrechtlich gesicherten Verteidigungsrechte der hinreichend gesicherten Tatsachengrundlage der Listung vergewissern muss.[65] Zu diesem Zweck hat der Unionsrichter von den zuständigen Unionsbehörden alle erforderlichen Informationen und Beweise anzufordern, und zwar unabhängig von ihrer Vertraulichkeit.[66] Da die Beweislast bei den Unionsbehörden liegt, gehen Lücken in der Beweisführung zu Lasten der Unionsbehörde, sollte auf Basis der vorhandenen Beweise die Stichhaltigkeit der Listungsgründe richterlich nicht festzustellen sein.[67] Wenn der Unionsrichter zu dem Schluss kommt, dass bei einigen vorhandenen klassifizierten Informationen entgegen der Auffassung der Unionsbehörden kein berechtigtes Geheimhaltungsinteresse besteht,[68] erfolgt die Prüfung der Rechtmäßigkeit der Listung allein auf Basis der Informationen, die der betroffenen Person zugänglich gemacht worden sind. Das hatte das EuG erstinstanzlich noch anders gesehen, als es bereits

64 EuGH, Verb. Rs. C-584/10 P, C-593/10 P, C-595/10 P (Kommission, Rat v Kadi), 18.7.2013, noch nicht in Slg. veröffentlicht.

65 EuGH, verb. Rs. C-584/10 P, C-593/10 P, C-595/10 P (Komission, Rat/Kadi) [Fn. 64], Rn. 119.

66 EuGH, verb. Rs. C-584/10 P, C-593/10 P, C-595/10 P (Komission, Rat/Kadi) [Fn. 64], Rn. 120.

67 EuGH, verb. Rs. C-584/10 P, C-593/10 P, C-595/10 P (Komission, Rat/Kadi) [Fn. 64], Rn. 121–123.

68 EuGH, verb. Rs. C-584/10 P, C-593/10 P, C-595/10 P (Komission, Rat/Kadi) [Fn. 64], Rn. 127.

die Nichtfreigabe von Informationen als Verletzung der Verteidigungsrechte der gelisteten Person ansah.[69]

Im Lichte der detaillierten Ausführungen über den richterlichen Überprüfungsmaßstab kann es nicht verwundern, dass der EuGH sein bereits im *Kadi I* (P)-Urteil dargelegtes dualistisches Verständnis vom Verhältnis von UN-Recht und EU-Recht noch einmal bekräftigt. Die volle Justitiabilität von EU-Akten, die UN-Resolutionen umsetzen, stelle weder den völkerrechtlichen Vorrang der Sicherheitsratsresolutionen in Frage, noch läge darin eine Missachtung des UN-Sanktionsausschusses.[70] Die volle Justitiabilität sei vielmehr das Gebot einer verfassungsrechtlichen Garantie, welche die EU-Organe zu achten hätten. Außerdem sei keine „Entwicklung“ eingetreten, die die Entscheidung des EuGH im *Kadi I* (P)-Fall in Frage stelle.[71] Diese Anspielung auf die damals in Aussicht gestellte Selbstrücknahme bei verbessertem Rechtsschutz auf UN-Ebene wird am Urteilsende konkretisiert: „Solche Kontrolle ist umso unerlässlicher, als die auf der Ebene der UNO eingeführten Verfahren der Streichung und der Überprüfung von Amtswegen – trotz der daran insbesondere nach Erlass der streitigen Verordnung vorgenommenen Verbesserung – [...] nicht die Gewähr eines effektiven gerichtlichen Rechtschutzes bieten, wie auch der Europäische Gerichtshof für Menschenrechte kürzlich [...] entschieden hat [*Nada v. Schweiz*].“[72] Effektiver Rechtsschutz auf UN-Ebene, so stellt der EuGH klar, bedeutet nämlich, dass die betroffene Person gerichtlich feststellen lassen kann, dass die Aufnahme in bzw. Belassung ihres Namens auf der Liste einen Rechtsverstoß dar-

69 Vgl. EuGH, verb. Rs. C-584/10 P, C-593/10 P, C-595/10 P (Komission, Rat/Kadi) [Fn. 64], Rn. 138.

70 EuGH, verb. Rs. C-584/10 P, C-593/10 P, C-595/10 P (Komission, Rat/Kadi) [Fn. 64], Rn. 67 – unter Bezugnahme auf EuGH, verb. Rs. C-399/06 P und C-403/06 P (Hassan und Ayadi v Rat), Slg. 2009 I-11393 Rn. 69–75.

71 EuGH, verb. Rs. C-584/10 P, C-593/10 P, C-595/10 P (Komission, Rat/Kadi) [Fn. 64], Rn. 66.

72 EuGH, verb. Rs. C-584/10 P, C-593/10 P, C-595/10 P (Komission, Rat/Kadi) [Fn. 64], Rn. 133.

stellt. Nur diese gerichtliche Anerkennung des Rechtsverstoßes ist geeignet, die Person zu rehabilitieren oder für sie eine Form der Wiedergutmachung des erlittenen Schadens darzustellen.[73]

Das *Kadi II* (P)-Urteil des EuGH wird in Menschenrechtskreisen als Sieg gefeiert, nachdem der Schlussantrag von Generalanwalt *Bot* für erhebliche Unruhe gesorgt hatte. Für Herrn Kadi dient das Urteil vor allem seiner Rehabilitierung, da er sich schon seit dem Oktober 2012 nicht mehr auf der Liste befindet. Der UN-Sanktionsausschuss hatte Herrn Kadi auf Empfehlung der Ombudsperson *Kimberley Prost* acht Monate vor Verkündung des EuGH-Urteils von der Sanktionsliste gestrichen.

IV. Die gezielten UN-Sanktionen im Lichte der Judikatur des EGMR

Der EuGH fühlt sich in seiner negativen Bewertung des UN-Delisting-Systems im Lichte des Rechts auf effektiven gerichtlichen Rechtsschutz durch das EGMR-Urteil im *Nada*-Fall bestärkt, auf das er ausdrücklich Bezug nimmt.[74] Der EGMR hat am 12. September 2012 in der Großen Kammer das schweizerische Bundesgerichtsurteil im *Nada*-Fall[75] als EMRK-widrig befunden. Der Gerichtshof bejahte im Ergebnis eine Verletzung des Familienlebens (Art. 8 EMRK) und des Rechts auf eine wirksame Beschwerde (Art. 13 EMRK). Auch wenn der Sicherheitsrat durchaus die Verletzung von Menschenrechten der gelisteten Personen in Kauf nähme,[76] so lasse die konkrete SR-Resolution, auf deren Grundlage der Beschwerdeführer Nada gelistet wurde, den UN-Mitgliedstaaten genügend Umsetzungsspielraum, um eine harmonisierende Auslegung zugunsten des

73 EuGH, verb. Rs. C-584/10 P, C-593/10 P, C-595/10 P (Komission, Rat/Kadi) [Fn. 64], Rn. 134.

74 EGMR, Appl. No. 10593/08 (Nada vs. Schweiz), v. 12.9.2012.

75 Schweizerisches Bundesgericht BGE 133 II 450 (Nada vs. Staatssekretariat für Wirtschaft).

76 In expliziter Abweichung vom Al-Jedda Fall, EGMR, Appl. No. 10593/08 (Nada vs. Schweiz) [Fn. 74], Rn. 172.

Menschenrechtsschutzes vorzunehmen.[77] Insbesondere gäbe es in der UN-Rechtsordnung kein Prinzip – und hier beruft sich der EGMR auf den EuGH (*Kadi* I P) – welches die UN-Mitgliedstaaten daran hindere, ihre interne Rechtskontrolle über die mitgliedstaatlichen Umsetzungsmaßnahmen auszuüben. Das ergebe sich schon aus dem UN-Ziel, die Menschenrechte in den Mitgliedstaaten zu fördern.[78] Ein möglicher Normenkonflikt zwischen UN-Resolutionen und der EMRK soll nach Auffassung des EGMR auf dem Weg einer harmonisierenden Auslegung der SR-Resolutionen beseitigt werden.[79] Da die einschlägige SR-Resolution die dafür notwendigen Spielräume lässt, hätte die Schweiz durch Beachtung der besonderen Umstände des Falls eine Verletzung von Art. 8 EMRK verhindern können.

Da das schweizerische Unterlassen einer harmonisierenden Auslegung der SR-Resolution zur EMRK-Verletzung geführt hat, musste der EGMR nicht die unbequeme Frage nach dem Derogationsverhältnis zwischen UN-Charta (inkl. SR-Resolutionen) und EMRK gem. Art. 103 UN-Charter beantworten.[80] Trotzdem nährt das *Nada*-Urteil den Eindruck, dass der EGMR zum Schutz seines eigenen Menschenrechtssystems dem dualistischen Ansatz des EuGH folgt und damit den Gedanken aufgibt, dass die EMRK ein Teil einer Völkerrechtsordnung ist, in der der Sicherung des internationalen Friedens der Vorrang eingeräumt wird (Art. 103 UN-Charta).[81] Ob dieser Eindruck richtig ist, lässt sich auf Basis des *Nada*-Urteils nicht isoliert fest-

---

77 EGMR, Appl. No. 10593/08 (Nada vs. Schweiz) [Fn. 74], Rn. 177 f.

78 EGMR, Appl. No. 10593/08 (Nada vs. Schweiz) [Fn. 74], Rn. 212; vgl. *concurring opinion G. Malinverni*, Z 20.

79 EGMR, Appl. No. 10593/08 (Nada vs. Schweiz) [Fn. 74], Rn. 37 und 170.

80 EGMR, Appl. No. 10593/08 (Nada vs. Schweiz) [Fn. 74], Rn. 197. Richter *Malinverni* spricht das Verhältnis UN-Charta und EMRK in seiner *concurring opinion* an: Er schlägt vor, eine Unterscheidung von primärem UN-Recht (Charta) und sekundärem UN-Recht zu treffen. Das sekundäre UN-Recht könne nur relativ bindend gestaltet sein in dem Sinne, dass Menschenrechtsverträge gegenüber Sicherheitsratsresolutionen Vorrang genießen.

81 Vgl. *Österdahl*, (Fn. 45), S. 9 (31).

stellen. Das Urteil steht in einem direkten Zusammenhang mit einer Reihe von EGMR-Urteilen, in denen sich der Gerichtshof mit UN-Zwangsmaßnahmen nach dem VII. Kapitel beschäftigen musste. Dazu gehört das berühmte *Behrami/Saramati*[82]-Urteil (2007), und die Nachfolgeentscheidungen *Beric* (2007),[83] *Gajić* (2007),[84] und *Blagojevic* (2009)[85]. In diesen Entscheidungen wird unausgesprochen ein monistisch-vertikales Verhältnis zwischen dem UN-Friedenssicherungssystem und der EMRK zugrunde gelegt: Wegen der Primärverantwortung des UN-Sicherheitsrates können die Vertragsstaaten der EMRK nicht für ihre Beitragsleistungen zu diesem Friedenssicherungssystem auf Basis der EMRK kontrolliert werden. Voraussetzung dieser Selbstrücknahme des EGMR ist aber, dass die Akte, die gegebenenfalls eine Menschenrechtsverletzung bewirken, den Vereinten Nationen zugerechnet werden können. Das bejaht er z.B. auf abenteuerlichem Wege bei Minenräumaktionen der NATO im Kosovo.[86] Bei den gezielten UN-Sanktionen scheitert die Zurechnung der vertragsstaatlichen Durchführungsmaßnahmen zu den Vereinten Nationen aber, da die Vertragsstaaten die Durchführung autonom in ihren Rechtsordnungen vornehmen. Sie tun dies autonom, weil der Sicherheitsrat die Durchführung mangels eigener Sanktionsumsetzungskompetenz nicht im Sinne der *Behrami*-Logik an sie „delegieren“ kann.[87]

Es ist also völlig konsequent, wenn der EGMR im *Nada*-Fall die internationale Friedenssicherung nicht mehr in den Vorder-

---

82 EGMR, Appl. No. 71412/01 und 78166/01 (Behrami and Saramati vs. Frankreich, Deutschland und die Niederlande), v. 2.5.2007, Rn. 27 und 146 ff.

83 EGMR, Appl. No. 36357/04 (Berić u.a. vs. Bosnien-Herzegovina), v. 16.10.2007.

84 EGMR, Appl. No. 31446/02 (Šobota-Gajić vs. Deutschland), v. 7.11.2007.

85 EGMR, Appl. No. 49032/07 (Blagojević vs. Niederlande), v. 9.6. 2009.

86 EGMR, Appl. No. 71412/01 und 78166/01 (Behrami and Saramati vs. Frankreich, Deutschland und die Niederlande) (Fn. 82), Rn. 142–152.

87 EGMR, Appl. No. 10593/08 (Nada vs. Schweiz) [Fn. 74], Rn. 121.

grund stellt. Art. 103 UN-Charta und das daran anknüpfende vertikale Verhältnis zwischen UN-Charta und EGMR wird vielmehr durch ein integratives – gleichwohl monistisches – Modell verdrängt. In diesem integrativen Modell könnten die Verpflichtungen der EGMR-Vertragsstaaten aus der UN-Charta grundsätzlich zu einer Einschränkung der EMRK-Rechte führen. Die Vertragsstaaten müssen aber sicherstellen, dass die UN-Verpflichtungen sich im Rahmen des Verhältnismäßigen bewegen.[88] Im Sinne der *Waite & Kennedy*-Rechtsprechung des EGMR kann das durchaus bedeuten, dass die Vertragsstaaten so lange gerichtlichen Rechtsschutz gewähren müssen, solange auf UN-Ebene kein adäquater Rechtsschutz gewährt wird.[89] Wie erwartet hat der EGMR jüngst in der Rs. *Al Dulimi*[90] keine Klarheit über die Rücknahme seiner Jurisdiktion im Falle eines verbesserten UN-Rechtsschutzes geschaffen. In diesem Fall wurde das Vermögen der Kläger im Rahmen der Irak-Sanktionen von schweizerischen Behörden eingefroren. Die Kläger hatten vergeblich durch den UN-Focal-Point einen Antrag auf Listenstreichung eingebracht. Da es sich nicht um eine *Al-Qaida*-Sanktion handelt, ist zudem die Zuständigkeit der Ombudsperson ausgeschlossen.[91] Der EGMR hat das UN-Focal-Point-Verfahren als völlig unzureichend im Lichte des Rechts auf ein faires Verfahren gescholten: Das Focal-Point-Verfahren beraube Art. 6 EMRK jede substantielle Bedeutung.[92] Das Urteil stellt also einmal mehr klar, dass der Kampf gegen den Terrorismus nicht die Mittel heiligt.

---

88 EGMR, Appl. No. 10593/08 (Nada vs. Schweiz) [Fn. 74], Rn. 37 und 212.

89 EGMR, Appl. No. 26083/94 (Waite & Kennedy vs. Deutschland), v. 18.2.1999.

90 EGMR, Mitteilung über die Rechtsprechung des Gerichtshofs Nr. 117, Appl. No. 5809/08 (Al Dulimi and Montana Management vs. Schweiz), anhängig.

91 SR-Resolutionen 1904 (2009) v. 17.12.2009; 1989 (2011) v. 17.6. 2011; 2083 (2003) v. 17.12.2003.

92 EMRK, Appl. No. 5809/08 (Al Dulimi and Montana Management vs. Schweiz) (Fn. 90), Rn. 129–134.

V. Zusammenfassende Bewertung der Judikatur im Lichte einer möglichen Verbesserung des Grundrechtsschutzes auf UN-Ebene

Der EuGH hat in seinem *Kadi II* (P)-Urteil angedeutet, dass ein Rechtsschutzsystem auf UN-Ebene den Prüfungsmaßstab auf EU-Ebene lockern würde, ohne seine Jurisdiktion gänzlich aufzugeben. Diese in der Literatur als Solange-Logik[93] bezeichnete Interdependenz zwischen Rechtsschutz auf UN-Ebene und effektivem Rechtsschutz auf EU-Ebene wird nur angedeutet, aber nicht zu Ende gedacht. Die besprochenen Urteile zeigen, dass weder der EuGH noch der EGMR dazu bereit sind, die ihrer Rechtspflege unterstellte Rechtsordnung dem UN-Sanktionssystem auszuliefern, wie es Art. 103 UN-Charta im Lichte der IGH-Judikatur[94] an sich gebieten würde. Das ist angesichts der schwer kalkulierbaren politischen Prozesse im Sicherheitsrat sicherlich begrüßenswert, garantiert dieser Zugang doch einen effektiven und zuverlässigen Menschenrechtsschutz. Der hohe materielle Standard der Justiziabilität, den der EuGH mit der Kadi II (P)-Entscheidung festgelegt hat, wird auf längere Sicht aber Auswirkungen auf das gezielte Sanktionssystem der Vereinten Nationen haben. Im positiven Fall besinnt sich der Sicherheitsrat seiner Menschenrechts- und rule of law-Verpflichtungen und etabliert ein gerichtliches Sanktionsrechtsschutzsystem auf UN-Ebene. Das ist aufgrund einiger zentraler Akteure im Sicherheitsrat kaum wahrscheinlich. Mit der Errichtung des Amtes einer Ombudsperson hat der Sicherheitsrat erkennbar seinen Willen zum menschenrechtlichen Entgegenkommen bis zum Limit erschöpft. Das Amt der Ombudsperson hat aber, obwohl es gerade im Kadi-Fall effektiv war, keine Gnade vor den Augen der europäischen Gerichte gefunden. Im negativen Fall bewirkt die EuGH-Entscheidung in Kadi II (P) eine fortschreitende Ineffektivität des UN-Sanktionssystems, weil entweder

---

93 Im Detail *A. von Arnauld* (Fn. 45), S. 245–247.

94 IGH, Questions of Interpretation of the Application of the 1971 Montreal Convention arising from the Aerial Incident at Lockerbie, ICJ Reports 1992, S. 19, §§ 104–117.

seine Schlagkraft durch die Offenlegung von sensiblen Informationen gemindert wird, oder weil der Sicherheitsrat von der Zielgerichtetheit der Sanktionen Abstand nimmt, indem er zunehmend den Mitgliedstaaten die Auswahl der zu sanktionierenden Personen überlässt.[95] Während die Auswirkungen des EuGH-Urteils auf das UN-Sanktionssystem alles andere als vorgezeichnet sind, dürfte eines klar sein: Mit Kadi II, Nada und Al Dulimi haben die europäischen Gerichte noch nicht die letzten Worte zum UN-Sanktionsregime gesprochen. Dessen „Menschenrechtsblindheit" hat auf (völker-)rechtlicher Ebene mehr Schaden angerichtet, als es vermutlich auf der politischen Ebene der internationalen Sicherheit Gutes getan hat. Es hat die Reputation der Vereinten Nationen im Bereich der Menschenrechte beschädigt und die Organisation dem Vorwurf der Doppelmoral ausgesetzt, und es hat die europäischen Gerichte zur Missachtung des Anwendungsvorrangs des UN-Rechts (Art. 103 UN-Charta) getrieben – eine Reaktion, die dem (berechtigten) Schutz regionaler Menschenrechtssysteme dient, aber die Aufgabenerfüllung der Vereinten Nationen im Bereich der internationalen Sicherheit erschwert.

---

95 Vgl. *A. Tzanakopoulos*, Kadi Showdown: Substantive Review of (UN) Sanktions by the ECJ, 19. Juli 2013, EJIL Talk, abrufbar unter www.ejiltalk.org, abgerufen am 27.8.2013.

Schlusswort

Von *Detlef Merten*

Schlussworte sind Dankesworte, für die nach Ansicht des französischen Schriftstellers La Bruyère nicht einmal das Übermaßverbot gelten soll. Dessen bedarf es aber nicht, weil die erforderliche und angemessene Danksagung so umfangreich ist, dass sie keinen Überschwang benötigt, zu dem Juristen ohnehin nicht neigen.

Dankbarkeit ist zuvörderst der Hanns Martin Schleyer-Stiftung geschuldet, zu der seit ihrer Gründung vielfältige wissenschaftliche und persönliche Kontakte bestehen. Mit ihrer Förderinitiative „Dialog Wissenschaft und Praxis" hat sie seit Jahrzehnten Begegnungen und Gedankenaustausch zwischen Wissenschaft und Praxis in ausgesuchten Kreisen unterstützt und damit auch ein Gegengewicht zu zeitgeistgemäßer Massenakademisierung mit Anonymität und Qualitätsverlust gesetzt. Auf diese Weise konnten in dem Zeitraum von 1989 bis 2003 – mit Ausnahme des Jahres 2002 – insgesamt vierzehn „Deidesheimer Gespräche" stattfinden, bei denen grundsätzlich Probleme der europäischen Integration im Vordergrund standen. Dasselbe gilt für die diesjährige Jubiläumsveranstaltung, die wiederum von der Schleyer-Stiftung gefördert wird, wobei erstmals die Geschäftsführung in Deidesheim anwesend ist, so dass wir Herrn Diplomkaufmann Wolfgang Bruncken und Frau Barbara Frenz auch persönlich danken können.

Von den vielen Teilnehmern der „Deidesheimer Gespräche", die sich in erster Linie aus Seminaren der Hochschule Speyer rekrutierten, die aber auch auf Empfehlung angesehener Lehrstuhlinhaber zu diesem Kreis stießen, hat eine beachtliche Reihe die wissenschaftliche Laufbahn eingeschlagen. Drei von ihnen waren so freundlich, die Mühen der Organisation dieses Jubiläums-Gesprächs auf sich zu nehmen, weshalb Frau Kollegin Kirsten Schmalenbach und den Herren Kollegen Christian Calliess und Wolfgang Kahl in besonderer Weise Dank gebührt.

In diesen Dank müssen aber auch die Referenten aus Wissenschaft, Wirtschaft und Politik eingeschlossen werden, die sich in selbstloser Weise in der Regel an den Wochenenden des zweiten Advents für Referat und anschließende meist lebhafte Diskussion zur Verfügung gestellt haben und damit den wissenschaftlichen Rang der „Deidesheimer Gespräche“ gefestigt haben. Von allen sind zwei Persönlichkeiten herauszuheben: zum einen mein Speyerer Kollege Siegfried Magiera, der – wohl mit einer Ausnahme – auf allen Tagungen aus europarechtlicher Sicht vorgetragen und auch die Suche nach qualifizierten Teilnehmern unterstützt hat. Zum zweiten tragenden Pfeiler der „Deidesheimer Gespräche“ wurde der Direktor des Bundesrates, Herr Staatsminister a.D. Georg-Bernd Oschatz, mit dem ich nicht nur in den Wintersemestern Seminare veranstaltet habe, sondern der auch in Deidesheim über Verfassungsreformen und deren Praktikabilität berichtete und damit dem von der Förderinitiative vorgegebenen Faktor „Praxis“ in angemessener Weise Rechnung trug.

Am Ende des wissenschaftlich beeindruckenden und in seinem Rahmen festlichen Kolloquiums verbleibt dem Geehrten nicht die Pflicht, sondern das aufrichtige Bedürfnis, Dank auszusprechen. Er gilt zum einen dem von den Veranstaltern verantworteten Programm und Inhalt des Kolloquiums, das in gelungener Weise viele Schwerpunkte meiner wissenschaftlichen Arbeitsbereiche einbezogen hat, wobei es mit der „Freizügigkeit“ sogar an meine Berliner Dissertation und mit der „negativen Religionsfreiheit“ an meine Habilitationsschrift erinnert. Dessen ungeachtet sind Grundrechte und Grundrechtsschutz seit jeher gleichsam der cantus firmus meines wissenschaftlichen Interesses, wie es sich auch in einem von Herrn Papier und mir herausgegebenen Handbuch zeigt. In Europa als dem weiteren Programmschwerpunkt spiegeln sich die Themen vieler „Deidesheimer Gespräche“, von denen „Rechtsstaatlichkeit, Freiheit und soziale Rechte“ im Untertitel dieses Kolloquiums herausgehoben werden.

Aber auch gute Themen verblassen ohne kongeniale Interpretation. Hier ist es den Veranstaltern gelungen, eine themengerechte Elite zu gewinnen, die diesem Kolloquium sein herausragendes Gepräge gibt. Eingedenk der Maxime „Dialog Wissenschaft und Praxis“ sind mehr als die Hälfte der Vortragenden aktive oder ehemalige hohe und höchste Richter des Bundesverfassungsgerichts und des Europäischen Gerichtshofs für Menschenrechte. Dass zudem der Präsident des Europäischen Gerichtshofs, der Speyerer Ehrendoktor Vassilios Skouris, als Referent am Kolloquium teilnimmt, stellt eine besondere Auszeichnung dar.

Dem Dank an die Veranstalter und Referenten hat der korrespondierende Dank an die Teilnehmer zu folgen, die fast ausnahmslos die Einladung angenommen haben und zum Teil von weither angereist sind. Auch wenn die Altersstruktur bei einem Jubiläums-Kolloquium naturgemäß höher liegt, ist dem Anliegen der Förderinitiative dadurch Rechnung getragen worden, dass auch einige jüngere Wissenschaftler nach Deidesheim eingeladen wurden, weshalb ich Frau Dr. Iris Kemmler, Herrn Dr. Andreas Glaser, Herrn Marcel Welsing und Herrn Dr. Thorsten Siegel in unserem Kreis herzlich begrüße.

Wissenschaftlicher Fortschritt ist auch auf Dialoge, Dispute und Diskussionen angewiesen, die zur Tradition der „Deidesheimer Gespräche“ gehören, was auch bei diesem Kolloquium bemerkbar war. Unausgereifte Thesen verdichten sich in der Hitze der Diskussion oder verglühen. Dabei ist Zustimmung oder Ablehnung zu gewichten. Demokratischen Grundsätzen ist der Zugang bei der Suche nach wissenschaftlicher Wahrheit versperrt.

Meine Damen und Herren. Die Vollendung des 75. Lebensjahres ist ein unrundes Ereignis, so dass es zu diesem Zeitpunkt keines Rückblicks bedarf. In diesem Stadium gilt es, Neues im Blick zu behalten und Begonnenes zu vollenden.

Dass das nun zu Ende gehende Deidesheimer Kolloquium ein Höhepunkt der bisherigen „Deidesheimer Gespräche“ war, werden Eingeweihte bestätigen. Höhepunkte aber kann man nicht wiederholen und sollte sie auch nicht zu überbieten suchen. Daraus folgt zugleich, dass die diesjährigen „Deidesheimer Gespräche“ die letzten waren, und es keine Fortsetzung geben wird. Finis coronat opus.

Autorenverzeichnis

Prof. Dr. *Christian Calliess*, LL.M. Eur.
Freie Universität Berlin

Prof. Dr. *Wolfgang Kahl*, M.A.
Ruprecht-Karls-Universität Heidelberg

Prof. Dr. Dr. h.c. mult. *Paul Kirchhof*
Richter des BVerfG a. D.
Ruprecht-Karls-Universität Heidelberg

Prof. Dr. *Hans Hugo Klein*
Richter des BVerfG a. D.

Prof. Dr. *Siegfried Magiera*
Deutsche Universität für Verwaltungswissenschaften Speyer

Prof. Dr. Dres. h.c. *Hans-Jürgen Papier*
Präsident des BVerfG a. D.
Ludwig-Maximilians-Universität München

Prof. Dr. Dr. Dr. h.c. mult. *Georg Ress*
Richter am Europäischen Gerichtshof für Menschenrechte a. D.

Prof. Dr. *Kirsten Schmalenbach*
Universität Salzburg

Prof. Dr. Dr. h.c. mult. *Vassilios Skouris*
Präsident des EuGH

Prof. Dr. *Karl-Peter Sommermann*
Deutsche Universität für Verwaltungswissenschaften Speyer

Chronik der Deidesheimer Gespräche 1989–2003

1. Deidesheimer Kolloquium „Föderalismus und Regionalismus in der EG“ 1. bis 3. Dezember 1989

Freitag, 1.12.1989:

Univ.-Prof. Dr. Dr. Detlef Merten, Lehrstuhl für öffentliches Recht, Hochschule für Verwaltungswissenschaften Speyer: „Bundesländer und Europäische Gemeinschaften“

Univ.-Prof. Dr. Siegfried Magiera, Lehrstuhl für öffentliches Recht, insbesondere Völker- und Europarecht, Hochschule für Verwaltungswissenschaften Speyer: „Kompetenzgrenzen der EG im Verhältnis zu den Mitgliedstaaten“

Ministerialrat Hans-Ulrich Reh, Leiter des Informationsbüros Rheinland-Pfalz bei den Europäischen Gemeinschaften: „Präsenz der Länder bei den Europäischen Gemeinschaften“

Samstag, 2.12.1989:

Prof. Dr. Maria Jesus Montoro Chiner, Professorin für Verwaltungsrecht, Universität Barcelona: „Autonome Regionen in Spanien und EG“

Oberregierungsrat Dr. Horst Risse, Leiter des Arbeitsbereiches Parlamentsdienst im Sekretariat des Bundesrates: „Die EG-Kammer des Bundesrates“

Sonntag, 3.12.1989:

Staatsminister für Bundesangelegenheiten a.D. Albrecht Martin: „Mitwirkung der Länder bei der Bundesgesetzgebung, insbesondere in EG-Angelegenheiten“

2. Deidesheimer Kolloquium
„Fortentwicklung der Europäischen Gemeinschaften nach der Wiedervereinigung“
7. bis 9. Dezember 1990

Freitag, 7.12.1990:

Univ:-Prof. Dr. Dr. Detlef Merten, Lehrstuhl für öffentliches Recht, Hochschule für Verwaltungswissenschaften Speyer: „Reformen des Gemeinschaftsrechts und des Verfassungsrechts zur Fortentwicklung der europäischen Einigung“

Univ.-Prof. Dr. Siegfried Magiera, Lehrstuhl für öffentliches Recht, insbesondere Völker- und Europarecht, Hochschule für Verwaltungswissenschaften Speyer: „Europäisches Gemeinschaftsrecht und nationales Verfassungsrecht – Konflikte und Kooperation zwischen Europäischem Gerichtshof und Bundesverfassungsgericht“

Ltd. Ministerialrat Hans-Ulrich Reh, Leiter des Informationsbüros Rheinland-Pfalz bei den Europäischen Gemeinschaften: „Länderkontakte zur EG – Beispiel: Länderbüros in Brüssel“

Samstag, 8.12.1990:

Vizepräsident der Deutschen Bundesbank Prof. Dr. Drs.h.c. Helmut Schlesinger, Frankfurt: „Auf dem Weg zur Europäischen Währungsunion“

em. Univ.-Prof. Dr. Hans Willgerodt, Köln: „Auf dem Weg zur Europäischen Währungsunion“

Direktor Prof. Wolfgang Ritter, Leiter des Zentralbereichs Recht, Steuern und Versicherung der BASF, Ludwigshafen: „Europa ’92 aus unternehmerischer Sicht“

Sonntag, 9.12.1990:

Ministerialdirektor Johannes Neukirchen, Ständiger Vertreter des Ministers für Bundesangelegenheiten des Landes Rheinland-Pfalz, Bonn: „Die Länder und Europa – Ein konkreter Erfahrungsbericht“

Ministerpräsident a.D. Dr. Bernhard Vogel, Vorsitzender der Konrad-Adenauer-Stiftung e.V., St. Augustin: „Die Bedeutung des Föderalismus für die Europäische Einigung“

3. Deidesheimer Kolloquium
„Deutschland ein Jahr nach der Wiedervereinigung"
6. bis 8. Dezember 1991

Freitag, 6.12.1991:

Univ.-Prof. Dr. Siegfried Magiera, Lehrstuhl für öffentliches Recht, insbesondere Völker- und Europarecht, Hochschule für Verwaltungswissenschaften Speyer: „Das wiedervereinigte Deutschland in einem vereinten Europa"

Ministerialdirigent Dr. Klaus-Eckart Gebauer, Leiter der Kabinettsabteilung, Staatskanzlei des Landes Rheinland-Pfalz: „Vor dem Ende der Landesblindheit? Länder und Regionen im europäischen Integrationsprozeß"

Ltd. Ministerialrat Hans-Ulrich Reh, Leiter des Referats Europäische Sozialpolitik, europäische Verbände, Bundesministerium für Arbeit und Soziales: „Die wirtschaftliche und soziale Einbeziehung der neuen Länder in die EG"

Samstag, 7.12.1991:

Direktor Rudolf Zimmermann, Chefsyndikus der Asea Brown Boveri AG: „Das wiedervereinte Deutschland aus unternehmerischer Sicht"

Intendant a.D. Dr. Peter Schiwy: „Zur Abwicklung und Entwicklung der Medien in den neuen Bundesländern"

Ministerialrat Dr. Hartmut Klatt, Deutscher Bundestag: „Föderalismus in einem wiedervereinten Deutschland"

Sonntag, 8.12.1001:

Univ.-Prof. Dr. Dr. Detlef Merten, Lehrstuhl für öffentliches Recht, Hochschule für Verwaltungswissenschaften Speyer: „Verfassungsreform in Bund und Ländern"

4. Deidesheimer Kolloquium
„Probleme des Subsidiaritätsprinzips"
11. bis 13. Dezember 1992

Freitag, 11.12.1992:

Direktor des Bundesrates, Unterrichtsminister a.D. Georg-Berndt Oschatz, Bonn: „Die Mitwirkung der Länder zu der europäischen Rechtsetzung als Mittel zur Wahrung des Subsidiaritätsprinzips"

Ltd. Ministerialrat Hans-Ulrich Reh, Bundesministerium für Arbeit und Sozialordnung, Bonn: „Europäische Sozialpolitik und Subsidiarität – Testfall für die Akzeptanz der Bürger"

Samstag, 12.12.1992:

Rechtsanwalt Manfred Brunner, München, ehemaliger Kabinettschef der Kommission der Europäischen Gemeinschaften: „Der Subsidiaritätsgrundsatz als europäisches Prinzip"

Bundesminister für Föderalismus und Verwaltungsreform Jürgen Weiss, Wien: „Die Subsidiarität zwischen Bund und Ländern nach österreichischem Verfassungsrecht"

Univ.-Prof. Dr. Torsten Stein, Lehrstuhl für Europarecht und europäisches öffentliches Recht, Universität des Saarlandes, Saarbrücken: „Subsidiarität als Rechtsprinzip? Zum Subsidiaritätsgrundsatz aus europarechtlicher Sicht"

Sonntag, 13.12.1992:

Univ.-Prof. Dr. Dr. Detlef Merten, Lehrstuhl für öffentliches Recht, Hochschule für Verwaltungswissenschaften Speyer: „Ausprägungen des Subsidiaritätsprinzips im deutschen Verfassungsrecht"

Univ.-Prof. Dr. Siegfried Magiera, Lehrstuhl für öffentliches Recht, insbesondere Völker- und Europarecht, Hochschule für Verwaltungswissenschaften Speyer: „Von der Einheitlichen Europäischen Akte zur Europäischen Union"

5. Deidesheimer Kolloquium
„Nationale Identität und europäische Integration"
26. bis 28. November 1993

Freitag, 26.11.1993:

Univ.-Prof. Dr. Dr. Detlef Merten, Lehrstuhl für öffentliches Recht, Hochschule für Verwaltungswissenschaften Speyer: „Zur Identität des deutschen Staates seit 1871"

Direktor des Bundesrates, Staatsminister a. D. Georg Berndt Oschatz, Bonn: „Mitwirkung der Länder an der europäischen Einigung nach Maastricht"

Samstag, 27.11.1993:

Regierungsrat Dr. Karl-Peter Sommermann, Forschungsinstitut für öffentliche Verwaltung, Speyer: „Staatsziel ‚Europäische Union'"

Univ.-Prof. Dr. Torsten Stein, Ordinarius für Europarecht und europäisches öffentliches Recht, Universität des Saarlandes, Saarbrücken „Europäische Union – Gefahr oder Chance für den Föderalismus in Deutschland, Österreich und der Schweiz“

Vizekanzler des Europäischen Gerichtshofs für Menschenrechte, Prof. Dr. Herbert Petzold, Straßburg: „Der Europäische Gerichtshof für Menschenrechte und die Ausbildung eines gemeinsamen Grundrechtsstandards in Europa“

Sonntag, 28.11.1993:

Richter am Bundesverfassungsgericht, Univ.-Prof. Dr. Paul Kirchhof, Karlsruhe/Heidelberg: „Der Europäische Unionsvertrag in der Sicht des deutschen Verfassungsrechts“

6. Deidesheimer Kolloquium
„Als Bundesstaaten in der EG – Probleme und Chancen aus deutscher und österreichischer Sicht“
9. bis 11. Dezember 1994

Freitag, 9.12.1994:

Direktor des Bundesrates, Staatsminister a. D. Georg-Berndt Oschatz, Bonn: „Die Gesetzgebungskompetenzen der deutschen Länder nach der Verfassungsreform“

Prof. Dr. Martin Seidel, Bundesministerium für Wirtschaft, Bonn: „Verfassungsprobleme der Wirtschafts- und Währungsunion“

Samstag, 10.12.1994:

o.Univ.-Prof. Dr. Heinz Schäffer, Institut für Verfassungs- und Verwaltungsrecht der Universität Salzburg: „Die Länderbeteiligung in EG-Angelegenheiten in Österreich“

Univ.-Prof. Dr. Rudolf Bernhardt, Max-Planck-Institut Heidelberg, Vizepräsident des Europäischen Gerichtshofs für Menschenrechte, Straßburg: „Die Reform der Straßburger Menschenrechtsinstitutionen“

Univ.-Prof. Dr. Dr. Detlef Merten, Lehrstuhl für öffentliches Recht, insbesondere Wirtschaftsverwaltungsrecht und Sozialrecht, Hochschule für Verwaltungswissenschaften Speyer: „Bundesverfassungsgericht und Europäischer Gerichtshof“

Sonntag, 11.12.1994:

Univ.-Prof. Dr. Siegfried Magiera, Lehrstuhl für öffentliches Recht, insbesondere Völker- und Europarecht, Hochschule für Verwaltungswissenschaften Speyer: „Europäisches Parlament und demokratische Legitimation in der Europäischen Union"

Univ.-Prof. Dr. Hans H. Klein, Richter des Bundesverfassungsgerichts, Karlsruhe: „Die Europäische Union – Kontinuität und Wandel"

7. Deidesheimer Kolloquium „Stand und Perspektiven der europäischen Integration" 8. bis 10. Dezember 1995

Freitag, 8.12.1995:

Direktor des Bundesrates, Staatsminister a.D. Georg Berndt Oschatz, Bonn: „Verfassungsrechtliche Grenzen der Weiterentwicklung Europas"

Univ.-Prof. Dr. Dr. h.c. Heinrich Siedentopf, Lehrstuhl für vergleichende Verwaltungswissenschaft und öffentliches Recht, Hochschule für Verwaltungswissenschaften Speyer: „Umsetzung und Anwendung von Gemeinschaftsrecht ín den Mitgliedstaaten der Europäischen Union"

Samstag, 9.12.1995:

Univ.-Prof. Dr. Siegfried Magiera, Lehrstuhl für öffentliches Recht, insbes. Völker- und Europarecht, Hochschule für Verwaltungswissenschaften Speyer: „Zur Reform der Normenhierarchie im Recht der Europäischen Union"

Ministerialdirigent Prof. Dr. Klaus Eckart Gebauer, Staatskanzlei des Landes Rheinland-Pfalz, Mainz: „Interessenwahrung im föderalistischen System – unter besonderer Berücksichtigung der Länderbeteiligung in Europaangelegenheiten"

Prof. Dr. Carl Otto Lenz, Generalanwalt beim Europäischen Gerichtshof, Luxemburg: „Die Innen- und Justizpolitik der Europäischen Union in der Perspektive der Regierungskonferenz"

Sonntag, 10.12.1995:

Univ.-Prof. Dr. Dr. Detlef Merten, Lehrstuhl für öffentliches Recht, insbesondere Wirtschaftsverwaltungsrecht und Sozialrecht, Hochschule für Verwaltungswissenschaften Speyer: „Volkssouveränität und europäische Einigung"

8. Deidesheimer Kolloquium „Aktuelle Rechtsprobleme im Spannungsfeld von Staats- und Europarecht" 13. bis 15. Dezember 1996

Freitag, 13.12.1996:

Univ.-Prof. Dr. Rudolf Streinz, Lehrstuhl für öffentliches Recht, Völker- und Europarecht, Universität Bayreuth: „Die demokratische Legitimation der Rechtsetzung der Europäischen Gemeinschaft"

Direktor des Bundesrates, Staatsminister a. D. Georg-Berndt Oschatz, Bonn: „Zur Entscheidungsfähigkeit im Bundesstaat"

Samstag, 14.12.1996:

Vizepräsident des Europäischen Kulturkanals ARTE Jörg Rüggeberg, Straßburg: „Die Chancen grenzüberschreitender Programme in Europa"

Univ.-Prof. Dr. Siegfried Magiera, Lehrstuhl für öffentliches Recht, insbes. Völker- und Europarecht, Hochschule für Verwaltungswissenschaften Speyer: „Der Schutz der finanziellen Interessen der Europäischen Union"

Priv.-Doz. Reg.-Direktor Dr. Karl-Peter Sommermann, Forschungsinstitut für öffentliche Verwaltung, Speyer: „Beschleunigung des Verwaltungsverfahrens und UVP-Richtlinie"

Sonntag, 15.12.1996:

Richter des Bundesverfassungsgerichts, Univ.-Prof. Dr. Paul Kirchhof, Karlsruhe/Heidelberg: „Das Steuerrecht als Ausdruck der Staatsverfassung (am Beispiel der Einkommen-, Vermögen- und Erbschaftsteuer)"

9. Deidesheimer Kolloquium „Die Europäische Union nach Maastricht und Amsterdam" 5. bis 7. Dezember 1997

Freitag, 5.12.1997

Direktor des Bundesrates, Minister a. D. Georg-Berndt Oschatz, Bonn: „Zum Bedeutungsverlust nationaler Parlamente der verschiedenen Ebenen in der Europäischen Union"

Richter am EuGH Dr. Peter Jann, Luxemburg: „Besonderheiten aus Judikatur und Verfahren des Europäischen Gerichtshofs"

Samstag, 6.12.1997:

Geschäftsführer des Städtetages Rheinland-Pfalz, Dr. Gunnar Robert Schwarting, Mainz: „Zur Einführung des EURO in der öffentlichen Verwaltung“

Richter des Bundesverfassungsgerichts a. D., Univ.-Prof. Dr. Hans Hugo Klein, Universität Göttingen: „Die pluralen Grundlagen der Legitimität moderner politischer Systeme“

Univ.-Prof. Dr. Paul-Ludwig Weinacht, Institut für Politische Wissenschaften, Universität Würzburg: „Aktive und passive Subsidiarität. Ordnungspolitische Perspektiven für die Gemeinschaftspolitik“

Sonntag, 7.12.1997:

Datenschutzbeauftragter des Landes Rheinland-Pfalz, Staatssekretär a.D. Univ.-Prof. Dr. Walter Rudolf, Universität Mainz: „Datenschutz in der Europäischen Union (Schengen-Europol)“

10. Deidesheimer Kolloquium
„Grundrechte und Bundesstaatlichkeit in deutscher und europäischer Perspektive“
4. bis 6. Dezember 1998

Freitag, 4.12.1998:

Direktor des Bundesrates, Minister a.D. Georg-Berndt Oschatz, Bonn: „Gouvernementaler Charakter der Europäischen Politik und ihrer nationalen Kontrolle“

Univ.-Prof. Dr. Dr. Detlef Merten, Lehrstuhl für öffentliches Recht, insbesondere Wirtschaftsverwaltungsrecht und Sozialrecht, Hochschule für Verwaltungswissenschaften Speyer: „Montesquieus Gewaltenteilungslehre und deutsche Bundesstaatlichkeit“

Samstag, 5.12.1998:

Univ.-Prof. Dr. Karl-Peter Sommermann, Deutsche Hochschule für Verwaltungswissenschaften Speyer: „Neuere Entwicklungen des Grundrechtsschutzes in Europa“

Univ.-Prof. Dr. Siegfried Magiera, Lehrstuhl für öffentliches Recht, insbes. Völker- und Europarecht, Hochschule für Verwaltungswissenschaften Speyer: „Die Beteiligung der deutschen Bundesländer am Prozeß der europäischen Integration“

Univ.-Prof. Dr. Hans-Jürgen Papier, Vizepräsident des Bundesverfassungsgerichts, Karlsruhe: „50 Jahre Bundesstaatlichkeit nach dem Grundgesetz – Entwicklungslinien und Zukunftsperspektiven“

Sonntag, 6.12.1998:

Dr. Kirsten Schmalenbach, Institut für Völkerrecht und ausländisches öffentliches Recht der Universität zu Köln: „Die Auslieferung mutmaßlicher deutscher Kriegsverbrecher an das Jugoslawientribunal in Den Haag“

11. Deidesheimer Kolloquium „Bundesstaatlichkeit und Rechtsstaatlichkeit Deutschlands im europäischen Einigungsprozeß“ 3. bis 5. Dezember 1999

Freitag, 3.12.1999:

Prof. Georg-Berndt Oschatz, Minister a.D., Direktor des Bundesrates, Bonn: „Entwicklung des Verhältnisses von Bund und Ländern – Ein Bericht“

Prof. Dr. Karl-Friedrich Meyer, Präsident des Verfassungsgerichtshofs Rheinland-Pfalz und des Oberverwaltungsgerichts Rheinland-Pfalz: „Einschränkung von Rechtsmitteln – Abbau des Rechtsstaats?“

Samstag, 4.12.1999:

Univ.-Prof. Dr. Siegfried Magiera, Lehrstuhl für öffentliches Recht, insbes. Völker- und Europarecht, Hochschule für Verwaltungswissenschaften Speyer: „Konstitutionalisierung der Europäischen Union – zur Agenda der Regierungskonferenz 2000“

Kurt Lechner, Mitglied des Europäischen Parlaments: „Aktuelles aus der Arbeit des Europäischen Parlaments“

Dr. Johan Callewaert, Hauptverwaltungsrat, Europäischer Gerichtshof für Menschenrechte, Straßburg: „Der Europäische Gerichtshof für Menschenrechte – ein Jahr nach der Reform“

Sonntag, 5.12.1999:

Dr. Otto Schmuck, Leiter der Europaabteilung der Landesvertretung Rheinland-Pfalz: „Mitwirkung der Länder in der Europapolitik“

12. Deidesheimer Kolloquium „Grundrechte in Deutschland und Europa und ihre gerichtliche Durchsetzung“ 8. bis 10. Dezember 2000

Freitag, 8.12.2000:

Univ.-Prof. Dr. Dr. Detlef Merten, Lehrstuhl für öffentliches Recht, insbesondere Wirtschaftsverwaltungsrecht und Sozialrecht, Hochschule für Verwaltungswissenschaften Speyer: „Zum räumlichen Geltungs- und Anwendungsbereich der Grundrechte“

Dr. Joachim Jacob, Bundesbeauftragter für den Datenschutz, Bonn: „Aktuelle Fragen des Datenschutzes“

Dr. Wolfgang Bier, Vorsitzender Richter am Oberverwaltungsgericht Rheinland-Pfalz: „Das Verhältnis der Landesverfassungsbeschwerde zur Bundesverfassungsbeschwerde“

Samstag, 9.12.2000:

Univ.-Prof. Dr. Siegfried Magiera, Lehrstuhl für öffentliches Recht, insbes. Völker- und Europarecht, Hochschule für Verwaltungswissenschaften Speyer: „Die Europäische Grundrechtecharta“

Dr. Herbert Petzold, ehemaliger Kanzler des Europäischen Gerichtshofs für Menschenrechte, Straßburg: „Aktuelle Probleme des Rechtsschutzes vor dem Europäischen Gerichtshof für Menschenrechte“

Sonntag, 10.12.2000:

Dr. Evelyn Haas, Richterin des Bundesverfassungsgerichts: „Bundesverfassungsgericht – Randbemerkungen“

13. Deidesheimer Kolloquium „Aktuelle Probleme der Grundrechte und der europäischen Entwicklung“ 7. bis 9. Dezember 2001

Freitag, 7.12.2001:

Univ.-Prof. Dr. Dr. Dr. h.c. mult. Georg Ress, Richter am Europäischen Gerichtshof für Menschenrechte: „Rechtliche Aspekte der neueren Rechtssprechung des Europäischen Gerichtshofs für Menschenrechte“

Dr. Joachim Jacob, Bundesbeauftragter für den Datenschutz: „Aktuelle Fragen des Datenschutzes“

Samstag, 8.12.2001:

Univ.-Prof. Dr. Siegfried Magiera, Lehrstuhl für öffentliches Recht, insbes. Völker- und Europarecht, Hochschule für Verwaltungswissenschaften Speyer: „Grundrechtsgeltung und Grundrechtswirklichkeit in der Europäischen Union“

Privatdozent Dr. Christian Calliess, Europa-Institut der Universität des Saarlandes: „Grundrechtsdimensionen – Grundrechte als Abwehrrechte und Schutzpflichten“

Sonntag, 9.12.2001:

Privatdozentin Dr. Anna Leisner, Universität München: „Grundrechte in der Zeit“

14. Deidesheimer Kolloquium
„Aktuelle Fragen der Grundrechtsdogmatik
und der Föderalismusreform“
5. bis 7. Dezember 2003

Freitag, 5.12.2003:

Univ.-Prof. Dr. Georg-Berndt Oschatz, Direktor des Bundesrates a. D.: „Wohin geht die Föderalismuskommission? – Perspektiven der gegenwärtigen Bemühungen um eine Föderalismusreform“

Univ.-Prof. Dr. Constance Grewe, Université Robert Schumann, Straßburg: „Grundrechte in Frankreich im Rechtsvergleich“

Samstag, 6.12.2003:

Univ.-Prof. Dr. Dr. Detlef Merten, Hochschule für Verwaltungswissenschaften Speyer: „Negative Grundrechte unter besonderer Berücksichtigung der negativen Religionsfreiheit und der negativen Meinungsäußerungsfreiheit (Tabaketikettierung)“

Univ.-Prof. Dr. Hans Hugo Klein, Bundesverfassungsrichter a. D.: „Grundrechtsbilanz“

Univ.-Prof. Dr. Wolfgang Kahl, Universität Gießen: „Vom weiten Schutzbereich zum engen Gewährleistungsgehalt. Königsweg oder Irrweg der deutschen Grundrechtsdogmatik?“

Sonntag, 7.12.2003:

Univ.-Prof. Dr. Siegfried Magiera, Lehrstuhl für öffentliches Recht, insbes. Völker- und Europarecht, Hochschule für Verwaltungswissenschaften Speyer: „Aktuelle Aspekte des Entwurfs eines Verfassungsvertrags der Europäischen Union“

Regierungsrat Clemens Kurzidem, Wissenschaftlicher Mitarbeiter beim Ersten Senat des Bundesverwaltungsgerichts Leipzig: „Europäisierung des Grundrechts auf Asyl?“

Veröffentlichungen von Detlef Merten

(Die Schriften für den Zeitraum 1959–2006 sind nachgewiesen in: Ferdinand Kirchhof/Hans-Jürgen Papier/Heinz Schäffer [Hg.], Rechtsstaat und Grundrechte, Festschrift für Detlef Merten, 2007, S. 475 ff.)*

2007

Basta, Neue Aphorismen zu Staat und Recht, Individuum und Gemeinschaft.

Zur Würde des Staates, in: Otto Depenheuer/Markus Heintzen/Matthias Jestaedt/Peter Axer (Hg.), Staat im Wort. Festschrift für Josef Isensee, S. 123–134.

Die Modernisierung der nationalen Verwaltungen. Der öffentliche Dienst, in: Siegfried Magiera/Karl-Peter Sommermann (Hg.), Europäisierung und Internationalisierung der öffentlichen Verwaltung, Symposium aus Anlaß der Emeritierung von Univ.-Prof. Dr. Dr. h.c. Heinrich Siedentopf, Speyerer Forschungsberichte 252, S. 21–29.

Eigentum und Eigenvorsorge. Einführung in das Thema und Zielsetzung der Tagung, in: Bitburger Gespräche, Jahrbuch 2006/II, S. 1–4.

Herausgabe: Die Zukunft des Föderalismus in Deutschland und Europa. Schriften der Hochschule Speyer, Bd. 187 (dort: Einführung in das Tagungsthema, S. 9–12).

Handbuch der Grundrechte in Deutschland und Europa (zusammen mit Hans-Jürgen Papier), Bd. VII/2: Die Grundrechte in der Schweiz und in Liechtenstein.

---

* Für 1974 ist nachzutragen:
Die Vereinheitlichung des Sozialrechts und die Kodifikation des Sozialgesetzbuchs, in: Vierteljahresschrift für Sozialrecht, Bd. 2, 1974, S. 324–345.
Rezension zu Dieter Krauskopf, Soziale Krankenversicherung, in: VSSR Bd. 2, 1974, S. 109.
Rezension zu Franz Luber (Hg.), Deutsche Sozialgesetze, in: VSSR Bd. 2, 1974, S. 109–110.
Rezension zu Schlegelberger/Friedrich, Das Recht der Gegenwart, in: VSSR Bd. 2, 1974, S. 110.

Grundsatzfragen der Grundrechtsdogmatik (zusammen mit Hans-Jürgen Papier).

2008

Armutsfeste Alterssicherung und Verfassungsrecht, in: Deutsche Rentenversicherung 2008, S. 382–389.

Demokratie und Rechtsstaat in der Verfassung Rumäniens, in: Siegfried Magiera/Karl-Peter Sommermann/Jacques Ziller (Hg.), Verwaltungswissenschaft und Verwaltungspraxis in nationaler und transnationaler Perspektive, Festschrift für Heinrich Siedentopf zum 70. Geburtstag, S. 259–268.

Weiterer Reformbedarf im Bundesstaatsrecht, in: Wolfgang Durner/Franz-Joseph Peine (Hg.), Reform an Haupt und Gliedern. Verfassungsreform in Deutschland und Europa. Symposium aus Anlass des 65. Geburtstages von Hans-Jürgen Papier, S. 65–81.

Verfassungsgerichtsbarkeit und Rechtsstaatlichkeit – Einführung in das Tagungsthema, in: Detlef Merten (Hg.), Verfassungsgerichtsbarkeit in Deutschland und Österreich, Schriften zum Europäischen Recht, Bd. 137, S. 11–17.

2009

Unfriedlichkeit als grundgesetzliches Unwerturteil, in: Matthias Herdegen/Hans Hugo Klein/Hans-Jürgen Papier/Rupert Scholz (Hg.), Staatsrecht und Politik. Festschrift für Roman Herzog zum 75. Geburtstag, S. 281–297.

Vereinsfreiheit, in: Josef Isensee/Paul Kirchhof (Hg.), Handbuch des Staatsrechts, Bd. VII, 3. Aufl., § 165, S. 1035–1073.

Grundrechtlicher Schutzbereich, in: Detlef Merten/Hans-Jürgen Papier (Hg.), Handbuch der Grundrechte in Deutschland und Europa, Bd. III, § 56, S. 3–85.

Immanente Grenzen und verfassungsunmittelbare Schranken, in: ebd. § 60, S. 201–256.

Verhältnismäßigkeitsgrundsatz, in: ebd. § 68, S. 517–567.

Grundrechtsverzicht, in: ebd. § 73, S. 717–748.

Herausgabe des Handbuchs der Grundrechte in Deutschland und Europa (zusammen mit Hans-Jürgen Papier), Bd. III: Grundrechte in Deutschland – Allgemeine Lehren II; Bd. VI/2: Europäische Grundrechte II: Universelle Menschenrechte; Bd. VII/1: Grundrechte in Österreich.

2010

Bundesstaatlicher Föderalismus als vertikale Gewaltenteilung, in: Edgar Mass (Hg.), Montesquieu zwischen den Disziplinen. Einzel- und kulturwissenschaftliche Zugriffe,
S. 27–40.

Persönlichkeitsschutz, in: Peter Schiwy/Walter J. Schütz/Dieter Dörr (Hg.), Medienrecht. Lexikon für Praxis und Wissenschaft, 5. Aufl., S. 402–410.

Rezension zu: Helge Sodan, Grundgesetz. Kompakt-Kommentar, in: Die öffentliche Verwaltung, S. 562–563.

Diskussionsbeitrag, in: Klaus Stern (Hg.), 60 Jahre Grundgesetz. Das Grundgesetz für die Bundesrepublik Deutschland im europäischen Verfassungsverbund, S. 93.

Karl Korinek – 70 Jahre, in: Juristische Blätter 2010, S. 776.

Herausgabe des Handbuchs der Grundrechte in Deutschland und Europa (zusammen mit Hans-Jürgen Papier), Band VI/1: Europäische Grund- und Menschenrechte.

2011

Art. 1 Abs. 3 GG als Schlüsselnorm des grundrechtsgeprägten Verfassungsstaates, in: Michael Sachs/Helmut Siekmann (Hg.), Der grundrechtsgeprägte Verfassungsstaat, Festschrift für Klaus Stern zum 80. Geburtstag, S. 483–501.

Staat und Gesetz bei „Michael Kohlhaas" und „Prinz Friedrich von Homburg", in: Politische Studien, Nr. 440, 62. Jg. November/Dezember 2011, S. 70–80.

Freizügigkeit, in: Detlef Merten/Hans-Jürgen Papier (Hg.), Handbuch der Grundrechte in Deutschland und Europa, Bd. IV, § 94, S. 417–511.

Bewegungsfreiheit, ebd. § 95, S. 513–539.

Alte Zöpfe abschneiden – Zur Rückständigkeit der Sozialwahlen, in: Fuldaer Zeitung v. 10.5.2011, S. 4.

Herausgabe des Handbuchs der Grundrechte in Deutschland und Europa (zusammen mit Hans-Jürgen Papier), Band IV: Grundrechte in Deutschland – Einzelgrundrechte I.

2012

Probleme gruppengerechter Versorgungsüberleitung. § 7 AAÜG im Lichte des Grundgesetzes, Schriften zum Sozial- und Arbeitsrecht, Bd. 310.

Staudinger, BGB, Neubearbeitung, Art. 1, 2, 50–218 EGBGB: Einl. Art. 1 ff., Vorbem. Art. 1 f., Art. 1 f., Vorbem. Art. 50–53 a, Art. 50–54, Vorbem. Art. 55–152, Art. 55 f., 74, 77–81, 84, 86–88, 103 f., 108 f., 111, 125, 132 f., Einl. Art. 153–218, Vorbem. Art. 153–169, Art. 153–162, 218.

Rechtsstaatliche Anfänge im Zeitalter Friedrichs des Großen. Gesammelte, überarbeitete Aufsätze.

„Das ist eine politische Wunschvorstellung“, in: Junge Freiheit v. 29.6.2012, S. 3.

2013

Die Landrechts-Freiheiten als Schritt auf dem Weg in den grundrechtsgeprägten Staat, in: Dirk Heckmann/Ralf P. Schenke/Gernot Sydow (Hg.), Verfassungsstaatlichkeit im Wandel, Festschrift für Thomas Würtenberger zum 70. Geburtstag, S. 757–773.

Vereins- und Versammlungsfreiheit, in: Hanno Kube/Rudolf Mellinghoff/Gerd Morgenthaler/Ulrich Palm/Thomas Puhl/Christian Seiler (Hg.), Leitgedanken des Rechts, Paul Kirchhof zum 70. Geburtstag, Bd. I: Staat und Verfassung, § 50, S. 547–558.

Verfassungsklippen einer „Lebensleistungsrente“, in: Wolfgang Durner/Franz-Joseph Peine/Foroud Shirvani (Hg.), Freiheit und Sicherheit in Deutschland und Europa, Festschrift für Hans-Jürgen Papier zum 70. Geburtstag, S. 375–387.

Berufsfreiheit des Beamten und Berufsbeamtentum, in: Detlef Merten/Hans-Jürgen Papier (Hg.), Handbuch der Grundrechte in Deutschland und Europa, Bd. V, § 114, S. 209–312.

Herausgabe des Handbuchs der Grundrechte in Deutschland und Europa (zusammen mit Hans-Jürgen Papier), Bd. V: Grundrechte in Deutschland – Einzelgrundrechte II.

2014

Karl August Bettermann (1913–2005), in: Peter Häberle/Michael Kilian/Heinrich Amadeus Wolff (Hg.), Staatsrechtslehrer des 20. Jahrhunderts.

Wissenschaftliche Ehrungen

2007

Ferdinand Kirchhof/Hans-Jürgen Papier/Heinz Schäffer (Hg.), Rechtsstaat und Grundrechte. Festschrift für Detlef Merten, Heidelberg, 2007.

2013

Erneuerung des Doktors der Staatswissenschaften (Dr. rer. pol.) durch die Sozial- und Wirtschaftswissenschaftliche Fakultät der Karl-Franzens-Universität Graz (Goldenes Doktorjubiläum).